U1010653

温州大学资助出版

温州市体育人才市场化培养模式研究

布　特　肖文升　著

北京体育大学出版社

策划编辑　力　歌
责任编辑　张　力
责任校对　王泓滢
版式设计　李沙沙

图书在版编目（CIP）数据

温州市体育人才市场化培养模式研究/布特，肖文升著. --北京：北京体育大学出版社，2019.12
ISBN 978-7-5644-3325-3

Ⅰ.①温… Ⅱ.①布… ②肖… Ⅲ.①体育-人才培养-培养模式-研究-温州 Ⅳ.①G812.755.3

中国版本图书馆CIP数据核字（2020）第018645号

温州市体育人才市场化培养模式研究
WENZHOUSHI TIYU RENCAI SHICHANGHUA PEIYANG MOSHI YANJIU
布　特　肖文升　著

出版发行：北京体育大学出版社
地　　址：北京市海淀区农大南路1号院2号楼4层办公B-421
邮　　编：100084
网　　址：http：//cbs.bsu.edu.cn
发 行 部：010-62989320
邮 购 部：北京体育大学出版社读者服务部010-62989432
印　　刷：北京虎彩文化传播有限公司
开　　本：710mm×1000mm　1/16
成品尺寸：170mm×240mm
印　　张：15
字　　数：214千字
版　　次：2019年12月第1版
印　　次：2019年12月第1次印刷
定　　价：88.00元

序　言

中国共产党第十八次全国代表大会明确指出，扎实推进社会主义文化强国建设。文化是民族的血脉，是人民的精神家园。全面建成小康社会，实现中华民族伟大复兴，必须推动社会主义文化大发展大繁荣，兴起社会主义文化建设新高潮，提高国家文化软实力，从而发挥文化引领风尚、教育人民、服务社会、推动发展的作用。体育本身也是一种文化，包含了人类一切优良的品质。相互竞争是体育所追求的终极目标，体育文化归属于国家文化领域的范畴。体育作为人类身体活动的一种形式，同时也是一种生活方式、教育方式与精神载体，是培养人全面发展的一种方式与手段。2012 年 11 月，习近平总书记在国家博物馆参观“复兴之路”展览时首次阐释了“中国梦”的具体内涵，即“实现中华民族伟大复兴，就是中华民族近代以来最伟大的梦想”。习近平总书记提出的“中国梦”为我国各项事业的发展指明了方向，是全国各族人民不断追求的奋斗目标，凝聚了全国各族人民关于中华民族伟大复兴的憧憬与期待，各族人民的每个个体都将成为“中国梦”的参与者与创造者。2013 年 8 月，习近平总书记在参加全国群众体育先进单位和先进个人表彰会、全国体育系统先进集体和先进工作者表彰会时指出，体育是社会发展和人类进步的重要标志，是综合国力和社会文明程度的重要体现。体育在提高人民身体素质和健康水平，促进人的全面发展，丰富人民精神文化生活，推动经济社会发展，激励全国各族人民弘扬追求卓越，以及突破自我的精神方面，都有着不可替代的重要作用。同年11月，习近平总书记在会见国际奥委会主席巴赫时指出，体育不仅可以提高人民健康水平，还可以促进各国人民相互了解和各国人民的友谊。我们将按照中国共产党十八届三中全会的精神努力提高人民健康水平，同步发展群众体育和竞技体育，由体育大国向体育强国迈进。[1] 2014年2月，习近平总书记在俄罗斯索契冬奥会会见中国体育代表团时明确指出，我们比以往任何时候都接近实现中华民族伟大复兴的目标，我们每个人的梦想、体育强国梦都与中国梦紧密相连。[2] 习近平总书记首次将“个人梦”与“体育强国梦”纳入“中国梦”的体系范畴，将发展体育事业提升到一个更高的地位，赋予体育新的时代意义。体育事业的持续、健康发展也是实现“中国梦”的重要组成部分。“体育强国”是新时代背景下我国体育事业发展的奋斗目标，培养全面发展的体育后备人才是实现“体育强国梦”的本质要求。我国把培养全面发展的体育后备人才作为新时代发展的重任，这体现了全面发展的体育后备人才培养对我国体育事业发展的重要作用。而培养全面发展的体育后备人才的关键环节在于体育后备人才培养体系的优化与创新。

体育后备人才是我国体育事业发展的重要力量，是实现体育事业持续、健康发展的重要因素和动力源泉，在体育后备人才培养的过程中应本着“以人为本”的人才培养理念，构建新型体育后备人才培养体系，进而为更好地培养全面发展的体

〔1〕 习近平会见国际奥委会主席并接受奥林匹克勋章［EB/OL］．（2013－11－19）［2013－11－20］．http：//www. xinhuanet. com/politics/2013－11/19/c_ 7993. htm.

〔2〕 习近平亲切看望索契冬奥会中国体育代表团［EB/OL］．（2014－02－07）［2014－02－08］．http：//www. xinhuanet. com//world/2014－02/07/c_ 119234468. htm.

育后备人才工作服务。2002 年 11 月，国家体育总局颁布实施《2001—2010 年奥运争光计划纲要》，文件指出，努力拓宽资金来源渠道，充分利用竞技体育的有形和无形资产，大力开发竞技体育产业和市场，多渠道筹集资金，鼓励社会各界参与和兴办竞技体育事业。[1] 2005 年 8 月，国务院颁布实施《关于鼓励支持和引导个体私营等非公有制经济发展的若干意见》，文件明确指出，让非公有资本进入社会事业领域，支持、引导和规范非公有资本投资教育、科研、卫生、文化、体育等社会事业。[2] 这是我国首次以中央政府名义明确指出大力鼓励与引导社会力量投资发展体育事业。2006 年 7 月，国家体育总局颁布实施《体育事业发展“十一五”规划》，该规划总体目标指出，增强我国竞技体育的总体实力，不断深化体育改革，大力发展体育产业，努力创建各种社会力量竞相参与、充满活力的体育体制和运行机制。[3] 2010 年 3 月，国务院办公厅颁发实施《国务院办公厅关于加快发展体育产业的指导意见》，文件明确指出，改革和创新体育社会团体管理模式，在加强业务指导和依法监管的同时，完善体育社团法人治理机制，充实体育社会团体业务职能，发挥体育社会团体服务功能，提高体育社团自我发展、自我管理、自我服务和自律规范的能力，鼓励支持社会力量兴办体育类民办非企业单位，促进体育事业健

---

〔1〕 2001—2010 年奥运争光计划纲要［EB/OL］.（2002－11－19）［2019－03－20］. https：//wenku. baidu. com/view/4f6a1ebc59fb770bf78a6529647d2 7284b7337ec. html.

〔2〕 国务院关于鼓励支持和引导个体私营等非公有制经济发展的若干意见［EB/OL］.（2005－02－19）［2005－08－12］. http：//www. gov. cn/zwgk/2005－08/12/content_21691. htm.

〔3〕 国家体育总局发布体育事业发展“十一五”规划［EB/OL］.（2006－07－25）［2006－07－27］. http：//www. gov. cn/gzdt/2006－07/27/content_347002. htm.

康发展。[1] 同年5月，国务院颁布实施《国务院关于鼓励和引导民间投资健康发展的若干意见》，文件明确指出，鼓励民间资本投资生产体育用品，建设各类体育场馆及健身设施，从事体育健身、竞赛表演等活动。[2] 2011年4月，国家体育总局颁布实施《体育事业发展“十二五”规划》，该规划明确指出，制定奥运项目竞技体育后备人才培养中长期发展规划，进行重点项目后备人才培养布局，完善业余训练评估奖励政策，建成符合体育人才成长规律和教育规律，以培养具有较高运动技术水平、全面发展的后备人才为主要任务，以政府主导下的体教结合为资源整合机制，以基础教育阶段为重点，以国家高水平体育后备人才基地和公办体育运动学校为骨干，以少年儿童体校、青少年体育俱乐部、体育传统项目学校、体育特色学校和社会力量兴办的后备人才培养机构为基础，建立规模、布局、结构合理的后备人才培养体系，加强和巩固业余训练基础。[3] 2012年8月，国家体育总局颁布实施《关于鼓励和引导民间资本投资体育产业的实施意见》，文件明确指出，支持民间资本进入体育用品生产及销售领域，鼓励和引导民间资本进入体育场馆建设运营领域，鼓励和引导民间资本进入体育健身休闲领域，鼓励和引导民间资本进入体育竞赛表演领域，加

---

〔1〕 国务院办公厅关于加快发展体育产业的指导意见 [EB/OL].(2010-03-19)[2010-03-25]. http://www.gov.cn/gongbao/content/2010/content_1565482.htm.

〔2〕 国务院关于鼓励和引导民间投资健康发展的若干意见 [EB/OL].(2010-05-07)[2010-05-10]. http://www.gov.cn/zwgk/2010-05/13/content_1605218.htm.

〔3〕 体育事业发展“十二五”规划 [EB/OL].(2011-04-01)[2011-04-11]. http://www.sport.gov.cn/zfs/n4977/c660451/content.html.

大对民间资本投资体育产业的支持力度。[1] 2013年9月，李克强总理召开国务院常务工作会议，并强调指出，坚决打破各种对民间投资制造隐形障碍的“玻璃门”“弹簧门”，彻底拆除“表面迎进去、实际推出来”的“旋转门”，全面清理和修订有关民间投资的行政法规、部门规章及规范性文件，制定清晰透明、公平公正、操作性强的市场准入规则，多设“路标”、少设“路障”，为民间投资参与市场竞争“松绑开路”。[2] 2014年10月，国务院颁布实施《国务院关于加快发展体育产业促进体育消费的若干意见》，文件指出，鼓励社会资本进入体育产业领域，建设体育设施，开发体育资源，提供体育服务，推广和运用政府和社会资本合作等多种模式，吸引社会资本参与体育产业发展，加强政府引导，设立由社会资本筹资的体育产业投资基金。[3] 行政主管部门先后颁布实施了一系列有关鼓励与引导私有投资主体投资发展体育事业的文件法规。这不仅符合新时期我国社会体制的转型与升级，同时将为我国体育后备人才培养主体的多元化发展、新型体育后备人才培养体系的构建注入新的发展动力，还将为温州市体育后备人才市场化培养模式的新常态发展产生积极而深远的影响。

2017年12月6日，国家体育总局、教育部联合制订并印发了《关于加强竞技体育后备人才培养工作的指导意见》（以

---

〔1〕 关于鼓励和引导民间资本投资体育产业的实施意见的通知［EB/OL］.（2012－05－31）［2017－01－11］. http：//www. sport. gov. cn/n315/n331/n403/n1957/c785122/content. html.

〔2〕 李克强主持召开国务院常务会议 听取民间投资政策落实情况第三方评估汇报研究部署有效落实引导民间投资激发活力健康发展的措施［EB/OL］.（2013－09－06）［2013－09－06］. http：//www. gov. cn/ldhd/2013－09/06/content_ 2482827. htm.

〔3〕 国务院关于加快发展体育产业促进体育消费的若干意见［EB/OL］.（2014－10－02）［2014－10－20］. http://www. gov. cn/zhengce/content/2014－10/20/content_9152. htm.

下简称《指导意见》），旨在通过改革创新完善竞技体育后备人才培养体系，不断提高青少年体育训练质量和效益，推动竞技体育后备人才培养工作科学高效开展，为建设体育强国、健康中国注入新的生机与活力。

学校体育是体育人才培养的阵地。《指导意见》提出，要充分发挥体育的育人功能，加强体育课和课外体育锻炼，坚持以校园足球为引领，积极推进“一校一品”建设，创新体育后备人才小学、初中、高中一条龙培养模式；要强化青少年三级训练网络建设，积极扩大初级训练规模，创新发展中级训练模式，着力提升高级训练质量；要鼓励体育和教育深度融合联合办训练，将青少年训练工作的恢复和开展、少年儿童体育学校和其他各类青少年训练网点建设等列入县级体育工作督导考核的重要内容；要鼓励优质体育资源和优质教育资源有机互补，充分实现教练、教师互派互聘、设施资源共享共用，联合名校办名队，共同打造特色项目和优势项目；要引导和支持社会力量参与竞技体育后备人才培养工作，在训练管理、组队参赛及教练员职称评定、技能培训等方面保障社会力量的同等权益。

温州市走在我国改革开放前沿，在引入社会资本投资培养体育人才、公办体育运动学校与社会机构、市场资源联合培养体育人才等方面走在全国前列。温州体育运动学校是温州市体育后备人才培养龙头，建校以来为全国、全省培养大量人才，成为全国体育人才培养的典范，多年来培养了朱启南、江钰源、徐嘉余等大批优秀体育人才。温州体育运动学校通过体育后备人才布局，创新体育人才培养模式。一是体校与民办教育联手打造“公私合办”的俱乐部，设立7个校外项目训练点，包括田径、篮球、武术、射击、排球、羽毛球、柔道；二是体校与中小学联合成立11个校外基地，现有在训运动员131人、教练员19人；三是建立市县两级体校联动发展机制，联合全市11所县（市、区）体校，通过送教下乡、集中调训等形式，形成了以温州体校为龙头、各县市区体校齐头并进的良好态势。“十三五”期间，体校有在职教练员71人，其中有：国家级教练员1人，占1.4%；高级教练员19人，占26.8%；中级教练24人，占33.8%；初级教练27人，占38.0%。在人才质量方面，已累计向省队、国家队输送了728名运动员。学校培养输送的运动员获世界冠军40个，奥运冠军2个，青奥会冠军5个，亚洲冠军77个，全国冠军600余个。在体校的带动下，各县区也都在体育后备人才的培养布局上下功夫。全市社会力量兴办青少年体育训练机构达24家，涉及17个训练项目，有在训人数1844人，已累计向省队输送102人，在2017年各类省级赛事上夺得111枚金牌，竞技体育成绩和后备人才培养方面在地级市中全国领先。温州市培养体育人才方式逐渐形成特殊模式，在全国堪称体育竞技后备人才培养的“温州模式”。“温州模式”改变了政府体育投资单一模式，逐渐形成投资主体多元化的发展体育方式，由政府、社会力量、企业、个人及家庭作为投资主体共同投资，形成政府拨款与社会投资相结合的模式，从而拓宽温州市体育人才培养渠道。同时，温州模式改变了体育运动学校招生难、生源质量不高的状况，为全国体育人才培养提供了借鉴经验和做法。

随着我国体育体制改革的不断深化推进，温州市有关行政主管部门从运动项目发展的实际情况出发，着力整合政府行政主管部门与私有投资主体在体育后备人才培养方面的资源优势，共同致力于体育后备人才培养的终极目标。温州市新型的体育后备人才培养模式是我国社会体制转型与体育体制改革不断推进的产物，同时公私联合培养模式、“委托订单式”培养模式、民营独资培养模式应运而生。温州市体育后备人才市场化培养模式具有一定的时代前瞻性与超前性。然而，伴随着我国体育体制变革的不断推进，温州市在体育后备人才培养过程中遭遇发展困境。要实现温州市体育后备人才市场化培养模式的转型升级发展，则需对体育后备人才培养的运营体制与机制进行适时地优化与创新，更好地为我国体育事业的可持续发展服务。因此，对温州市体育后备人才市场化培养模式进行全面、系统的研究，既是温州市体育事业可持续发展的客观需求，又是实现“体育强国梦”的具体实践。

目录

CONTENTS

第一章　青少年体育人才培养体系的审视 …………………… (1)

一、业余体校选拔培养体系研究 …………………………… (1)

二、“体教结合”选拔培养模式研究 ………………………… (10)

三、高校高水平运动队培养体系研究 ……………………… (16)

四、体育后备人才链断裂分析 ……………………………… (23)

第二章　青少年体育人才资源性质研究 …………………… (32)

一、青少年竞技体育人才资源内涵 ………………………… (33)

二、青少年竞技体育人才资源的性质 ……………………… (39)

三、青少年竞技体育人才资源供给的内涵 ………………… (43)

四、温州市青少年竞技体育人才资源供给的内涵 ………… (55)

第三章　温州市体育后备人才培养模式的变迁研究 ……… (62)

一、温州市体育后备人才市场化培养模式的形成 ………… (63)

二、温州市体育后备人才市场化培养模式的变迁 ………… (75)

三、温州市体育后备人才市场化培养模式变迁的反思 …… (84)

第四章　温州市体育后备人才市场化培养的新常态分析 …………………………………………… (91)

一、温州市体育后备人才公私联合（合作）培养模式 ……… (92)
二、温州市体育后备人才“委托订单式”培养模式 ……… (105)
三、温州市体育后备人才民营独资培养模式 ……………… (117)
四、温州市网球后备人才培养模式的案例分析 …………… (130)

第五章　温州市体育后备人才市场化培养模式的困境研究 …………………………………………… (153)

一、温州市体育后备人才市场化培养模式形成的基础 …… (154)
二、温州市体育后备人才市场化培养模式的发展动力 …… (162)
三、温州市体育后备人才市场化培养模式改革的必要性分析 …………………………………………… (165)
四、温州市体育后备人才市场化培养模式存在问题的研究 ……… …………………………………………… (173)
五、温州市体育后备人才市场化培养的困境因素分析 …… (175)

第六章　温州市体育后备人才市场化培养模式创新条件研究 …………………………………………… (177)

一、温州市体育后备人才市场化培养模式创新动因分析 … (178)
二、温州市体育后备人才市场化培养模式创新基础分析 … (182)
三、温州市体育后备人才市场化培养模式创新的必要性分析 …………………………………………… (184)
四、温州市体育后备人才市场化培养模式创新目标 ……… (188)
五、温州市体育后备人才市场化培养模式体制的创新 …… (191)

六、温州市体育后备人才市场化培养模式的机制创新 ……（197）

第七章　温州市体育后备人才市场化培养模式的创新路径研究……（203）

一、温州市体育后备人才市场化培养模式的发展形态分析……（204）

二、温州市体育后备人才市场化培养模式的创新路径 ……（206）

三、温州市体育后备人才市场化培养模式创新路径影响因素分析……（210）

四、温州市体育后备人才市场化培养模式创新路径保障 …（219）

参考文献……（223）

第一章　青少年体育人才培养体系的审视

青少年体育人才是运动训练实践的主体，是当代竞技体育的核心竞争力，是体育事业可持续发展的基石。青少年体育人才培养体系对一个国家竞技体育整体实力水平起着决定性的作用。青少年体育人才培养体系的构建直接影响青少年体育人才的培养，关系到竞技体育人才培养的数量与质量，影响到国家竞技体育长期稳定发展和持久的竞争力。

中华人民共和国成立以来，我国的体育事业在“奥运战略”与“全运战略”的影响下，无论是在竞技体育的发展速度上，还是在群众体育的发展规模上，都取得了前所未有的突破。我国曾经是世界体坛的追随者。我国体育事业在经历了半个多世纪的奋起直追，一跃成为当今世界体育的“领头羊”，这主要得益于我国青少年体育人才的培养体系。新中国成立以后，我国体育事业基础十分薄弱，如何明确发展目标，如何选择发展道路，如何选择发展路径等问题摆在眼前。当我们用宏观的角度来重新审视这些问题的时候，这些问题共同指向了青少年体育人才培养体系的构建。那么，在我国体育事业半个多世纪的发展历程中，青少年体育人才培养体系经历了怎样的历史发展阶段？在每个历史发展阶段又给我们提供了哪些发展经验与教训？

一、业余体校选拔培养体系研究

青少年业余体育训练学校（以下简称“业余体校”）选拔培养体系

是我国全面学习苏联体育管理体制过程中筹划出来的举国体制产物，是我国竞技体育训练体制中的重要组成部分，是培养我国高水平竞技体育后备人才的主体，也是竞技体育可持续发展的重要保障，是影响我国竞技体育后备人才培养质量的重要因素，是我国竞技体育后备人才培养的重要基地，在我国竞技体育后备人才培养方面占据着举足轻重的作用。各级各类业余体校是青少年业余训练的主要场所，也是高水平运动员选拔和培养的主要渠道。

（一）业余体校选拔培养体系的历史背景

新中国成立初期，行政主管部门面对历史遗留下的科学技术落后、经济实力薄弱、人民体质较差等问题，结合当时特殊的国际环境，认为要实现后来居上及中华民族伟大复兴的夙愿，必须找出一条能在短时间内振奋民心的途径。由于竞技体育具有特殊的政治价值，在普及与提高与其相结合的体育事业发展进程中，竞技体育充当了时代的先锋。因此，我国选择了走向高度重视并发展竞技体育运动的道路，以便通过竞技运动广泛参与国际交流。这就要求在尽量短的时间里培养出全面发展、品质优良的优秀体育人才，以提高我国在国际体坛的竞争力。在此时代背景下，在借鉴苏联竞技体育崛起经验基础上，业余体校选拔培养体系在我国青少年体育人才培养中应运而生，我国的体育事业才伴随着国家的不断发展而得以迅速发展和普及起来。

（二）业余体校选拔培养体系发展历程回顾

通过回顾我国业余体校选拔培养体系的发展特征与我国体育事业的不同历史阶段，依据不同历史时期行政主管部门发展体育事业所出台的政策法规，以及我国体育事业在不同历史发展阶段所取得的历史突破，我们可将其分为酝酿与萌芽阶段、启动探索阶段、发展停滞阶段、恢复发展阶段、蓬勃发展阶段、“夕阳”阶段。

1. 业余体校选拔培养体系酝酿与萌芽阶段（1949—1956年）

1952年我国体育代表团参加了在芬兰赫尔辛基举办的第15届奥运会，这也是新中国历史上第一次参加奥运会。在此期间，代表团访问了苏联和东欧的体育组织，看到了他们发展竞技体育所起到的政治效果。回国后写报告强烈建议中央政府直接主管竞技体育以便迅速提高我国整体竞技水平。同年11月15日，中央人民政府决定成立体育运动委员会，即“中央人民政府体育运动委员会”（简称国家体委），国家体委接管体育总会和国防体育俱乐部工作。为了迅速改善人民群众的体质健康状况，提高运动技术水平，改变其与我国国际地位不相称的局面，国家体委大力培养体育后备人才。1955年，国家体委依据我国的具体国情和体育情况，在充分借鉴与学习苏联在体育后备人才培养方面经验的基础上，决定在北京、天津、上海试办3所业余体校。业余体校主要招收具有运动天赋且具有发展潜力的中小学生，充分利用课余时间进行系统化的体育训练。在业余体校经历了一年的发展与实践后，国家体委在总结业余体校发展经验的基础上，要求各省、自治区、直辖市体委从1956年起建立业余体校，并颁布了《青年业余体育学校章程（草案）》《少年业余体育学校章程（草案）》,[1] 为我国业余体校选拔培养体系的构建提供了法规依据，由此开启了以国家体委系统为主的青少年业余体育训练的新里程。

2. 业余体校选拔培养体系启动探索阶段（1957—1965年）

1956年国家体委在全国范围内兴建业余体校。到1957年末，在全国兴办159所业余体校中，在校学生数量达到17000多人。1958年5月，党的八大二次会议正式通过了“鼓足干劲、力争上游、多快好省地建设社会主义”的总路线。我国体育事业受其影响在全国范围内出现了大规模兴办业余体校的做法。这使我国业余体校在1960年过分膨胀至

〔1〕 荣高棠，当代中国体育［M］．北京：中国社会科学出版社，1984，12：110－111.

8607 所，在校学生数量高达 1118551 人。在国民经济困难时期，国家体委贯彻党中央“调整、巩固、充实、提高”的战略方针，缩短战线，确保重点，整顿了业余体育训练，业余体校数量上有所减少，质量得到显著的提高。1961 年 12 月，国家体委在北京举行全国体育工作会议，认真总结了“大跃进”以来的经验教训，指出体育是国家的上层建筑，其发展规模和速度应与经济发展相适应，进一步明确了缩短战线、保证重点的发展战略。1963 年，群众体育工作以学校为重点，学校群众体育活动的蓬勃发展为业余体校的发展打下了坚实的基础。1964 年，全国体育工作会议上决定要抓好业余体育训练，指出“要充分运用各种业余训练形式进行训练。尤其要办好青少年业余体育学校，为优秀运动员队伍培养后备力量。”[1] 1964 年 8 月，国务院批转教育部、体育运动委员会、卫生部《关于中小学学生健康状况和改进学校体育、卫生工作的报告》，文件指出要积极办好青少年业余体育学校。业余体校是各地培养优秀运动员后备力量的重要基地，也是校外教育的阵地，教育行政部门和中、小学应积极支持，吸收学生参加业余体校。1964 年 9 月，国家体委颁发《青少年业余体育学校试行工作条例（草案）》，对举办业余体校的办学条件、项目等作出明确规定，发动各级体委、学校、厂矿等投资兴办业余体校，逐渐形成了从基层业余体育训练学校至重点业余体育训练学校、体育运动学校、专业运动队的 4 级人才培养体系。经过整顿与恢复，1965 年，全国青少年业余体育训练的发展已初具规模，全国业余体校数量达到 1410 所，在校学生数量为 79153 人。

3. 业余体校选拔培养体系发展停滞阶段（1966—1971 年）

1966 年开始，受“文化大革命”影响，我国竞技体育运动发展几乎完全停滞，已经初具规模的各级业余体校选拔培养体系建设中断。

---

〔1〕 国家体委政策研究室．体育运动文件选编 1949—1981［G］．北京：人民体育出版社，1982：97.

4. 业余体校选拔培养体系恢复发展阶段（1972—1978 年）

1972 年 9 月，国家体委在西安举行了全国青少年业余体育学校工作会议。会议强调，重视业余体校的组织建设，将原有的业余体校尽快恢复起来，同时逐步新建一批业余体校。会议确定了业余体校是以“利用业余时间，对青少年儿童进行专项运动技术训练”为原则，其任务是“不断提高青少年运动技术水平，为优秀运动队和各级代表队培养新生力量，同时为基层培养专项运动技术骨干，推动群众性体育的普及和提高”。[1] 在党和政府的关怀指导下，大批体育工作者得以回到各自工作岗位，各类运动项目逐步恢复训练，体育院校开始招生，青少年业余体育训练逐渐恢复。到 1978 年业余体校数量达到 2458 所，先后向国家，以及省、自治区、直辖市代表队共计输送了 2 万余名运动员，其中不少学生还考入了体育学院，更多的业余体校学生成了发展群众体育工作的骨干。为适应体育事业发展的新形势，1978 年全国体育工作会议要求各地在大中城市建成从基层运动队（中、小学）—普通业余体校—重点业余体校（体育运动学校）—优秀运动队层层衔接的训练网，认真做好四级训练网的连续性和互相衔接工作。[2] 这标志着我国竞技体育训练体系得到进一步发展与完善。1978 年 10 月，在烟台举行的全国业余体育训练会议，具体落实国家体委的上述精神，从而使我国业余体育训练进入新的发展阶段。青少年业余体育训练得到全面恢复发展，为我国竞技体育在 20 世纪 80 年代的一鸣惊人打下了基础，成为我国竞技体育腾飞的初级阶段。

5. 业余体校选拔培养体系蓬勃发展阶段（1979—1999 年）

改革开放以来，随着我国经济、政治体制改革的不断推进，国家体

---

[1] 国家体委，国务院科教组．一九七二年全国青少年业余体育学校工作座谈会纪要［C］．1972.

[2] 国家体委政策研究室．体育运动文件选编 1949—1981［G］．北京：人民体育出版社，1982：122.

委为适应新形势发展的需求，积极推动我国体育体制的变革。20世纪80年代初，我国面临全面登上世界体育舞台的新形势。国家体委在1981年提出，要大力加强业余体育训练，整顿现有业余体校，提倡各种形式的业余训练，办好中小学体育和体育运动学校，兴建专项运动学校，提高业余训练质量。[1] 国家体委1979年恢复并创建了一批体育传统项目学校，主要目的是更大规模地选拔与培养体育人才。

20世纪90年代，随着我国社会主义市场经济体制改革目标的确定，如何构建与社会主义市场经济体制相适应的体育体制成为该历史阶段的主题。国家体委先后在1994年和1997年对体育系统内部机构进行了大刀阔斧的改革。这两次改革更深入、彻底地针对原有体制进行了根本性变革，改变了人们的观念，将竞技体育与市场联合起来，取得了良好的经济效益与社会效益。1993年国家体委为进一步促进业余体校对“奥运战略”的落实，对全运会所设的运动项目进行了变革，即全运会所设项目均为奥运项目，其他非奥运项目被排除出去（除武术外）。在此阶段，国家体委积极探索多种业余体校办学模式，并以“奥运争光计划”为终极目标，通过鼓励与引导社会力量参与创办业余体校，分批命名、挂牌重点业余体校为“体育后备人才培养基地”。这使业余体校向多元化、多样化方向发展，成为我国竞技体育后备人才培养的主要渠道，培养了大批高水平运动员。1998年3月24日，国家体委改组为国家体育总局。

6. 业余体校选拔培养体系“夕阳”阶段（2000年至今）

进入21世纪以来，随着我国高等教育的改革与发展和我国体育体制的变革，我国青少年体育后备人才培养与梯队建设在一定程度上受到了影响，业余体校数量和生源数量呈现出下滑趋势，业余体校发展甚至

---

〔1〕 国家体委政策研究室．体育运动文件选编1949—1981［G］．北京：人民体育出版社，1982：156.

举步维艰。加之一些业余体校办学效益低，办学质量差，缺乏市场竞争力，导致一些县、区级业余体校纷纷解体，退出了青少年体育后备人才培养的历史舞台。而现存业余体校的发展也是困难重重。国家体育总局针对业余体校发展面临的问题颁布实施了《2001—2010 年体育改革与发展纲要》，该纲要明确指出，加快训练体制改革，建立适应社会主义市场经济体制的后备人才培养体系。业余训练是我国竞技体育发展的基础，必须高度重视业余训练工作，改善业余训练条件，坚持走体教结合的道路。鼓励和支持社会及个人资助、兴办业余训练。[1] 以国家体育总局等为代表的行政主管部门不断推行业余体校改革，但仍然出现生源数量下滑、成才率低、学训矛盾等现象，从而使得业余体校失去了原有的吸引力。加之2006 年《全民健身计划纲要》与2009 年《全民健身条例》等系列文件的颁布实施，使我国体育发展事业即将进入一个全新的历史发展阶段，而业余体校在我国体育事业发展中的地位有所下降，业余体校在社会上受到的关注程度逐渐降低，全国各类业余体校总体发展前景较为黯淡。因此，我国业余体校选拔培养体系的改革之路任重而道远。

（三）业余体校选拔培养体系的反思

业余体校选拔培养体系在我国经历了六十余年的发展历程，以各级业余体校为主体，以业余体校选拔培养为主要形式，是我国竞技体育人才培养的重要组成部分。业余体校选拔培养体系在我国竞技体育发展过程中起着至关重要的作用，为我国竞技体育后备人才的培养作出了突出贡献。然而，随着我国经济、政治等体制改革的深入发展和我国体育职业化的发展，计划经济体制运作下的业余体校选拔培养体系不能满足我国竞技体育事业发展的需求，业余体校选拔培养体系的弊端不断凸显，

[1] 国家体育总局. 2001—2010 年体育改革与发展纲要［J］. 体育科学，2001，(3)：1－6.

制约了我国青少年体育人才培养工作的有序进行。

1. 业余体校选拔培养体系的历史价值评价

新中国成立初期，由于竞技体育特殊的政治价值与作用和我国国情，以及特殊的国际大环境，为实现中华民族伟大复兴的夙愿，体育主管部门在认真分析与总结苏联竞技体育崛起经验的基础上，在我国确立了青少年体育人才培养体系（业余体校选拔培养体系）。业余体校选拔培养体系以各级业余体校为主体，以业余体校选拔培养为主要形式，是我国青少年体育人才培养的重要渠道之一，为我国竞技体育人才问鼎国际竞技体育最高领奖台创造了条件。我国业余体校的首次尝试是在1955年，国家体委决定在北京、天津、上海试办3所业余体校之后，到1956年国家体委决定在全国范围内建立业余体校。

我国从新中国成立初“一穷二白”的世界竞技体育弱国发展至今成为世界竞技体育强国，主要得益于业余体校选拔培养体系对我国青少年体育人才的培养。我国竞技体育在经过六十余年的发展历程取得如此高的成就，最重要的一个原因是在我国创立的以各级业余体校为主体的青少年体育人才培养体系。这也成为我国竞技体育人才培养的基础环节，为我国竞技体育事业的腾飞作出了巨大的贡献。然而，随着我国政治、经济体制的转型与体育职业化改革的不断推进，特别是我国竞技体育对青少年体育人才的需求不断加大，我国传统的业余体校培养体系已经不能满足我国竞技体育发展的需求，成为制约我国竞技体育可持续发展的瓶颈。因此，我国传统的青少年体育人才培养体系走到了“人生的十字路口”，只有突破瓶颈，才能实现我国竞技体育发展新的飞跃。

2. 业余体校选拔培养体系可持续发展瓶颈

随着我国政治、经济等体制改革的不断深入发展，我国体育职业化的改革也随之展开。但计划经济体制运作下的业余体校选拔培养体系不能满足我国竞技体育事业发展对体育人才的需求，它的弊端不断显现，成为制约我国青少年体育人才培养的症结所在。这些问题集中表现在以下三个方面。①训练体系因素。业余体校选拔培养体系是计划经济体制下的产物，带有浓烈的计划经济色彩。然而，我国现阶段业余体校选拔培养体系基本延续了计划经济时代的旧体制，该训练体制具有明显的内向性和封闭性，缺乏横向的竞争与纵向的衔接，缺乏整个社会的协同配合，整体功能尚未发挥。[1] 这种传统业余体校选拔培养体系已经不能适应新时期综合性体育人才（体育人才应该有着较高的运动技术水平与较高的文化素质）发展的需要，因此，我国业余体校选拔培养体系的训练系统亟须创新与优化。②经费保障因素。我国各级业余体校工作的正常运行均需要充裕的资金作为保障，各级业余体校的经费主要依赖于国家的财政投入，财政资金的投入直接关乎业余体校的生存环境。随着我国社会体制的转型，计划经济体制的局势被打破，国家财政投入各级业余体校的经费呈逐年下滑趋势，使得各级业余体校的正常运行受到影响，各级业余体校面临着办学困难，训练教学受阻等问题。③体育与教育结合因素。人才学理论把人才生涯分为以下三个阶段，即培养阶段、使用阶段和老化阶段。而受生物学等因素制约，竞技体育人才运动生涯短暂。在业余体校选拔培养体制背景下，我国竞技体育运动员参加竞技体育训练的阶段也是其文化教育的重要阶段，此时参训的青少年体育人才大多是牺牲文化教育时间参与竞技体育训练。随着我国社会的发展和经济的繁荣，社会亟须高素质人才（身体素质、科学文化素质、思想道德素质等协同发展），因而，竞技体育运动员在短暂的运动生涯结束后即面临着第二次择业的艰难选择，文化素质偏低成为我国竞技体育人才择业的瓶颈。

通过对业余体校选拔培养体系的背景和不同历史发展阶段的反思，我国业余体校选拔培养体系在发展的过程中发现了一系列不可调和的矛盾。之所以出现诸多发展瓶颈是由于在我国社会转型期的大背景下，业

---

〔1〕 孙岩，马襄城．我国业余体育训练的历史发展及现状分析［J］，体育学刊，2003，10（3）：111－114.

余体校选拔培养体系不能适应新时期我国竞技体育发展的需求。因此，要实现我国竞技体育青少年体育人才培养工作的有序进行，必须对我国现有的青少年体育培养体系进行适时的调整与优化，进而实现我国竞技体育的可持续发展。

二、“体教结合”选拔培养模式研究

新中国成立后，我国有关部门在借鉴苏联等体育强国发展体育的经验基础上，为了实现体育强国的发展目标，在我国建立了业余体校选拔培养体系。该人才培养体系为我国培养大批优秀青少年体育人才和促进我国竞技体育的发展作出了巨大贡献。随着我国竞技体育发展对青少年体育人才需求的不断增加，业余体校选拔培养体系已经不能满足我国竞技体育发展的需求。有关行政主管部门本着“以人为本”的教育发展理念，逐渐形成了一种全方位、多层级的，体育系统与教育系统相结合的，符合人的全面发展的青少年体育人才业余训练模式，即“体教结合”选拔培养模式。“体教结合”选拔培养模式是具有中国特色的青少年体育人才培养模式。“体教结合”是指为整合教育系统和体育系统两者的优势，以实现资源共享、优势互补、人才共育、协调发展的人才培养机制，以及完善举国体制、促进竞技体育可持续发展的战略措施。[1]

（一）“体教结合”选拔培养模式的历史背景

体育是由诸多要素与系统共同组成的有机整体，通过各要素与各系统之间的相互联系与相互作用来实现发展。体育的发展离不开青少年体育人才的培养。而由行政主管部门主导的业余体校选拔培养体系往往忽视青少年体育人才思想道德素养的教育，造成青少年体育人才的片面化

〔1〕 谷云峰，李鹏程．我国30年高校“体教结合”的演进历程与发展构想［J］．吉林体育学院学报，2011，27（1）：21－22.

发展。业余体校选拔培养体系培养的青少年体育人才在成长过程中缺乏文化知识的学习，片面化的发展制约了青少年体育人才综合能力的提升。体育人才退役后由于缺乏相应文化知识的支撑，较难融入社会，生存受到严重挑战。行政主管部门必须转变青少年体育人才培养的理念，由单一的培养竞技能力向复合型的多元化人才培养体系转变，进而使得青少年体育人才适应现代社会发展的需求。为了突破业余体校选拔培养体系的发展瓶颈，避免青少年体育人才在素质教育方面的缺失，进而实现培养德智体全面发展的体育人才，国家体育部门与教育部门为了弥补业余体校选拔培养体系的不足，在我国构建了“体教结合”选拔培养模式。

（二）“体教结合”选拔培养模式发展历程回顾

通过对不同历史时期“体教结合”选拔培养模式的特征，以及各级行政主管部门对“体教结合”选拔培养模式的相关政策进行梳理，我们可将“体教结合”选拔培养模式的发展分为四个阶段，即萌芽发展阶段、夭折阶段、恢复与突破发展阶段、完善发展阶段。

1. “体教结合”选拔培养模式萌芽发展阶段（1949—1965 年）

新中国成立后，为彻底改变“东亚病夫”的形象，党和国家确立了重视国民体质健康的指导思想，把苏联行之有效的“劳卫制”拿来借鉴，先后在北京、上海等地实施《体育锻炼标准》。1954 年 5 月，国家体委颁布实施《准备劳动与卫国体育制度暂行条例和项目标准》。同年，国家体委、高教部、教育部、卫生部、团中央、全国学联等单位联合颁布实施《关于在中等以上学校中开展群众性体育运动的联合指示》，从而在全国范围内掀起了中学和大学群众性体育活动的浪潮。1955—1961 年国务院要求高等学校加强体育院校和基层体育协会之间的联系，与此同时还要求体育院校建立实验室和科研机构，并对各级各类学校使用的体育教学大纲和教材进行审查。1962 年国家体委提出竞技体育人才要从学校和专业体育院校中挑选，所有学校要从学生的文化知识学习和运动技能训练两大主体出发去培养体育人才。此时我国的体育和教育事业正处于起步阶段，各项教育、体育等基础设施还不完善，“体教结合”的思想处于萌芽发展阶段。

2. “体教结合”选拔培养模式夭折阶段（1966—1976 年）

“文化大革命”时期，各行各业的发展都遭受到了前所未有的冲击，致使处于萌芽状态下的“体教结合”的思想被迫夭折。

3. “体教结合”选拔培养模式恢复与突破发展阶段（1977—1989 年）

1977 年 9 月，教育部在北京召开全国高等学校招生工作会议，受“文化大革命”冲击而被迫中断十年的中国高考制度得以恢复，以统一考试、择优录取的方式选拔人才上大学。我国重新迎来了尊重知识、尊重人才的春天。1978 年 12 月，中国共产党第十一届中央委员会第三次全体会议的胜利召开成为我国新时期的转折点。这次会议的中心议题是把工作重心由阶级斗争转移到社会主义建设上来，于是全国上下各级体委重新建立起来，中国体育总会、中国奥委会等体育行政机关开始重新运作。1978 年 1 月，国家体委在北京举行了全国体育工作会议，并把发展青少年体育作为培养和造就全面发展体育人才的中心。此次会议是中华人民共和国成立以来国家体委举行的代表性最广、规模最大的一次会议。1979 年教育部先后颁布实施了《全国学生体育运动竞赛制度》《高等学校体育工作暂行规定（试行草案）》《中小学体育卫生工作暂行规定（试行草案）》。1979 年到 1983 年的三年间，国家体委相继提出高水平运动员培养向院校化过渡，设立优秀运动员文化教育和教练员培训处，把体育院校逐步推向教学、训练、科研三者相结合的高水平运动员培养新阵地，从此体育与教育工作逐步迈向正轨。1986 年 4 月，国家体委颁布实施《关于体育体制改革的决定（草案）》，进而正式拉开了我国体育体制改革的序幕。这次体育体制改革的中心是转变国家体委等行政主管部门的职能，理顺国家体委与国家教委等各方面的关系，指出要坚持以学校体育为战略重点，对竞赛体制、训练体制、科研体制等进行系列的变革。这标志着“体教结合”思想在青少年体育人才培养上取得了突破性进展。

4. “体教结合”选拔培养模式完善发展阶段（1990 年至今）

1992 年邓小平同志先后视察武昌、深圳、珠海等地，就一系列重大问题发表谈话，史称“南方谈话”。南方谈话在中国大地上引起了巨大的反响，社会主义市场经济体制的明确使整个社会结构发生了巨大的变革，建立一种新型的、顺应市场经济基础的体制已是大势所趋。1993 年 6 月，国家体委颁布实施《关于深化体育改革的意见》，该意见的出台确立了 20 世纪 90 年代体育体制改革的基本框架，即实现由计划经济体制下的体育体制向与社会主义市场经济体制相适应的体育体制转变，逐步建立符合现代体育运动发展规律、国家调控、依托社会、自我发展、充满生机与活力的体育体制和良性循环的运行机制。1995 年 8 月，第八届全国人大常委会第十五次全体会议以全票通过《中华人民共和国体育法》（以下简称《体育法》），《体育法》明确提出，体育工作坚持以开展全民健身活动为基础，将普及与提高相结合，促进各类体育协调发展。[1] 2000 年 12 月，国家体育总局颁布实施《2001—2010 年体育改革与发展纲要》，文件明确指出，改善业余训练条件，坚持走体教结合的道路，继续发挥各地体育运动学校在培养高水平体育后备人才方面的作用，积极推动其与各地的高等院校结合，提高办学效益。[2] 2002 年 7 月，中共中央、国务院颁布实施《关于进一步加强和改进新时期体育工作的意见》，文件指出，各级各类学校要确保学生体育课和课余活动时间，贯彻科教兴体的总方针，并提出在 2010 年以前初步形成体教结合

〔1〕 中华人民共和国体育运动委员会. 中华人民共和国体育法规汇编 1993—1996［G］. 北京：新华出版社，1997：4.

〔2〕 2001—2010 年体育改革与发展纲要［EB/OL］.（2000 - 12 - 15）［2019 - 04 - 29］. https://wenku.baidu.com/view/64d0cb73185f312b3169a45177232f60dccce720.html.

培育青少年体育人才体系的发展目标，以及加强体教结合，建立跨地区、跨部门培育高水平后备人才的激励机制，逐步形成与社会主义市场经济相适应的后备人才培养体制等目标。[1] 2006年7月，国家体育总局颁布实施《体育事业发展“十一五”规划》，该规划明确指出，将充分利用体育系统外的教育资源，鼓励、支持运动队与地方教育部门及各级各类学校通过各种形式合作办学或开展共建。[2] 中国共产党第十八届中央委员会第三次全体会议的胜利召开体现了以习近平同志为核心的党中央，从实现“中国梦”的伟大构想出发，对体育工作提出了新的要求和期望。这一系列政策法规的颁布与实施为我国青少年体育人才的培养指明了方向，为我国“体教结合”选拔培养青少年体育人才模式的完善与发展带来了前所未有的历史机遇。

（三）“体教结合”选拔培养模式的反思

体育是教育的重要内容与手段，体育与教育有着千丝万缕的联系，体育与教育在一个人成长的过程中占据着极其重要的地位。我国在青少年体育人才培养的过程中将体育与教育融为一体，创建了“体教结合”选拔培养模式。该人才培养模式全面提升了青少年体育人才培养质量，为日后青少年体育人才竞赛成绩的取得打下扎实的基础，为体育人才的“二次择业”提升了资本。

1. “体教结合”选拔培养模式历史价值的评价

“体教结合”选拔培养模式是体育部门与教育部门在青少年体育人才培养方面进行的深度协调与配合，通过优化与重组两大部门的核心竞争力来实现一种“整体”大于“局部”的效果，进而实现青少年体育

〔1〕 国家体育总局．中华人民共和国体育法规汇编2000—2002［G］．北京：中国法制出版社，2003：4.

〔2〕 国家体育总局发布体育事业发展“十一五”规划［EB/OL］．(2006-07-25)［2006-07-27］. http://www.gov.cn/gzdt/2006-07/27/content_347002.htm.

人才培养工作的“双赢”与“共赢”。“体教结合”选拔培养模式是实现青少年体育人才全面发展的有效途径，它能够帮助青少年体育人才通过接受相应的文化教育与系统的运动训练达到竞技能力、德育、智育等全方位的提升。“体教结合”选拔培养模式的创立在一定程度上缓解了体育部门急功近利思想和金牌效应的影响，为青少年体育人才的培养创造了良好的学习环境和全面发展的外部环境，实现了青少年体育人才竞技能力的提高与文化教育的同步发展，提高了竞技体育人才在运动生涯结束后进入社会自主择业的“资本”，打破了脱离教育的大环境而片面地培养技能型青少年体育人才的局面。体育部门与教育部门通过运用多样性、灵活性、全面性的教育手段和方法联合培养青少年体育人才，在一定程度上达到竞技能力与文化教育的协同发展，从而使得青少年体育人才能够自己掌控未来的发展方向，沉着应对退役后进入社会所面临的挑战。然而，随着我国政治、经济等体制改革的不断推进与政府职能不断转变，我国竞技体育的发展正朝着多元化、市场化方向发展，“体教结合”选拔培养模式的弊端不断凸显，制约了青少年体育人才的全面发展和我国体育事业的可持续发展。

2.“体教结合”选拔培养模式的瓶颈

“体教结合”选拔培养模式是我国体育部门与教育部门共同培养青少年体育人才的一种新型人才培养模式。然而，随着我国社会体制的转型和体育职业化改革的不断推进，“体教结合”选拔培养模式的弊端不断显现，从而严重制约了青少年体育人才培养工作的有序进行。这些问题集中表现在以下两个方面。①体育部门与教育部门对青少年体育人才培养目标认识的不一致。思想是一切行动的源泉，决定行动的发展方向。体育部门与教育部门未从长远的、全面发展的眼光来正确对待青少年体育人才培养工作，只是站在各自立场，片面追求所谓的政绩，使得青少年体育人才舍弃接受文化教育的时间来过早地接受高强度、专项化的运动技能训练等，形成了与业余体校选拔培养体系相同的局面，造成了体育部门与教育部门在思想观念上难以实现有效的融合。②“体教结合”选拔培养模式的实施缺乏相应的制度保障。青少年体育人才培养过程是一个极其复杂的系统工程，因而在青少年体育人才培养的过程中有关部门应制定相应的制度作为保障。然而，我国青少年体育人才的培养受体育与教育两大体制的制约。由于在青少年体育人才培养方面，体育部门与教育部门所面临的任务不一样和人才培养目标不一致等因素，二者仍处于“各自为政”的状态。体育部门与教育部门长期以来在青少年体育人才培养方面的融合度较低，从而造成了“体教结合”选拔培养模式的落地实施缺乏制度保障。

“体教结合”选拔培养模式是我国青少年体育人才全面发展的必由之路，应充分优化与重组体育与教育两大系统的资源优势，促使青少年体育人才在运动训练和文化教育两方面的协同发展，实现青少年体育人才培养的良性循环发展。因此，在青少年体育人才培养的过程中应本着以教育为依托、以运动训练为根本的育人理念，实现青少年体育人才综合能力的提升。

三、高校高水平运动队培养体系研究

前国际奥委会主席萨马兰奇先生曾说过：“21 世纪世界各大洲竞技发展仍不会平衡，走学院化之路将是总趋势。”[1] 纵观国外体育强国，其高校大多是竞技体育后备人才培养的主要阵地。因此，国家有关行政主管部门为弥补之前培养系统下的青少年体育人才文化素质教育的缺失，对我国体育体制的发展战略进行了适时的调整与优化。1987 年国家教委开始在高等院校创建高水平运动队，并颁布了《关于普通高校试行招收高水平运动员工作的通知》，首次确定了全国招收高水平学生运

〔1〕 钟秉枢，左琼，张佳麟. 我国高等体育院校运动训练的历史回顾 [J]. 北京体育大学学报，2001，24（2）：205－207.

动员的51所试点院校。由此我国开启了由教委主管的高校系统培养高水平运动员的序幕，进而使我国高校试办高水平运动队进入有组织、有计划、稳步发展的历史新阶段。

（一）高校高水平运动队培养体系的历史背景

青少年体育后备人才培养体系直接关乎竞技体育的可持续发展。随着时代的发展，我国有关部门针对青少年体育人才的培养体系进行了系列变革，给传统的青少年体育后备人才培养体系带来了巨大冲击。加之我国由计划经济体制向社会主义市场经济体制的转型，社会一元化朝着多元化方向发展，社会发展对人才的需求由单一的特长与技能向复合型人才方向转变，我国以体育系统为主导的业余体校选拔培养体系逐渐失去了发展的优势。体育作为社会的一个子系统，其发展的规律也必然要符合社会发展的基本规律。因此，我国青少年体育人才培养亟须一种既能达到运动训练夺牌的目的，又能达到提高运动员退役后自主择业能力的一种新型人才培养体系。随着我国社会体制的转型与国际竞技体坛竞争的日趋激烈，传统的举国体制式的青少年体育后备人才培养模式已经不能适应新时期社会发展的需求；而高校高水平运动队培养体系既能达到提高青少年体育人才竞技能力的目标，又能为青少年体育人才提供文化知识学习的机会。由此，高校高水平运动队培养体系在我国体育人才培养体系中应运而生。

（二）高校高水平运动队培养体系发展历程回顾

高校高水平运动队培养体系经过长期的摸索与发展，为我国竞技体育的发展作出了突出贡献，现已发展成为我国青少年体育人才培养的新路径。高校高水平运动队培养体系在我国经历了近三十年的发展历程，高校高水平运动队试点高校积极组织运动训练，高校高水平运动队从无到有、规模从小到大。我国先后建立了一批以培养高水平运动员为目标的高校。通过对高校高水平运动队培养体系的不同历史阶段与发展进程进行梳理，我们可将我国高校高水平运动队培养体系的发展历程分为三个阶段，即尝试与探索阶段、发展与提高阶段、改革与突破阶段。

1. 高校高水平运动队培养体系的尝试与探索阶段（1987—1994 年）

1971 年 10 月，在联合国第二十六届大会上我国恢复了在联合国的一切合法权利，中国的竞技体育得以重返奥林匹克运动会的赛场，我国竞技体育重新回到国际竞技体育的大舞台。我国竞技体育参与国际大型竞技体育赛事的机会不断增加，发展竞技体育及由此带来的巨大的财政压力使得国家体委的任务不断加重。加之国家教委面临的以世界大学生运动会为代表的国际大学生竞技体育交流的需要，进一步激发了教育部门发展竞技体育的热情和主动参与国际大学生竞技体育竞争的积极性。

为了参加以世界大学生运动会为代表的国际大学生竞技体育交流，1985 年国家教委率先提出在高校试办高水平运动代表队，这是我国多形式、多渠道、多层次培养竞技体育人才的一项重要战略举措。1986 年 2 月，国家体委颁布实施了《关于体育体制改革的决定（草案)》，开启了以放权搞活为主线的体育改革，我国体育体制的改革也逐步全面推开。同年，国家教委颁布实施《关于开展课余训练，提高学校体育运动水平的规划》，该规划指出，在今后几年必须把尽快提高我国大学生体育竞技水平作为一项十分紧迫的任务，实现我国大学生竞技体育走向世界的大迂回发展目标。1987 年 4 月，国家教委、国家体委联合下发了《关于普通高校试行招收高水平运动员工作的通知》，首次确立了在全国 51 所高校开展招收高水平学生运动员的试点工作，并对学生运动员的招生对象、招生办法、录取标准、教学与管理等内容做了初步规定，由此拉开了高校高水平运动队培养体系的序幕。此阶段，由于指导思想上的急功近利，想在短时间内提高高校高水平运动队的综合竞技能力水平，部分试办高水平运动队的高校萌生“拿来主义”的思想，直接招收退役的专业运动员，致使退役运动员取代了在校大学生参加比赛的资格，极大地削弱了大学生参加运动训练的积极性，制约了试办高校高水平运动队整体竞技能力的长期发展。

2. 高校高水平运动队培养体系的发展与提高阶段（1995—2005 年）

为了更好地促进高校高水平运动队的建设，进一步提高高校高水平运动队整体竞技能力水平，针对部分试办高水平运动队的高校“坐享其成”的做法，1995 年 5 月，国家教委办公厅颁发《关于部分高校试办高水平运动队的通知》，将试办高水平运动队的高校拓展至 53 所，并培养开展田径、篮球、排球等为重点项目的高水平运动队。随后各省又纷纷确立了在各省办高水平运动队的高校。随着经济全球化、信息国际化等进程的不断加快，我国试办高校高水平运动队的院校不断学习与借鉴国外高水平运动队先进管理经验，试办高校高水平运动队的整体竞技能力水平得到不断提高，比赛纪录不断取得新的突破，整个竞技赛场呈现出一片朝气蓬勃的发展景象。

进入 21 世纪后，教育部提出了“学校体育健康第一”的战略思想，一时间体育运动在全国高校校园内蓬勃开展，高校发展竞技体育的热情日渐高涨。2000 年开始国家为了更好地提高高校高水平运动队的整体文化教育水平，使高水平运动员能够全面发展，做出了一些相关规定，为他们继续深造提供便利[1]。2002 年 8 月，中共中央、国务院下发《关于进一步加强和改进新时期体育工作的意见》，文件指出，加强高水平运动队建设，要把提高运动技术水平与培养有理想、有道德、有文化、有纪律的新一代体育队伍结合起来，开拓培养高水平运动员、教练员的新途径，为优秀运动员、教练员升学深造创造条件，提高运动队

[1] 2001—2010 年体育改革与发展纲要[EB/OL].(2000-10-15)[2019-04-29]. https://wenku.baidu.com/view/64d0cb73185f312b3169a45177232f60dccce720.html.

伍的科学文化素质。[1] 2004 年 11 月，教育部办公厅颁布实施《教育部关于做好 2005 年普通高等学校招收高水平运动员工作的通知》，为进一步加强和改进普通高等学校招收高水平运动员工作，特制订《2005 年普通高等学校招收高水平运动员的办法》，并重新确定了 102 所高校试办高水平运动队。此时，全国共有 235 所普通高校具备招收高水平运动员的资格。为了进一步确保普通高等学校招收高水平运动员工作的有序进行，2005 年 4 月，教育部与国家体育总局联合出台《关于进一步加强普通高等学校高水平运动队建设的意见》，文件在总结以往经验的基础上，为进一步做好普通高校高水平运动队发展出谋划策，作为我国普通高校高水平运动队建设的指导思想和理论基础，为进一步发展高校高水平运动队埋下了伏笔。

3. 高校高水平运动队培养体系的改革与突破阶段（2006 年至今）

随着我国经济的快速发展，为了能够更好更快地促进高校高水平运动队的建设，教育部逐年加大对教育经费的投入，进一步保障了高校高水平运动队的训练经费，运动员的食宿条件得到了极大的改善，相关的硬件设施也有了明显的改观，为高校高水平运动队的发展奠定了基础。2006 年 2 月，教育部体育卫生与艺术教育司司长杨贵仁在学校体育、卫生与健康、艺术教育和国防教育工作会议上，在学校体育方面组织开展了普通高等学校高水平运动队建设评估工作，评出“合格”的试办高水平运动队的高校 235 所。2009 年 6 月，教育部发布《教育部关于做好 2009 年全国普通高等学校招生录取工作的通知》，文件明确规定了试办高校高水平运动队的招生录取工作应以科学发展观为指导，继续全面深入实施高校招生阳光工程，认真贯彻公平竞争、公正选拔、公开透明的原则，坚持德智体美全面考核、综合评价、择优录取，严格执行

---

[1] 中共中央 国务院关于进一步加强和改进新时期体育工作的意见[EB/OL].(2002-07-22)[2010-10-13].http://www.scio.gov.cn/xwfbh/xwbfbh/wqfbh/2011/0722/xgzc/Document/963599/963599.htm.

《2009年普通高等学校招生工作规定》，进一步严格管理、优化服务。[1]

2010年10月，国务院办公厅为了进一步深化教育体制改革，依据《国家中长期教育改革和发展规划纲要（2010—2020年）》的部署，颁布实施了《国务院办公厅关于开展国家教育体制改革试点的通知》，文件附件中指出，适应经济社会发展需求，改革高等学校办学模式，发挥行业优势，完善体制机制，促进行业高等学校特色发展，培养高水平专门人才。[2] 2011年3月，第十一届全国人民代表大会第四次会议审议通过《国民经济和社会发展第十二个五年规划纲要》，该纲要指出，大力发展公共体育事业，加强公共体育设施建设，广泛开展全民健身运动，提升广大群众特别是青少年的体育健身意识和健康水平，优化竞技体育项目结构，提高竞技体育综合实力。[3] 高校高水平运动队培养体系在此历史发展阶段取得了巨大成就，高校高水平运动队在国际、国内等赛事中不断取得突破。教育部高度重视每年试办高校高水平运动队的建设工作，最大限度地完善高校试办高水平运动队培养体系。在经历了近30年的发展后，试办高水平运动队的高校已经由最初的51所扩充到了2015年的273所。

（三）高校高水平运动队培养体系反思

高校高水平运动队培养体系是我国在青少年体育人才培养探索与实践总结出的一种新型人才培养体系，是我国青少年体育人才培养与国际接轨的一种人才培养路径。高校高水平运动队培养体系自1987年发展

[1] 教育部关于做好2009年普通高等学校招生录取工作的通知［EB/OL］.（2009－06－23）［2009－07－23］. http://www.gov.cn/govweb/gzdt/2009－03/20/content_1264049.htm.

[2] 国务院办公厅关于开展国家教育体制改革试点的通知［EB/OL］.（2011－01－12）［2011－01－13］. http://www.moe.gov.cn/jyb_xxgk/moe_1777/moe_1778/201101/t20110113_114499.html.

[3] 国民经济和社会发展第十二个五年规划纲要［EB/OL］.（2011－03－16）［2011－03－17］. http://www.gov.cn/2011lh/content_1825838_17.htm.

至今，得到的评价褒贬不一，但值得肯定的是，它提高了竞技体育人才“二次择业”的能力。

1. 高校高水平运动队培养体系的历史价值评价

高校是多学科知识交融与交汇的场所，同时也是德、智、体、美、劳综合人才培养的基地。高校不仅拥有高水平运动队训练所必需的场地器材，为竞技体育人才竞技能力的提高奠定了物质基础，同时高校还拥有良好的育人环境，高校校园文化的熏陶可以提高青少年体育人才思想意识与自身素养，为竞技体育人才综合能力的提升提供了良好的人文环境。高校高水平运动队建设是为了更好地适应竞技体育的可持续发展和与综合素质教育相协调发展的共同需求，同时也是推动我国竞技体育可持续发展的重要环节。高校高水平运动队是我国竞技体育发展的重要组成部分之一，不仅有助于我国青少年体育人才文化素质的提高，而且有助于培养全面发展的新型人才，同时能够充分利用高校的学科与科技优势，提高青少年体育人才运动训练的科学化水平，加快运动员竞技能力提升的速度，进而实现在国内外比赛争金夺银的发展目标。

我国在 1987 年创立了依托高校建立高水平运动队的竞技体育人才培养体系，这在一定程度上缓解了竞技体育人才培养过程中的学训矛盾。然而，从其运行近 30 年的发展实践可以看出，体育系统与教育系统在对待高校高水平运动队培养体系上则是各取所需。体育系统是在不影响体育体制的前提下解决运动员的后顾之忧，而教育系统则是想通过建立高校高水平运动队提升学校的知名度，这就为高校高水平运动队培养体系的未来发展瓶颈埋下了伏笔。

2. 高校高水平运动队培养体系的瓶颈

青少年体育人才的培养是一项艰巨且系统性较强的工作，因此，只有切实研究高校高水平运动队培养体系所面临的发展瓶颈，才能实现高校高水平运动队培养体系的可持续发展，开创高校高水平运动队培养青少年体育人才的新局面。通过对高校高水平运动队培养体系的运行现状进行分析，我们总结出其发展瓶颈主要表现在以下三个方面。①目标定位不明确。高校高水平运动队培养体系创建的初衷是探索出一条有别于业余体校选拔培养体系的新型人才培养途径，但在实施过程中高校与体育部门会站在各自不同的利益角度。高校组建高水平运动队的目标定位主要是想通过组建高水平运动队提高在本省与全国的竞赛成绩排名，进而实现提高学校在全国的知名度；体育部门对高校高水平运动队组建的目标定位主要是想通过高校招收政策，使竞技体育人才的进入高校，并取得相应的学历学位，进而破解运动员退役后进入社会的机制性障碍。②项目设置缺乏灵活性。自 1987 年我国在高校试办高水平运动队以来，各高校只能依据国家体育总局与教育部的相关规定设置其指定的运动项目，对具有地方特色的运动项目，高校无权私自组建，高校在运动项目设置方面缺乏一定的灵活性，这就降低了高校试办高水平运动队的积极性。③竞赛体系不完善，赛制体系较为单一。运动竞赛是检验运动训练效果的最佳形式，同时也是运动员竞技能力提高的一个重要手段。竞赛体系的不完善直接影响了高水平运动竞赛层次的合理性，使比赛缺乏公平性。赛制体系的单一降低了高水平运动员参加竞赛的机会，影响了高水平运动员竞技能力水平的发挥与综合能力水平的提高。

四、体育后备人才链断裂分析

体育后备人才是竞技体育发展和繁荣的基石，其培养彰显着一个国家竞技体育的实力。体育后备人才的储备量是国家竞技体育综合实力的重要体现，更是国家竞技体育可持续发展的关键，只有充足的体育后备人才储备才能够为竞技体育的发展注入源源不断的新鲜“血液”，进而满足竞技体育发展对高水平体育后备人才的需求。因此，体育后备人才的培养工作是发展我国竞技体育的主要着力点，要实现我国体育事业的可持续发展，则必须加大对体育后备人才的培养力度。

随着竞技体育逐渐向国际化方向发展，以及竞技体育的竞争越发激烈，体育后备人才的培养现已成为发展竞技体育的重要战略措施与实现竞技体育可持续发展的中心环节。计划经济体制背景下我国建立了举国体制式的体育后备人才培养体系，该后备人才培养体系以其独有的资源整合优势为我国竞技体育的腾飞奠定了发展基础。然而进入21世纪以来，我国迈入了全面建成小康社会和加快社会主义现代化建设步伐新的历史发展时期。随着我国政治体制的转型，传统的体育后备人才培养体制遭遇瓶颈，现行体育后备人才培养体系已经不能完全适应竞技体育发展的需求，从而造成了体育后备人才链条的断裂，制约了我国竞技体育的可持续发展。

（一）体育后备人才链断裂的影响因素分析

我国的竞技体育是在举国体制的背景下发展起来的，该体制为我国竞技体育的发展作出了突出贡献，尤其是在北京2008年奥运会上，我国体育健儿共取得了51枚金牌，金牌总数排名世界第一。伦敦2012年奥运会，我国体育健儿共取得了38枚金牌，金牌总数位居世界第二。这些成绩实现了我国竞技体育在国际体坛的历史性突破。然而，举国体制式的体育后备人才培养体系是在计划经济体制背景下创建的，随着我国由计划经济体制向社会主义市场经济体制转型的不断推进，举国体制式的人才培养体制暴露出体制自身的缺陷，造成了我国体育后备人才链条的断裂。

1. 培养机制因素

体育后备人才是体育事业发展最核心、最有活力的重要载体，科学完备的人才培养体系有助于提高体育后备人才培养效率，反之则造成人才资源的极大浪费。计划经济时代背景下我国体育后备人才的培养主要是国家集中培养、管理的机制，体育后备人才通过层层的选拔与挑选，经历业余体校—省市体工队—国家队的三级培养管理体系。在此培养机制下，运动员从参加业余训练开始就已经拿到了国家的“铁饭碗”，其退役后由国家统一安排工作。该人才培养体系的特点是：体育后备人才的培养由国家包办与管理，脱离了群众体育与学校体育发展，存在明显的封闭性与依附性。随着我国社会体制的转型，行政主管部门也不断对我国竞技体育后备人才培养机制进行适时的优化与改革，然而体育后备人才培养机制的内核没有受到触动，只是进行了细枝末节的改革。该人才培养机制已经不能适应我国社会转型发展的需要，制约了我国体育事业的可持续发展。

我国体育后备人才培养机制的落后主要表现在以下三个方面。①体育后备人才选拔缺乏科学性。青少年体育后备人才的选拔是运动员培养系统的基础和重要环节，直接影响到运动员未来的发展。现阶段，我国教练员大多由专业队退役运动员转化而来，出现了“有苗就收，有苗就养”的青少年体育人才选拔的盲目性，给我国体育事业的发展带来了巨大的损失。②体育后备人才训练缺乏科学性。运动技能的提高是一个循序渐进、不断深化的过程，运动训练在运动员成才的过程中起到重要的作用，是体育后备人才取得成功的重要阶段。我国竞技体育人才大多是全天候的专项技能训练，该训练手段使得竞技体育人才感到身心疲惫，极大削弱了参加竞技体育的热情，造成后备人才的严重不足。③竞技体育人才的保障体系不完善。现阶段，我国竞技体育人才的保障体系仍很落后，竞技体育人才的社会保障体系不完善直接影响着我国竞技体育发展的可持续性。因此，体育后备人才培养机制问题是体育发展中最核心的问题，完善的后备人才培养机制是竞技体育人才链条形成与发展的保障。

2. 投入机制因素

经济基础是影响体育发展的重要物质基础，直接影响到体育发展的整体规模与发展速度。我国体育后备人才链条是由举国体制所维系的，是由国家统一包办与管理的。我国体育后备人才的培养主要是以国家财政投入为主，社会资本投资竞技体育的作用没能充分利用与发挥。随着体育体制改革的不断推进，社会资本不断流向市场化程度发展较高的运动项目。然而，从竞技体育发展的整体情况来看，我国的体育事业发展的资金仍以国家财政投入为主体，社会资本并未充分调动与发挥作用，致使我国体育事业发展的资金投入渠道较为单一，财政经费投入不足，不能满足运动项目发展对资金的需求，从而影响到竞技体育后备人才培养工作的有序进行，制约了竞技体育后备人才的全面提升，导致竞技体育后备人才无法形成人才辈出机制，致使竞技体育后备人才链条断裂。

3. 经济利益等因素

现阶段我国评价竞技体育发展程度的唯一标准就是运动员的运动成绩。在经济利益的驱使下，竞技体育出现了一系列不合理现象，如教练员为了达到短期内取得较好运动成绩的目的对运动员进行大强度、大负荷的专项训练，大大缩短了体育后备人才的运动寿命；更有甚者通过篡改户籍和伪造年龄，在各级运动会上取得成绩，使得竞赛的公平性受到严重挑战；等等。这些现象造成了因追求短期利益而影响竞技体育长远发展的后果，必然导致我国竞技体育后备人才链条的断裂。

4. 竞技体育与学校体育、大众体育三者之间的不协调发展

竞技体育的发展离不开学校体育与大众体育，学校体育为竞技体育的发展提供了全面发展的体育后备人才，而大众体育的发展为竞技体育提供良好的资源和社会发展大环境。体育的发展不能脱离教育，尤其是对青少年体育后备人才的培养。我国竞技体育后备人才大多来自举国体制式的人才培养模式，他们从小接受高强度、大负荷的专项运动训练，放弃了接受文化知识学习的机会。这种现象在国家队更为普遍，运动员在有形的金牌与无形的文化知识学习之间，大多选择追求有形的金牌与专项竞技能力的提升，这也正是运动员成绩不佳时把失利归结于心理素质差、环境适应能力较弱、技术水平发挥不理想等方面的原因所在。学校体育为大众体育培养了大批专业性的指导与管理人才，同时也是大众体育形成体育人口的重要渠道。竞技体育对大众体育的发展起着导向性与示范性的作用，同时大众体育又为竞技体育的发展奠定了人才基础。现阶段我国体育的发展重心大多集中在竞技体育方面，竞技体育、学校体育、大众体育也渐行渐远，使得竞技体育的发展缺乏良好的资源和社会发展的大环境，大大制约了竞技体育的可持续发展。

（二）体育后备人才链的创新策略

我国竞技体育后备人才链条是在一定的政治、经济等基础上逐步建立起来的。随着我国社会体制与体育体制的转型，传统的体育后备人才培养模式已经不能适应新时期体育事业发展的需求，体育后备人才链条出现断裂现象，影响了青少年体育后备人才的有效供给，制约了我国体育事业的可持续发展。因此，要从根本上解决体育后备人才链的断裂问题，应从以下几个方面着手。

1. 推进我国体育体制的改革与创新，进一步完善体育后备人才培养体系

体育管理体制问题是我国竞技体育发展的核心要素，科学的体育管理体制能够促进我国竞技体育的可持续发展。我国体育体制的改革与创新应从以下几点做起：首先，逐步深化体育管理体制改革，形成以政府为主导的竞技体育管理体制，逐步由政府直接管理向间接管理的方式转变，行政主管部门依据相关法律法规最大限度地简政放权，鼓励社会力量进入体育市场，形成政府、协会、学校等为主体的新型管理体系，建立社会主义市场经济体制的多层次、多渠道、多形式的培养体制，进一步拓宽体育后备人才培养的渠道；其次，行政主管部门通过转变体育后备人才培养的发展目标，由单纯地追求经济利益、政治利益的发展目标朝着体育事业可持续发展的目标迈进，形成一种高水平、高质量、高文化水平的体育后备人才培养链条；最后，制定体育后备人才发展战略规划，完善与优化青少年体育人才培养体系。行政主管部门应在总结青少

年体育人才培养经验基础上，结合当前我国青少年体育人才培养现状与发展困境，融合国内外青少年体育人才培养最新动态，制定我国青少年体育人才培养工作的发展战略规划，细化青少年体育人才培养的具体操作流程与需求，进而完善青少年体育人才培养体系。

2. 加强体育系统与教育系统的深度合作，全面提升体育后备人才综合素质

传统的体育后备人才培养模式存在的主要问题就是体育系统与教育系统在体育后备人才培养方面并未达成共识，体育系统与教育系统可谓是各自为战。传统的体育后备人才培养体系背景下，体育系统主导体育后备人才培养工作，将全面提升体育后备人才竞技能力作为所有工作的重心，却忽视了体育后备人才文化教育的培养。而教育系统则在应试教育的背景下，更为注重体育后备人才文化知识的学习工作，将体育后备人才的文化教育作为工作的重心，却忽视了体育后备人才竞技能力的培养。因而，行政主管部门则希望通过体育系统与教育系统的深度合作，充分整合体育系统与教育系统的资源优势，共同致力于体育后备人才培养的发展目标。要突破传统体育后备人才培养的瓶颈，必须从以下几点出发：首先，转变体育系统与教育系统传统的育人理念，加强体育系统与教育系统的深度合作，充分整合体育系统与教育系统的资源优势，加强两大系统之间在体育后备人才培养战略合作，共同开发体育后备人才资源；其次，行政主管部门应将体育后备人才培养作为教育系统评价学校整体工作的指标，对体育后备人才培养工作落实到位的学校予以表彰和鼓励，充分调动教育系统培养体育后备人才的积极性；最后，行政主管部门应构建体育系统与教育系统的人力资源流通机制，充分整合两大系统的人力资源优势，体育系统对教育系统教练员进行专业的、系统化的指导，教育系统则针对体育系统文化教师进行文化教育方面的经验交流，有效整合两大系统的人力资源优势。

3. 健全选拔、培养体系，全面提升训练水平

科学选材是培养高素质体育后备人才的第一步，选材的科学化水平直接影响到体育后备人才的产出效率。高水平的体育后备人才是建立在科学选材体系基础上，结合科学化、专业化的专项技能训练，最大限度地发挥个体潜能，实现自身新突破。要全面提升体育后备人才的训练化水平，应从以下几点入手。首先，扩大招生规模，推动青少年体育人才选材朝着科学化、系统化发展。体育后备人才选拔体系是提高体育后备人才选拔科学性的关键所在，而招生规模又制约着体育后备人才选拔科学化水平，只有进一步拓宽体育后备人才招生规模才能保证人才的选拔质量。因此，行政主管部门应对体育后备人才的选拔工作予以高度重视，充分运用先进医疗与科学研究等相关资源，逐步建立与完善体育后备人才选拔指标体系，提高体育后备人才选材的科学性。其次，科学制订训练计划，提高训练科学化水平。训练计划是对训练过程的整体规划，同时也是提高体育后备人才运动技能的途径，只有制订与实施科学的训练计划才能充分挖掘体育后备人才的最大潜能。因此，教练员应依据体育后备人才成长、成才的基本规律，制订不同时期、不同阶段的训练计划；教练员在训练计划执行过程中应从实际出发，面对不可控因素的影响，适时调整训练计划；基地应加大与高校科研机构及其他科研单位合作，为其提供相关研究对象，使科研机构依据训练困境提出相应完善策略，进而提升训练科学化水平。最后，建立健全体育后备人才流动机制，拓宽人才发展空间。体育后备人才的合理流动是体育后备人才“出口”的关键，只有保障体育后备人才的“出口”通畅，才能不断拓宽体育后备人才的发展空间。因此，行政主管部门应加大与教育部门的合作，将运动项目逐步向中小学校递推，在中小学校开设运动兴趣课程，不断加大运动项目在青少年群体中的普及力度，让学生在基础阶段掌握基本的运动技能，通过完善的体育后备人才选拔体系从中挑选出具有发展潜力的青少年，使其接受更为专业化专项技能训练。同时，教练

员应妥善处理好文化知识学习与专项技能之间的矛盾，合理安排专项技能训练的时间与训练强度，使体育后备人才在接受文化知识学习的同时又能长期、稳定地接受专业化的专项技能训练，实现文化知识学习与专项运动技能的协同发展，切实解决体育后备人才小升初、中升大及专业化人才输送等衔接环节，为体育后备人才提供更多“出路”，从而有利于培养多层次、全方位的体育后备人才，拓宽体育后备人才发展空间。

4. 加大教练员培训与引进力度，推动教练员队伍建设和发展

教练员队伍的整体素质关系到体育后备人才的培养效率，同时也直接影响到竞技体育的综合水平。新时期我国体育事业不断取得新的突破，体育事业的发展对体育后备人才综合实力的要求不断提升，这就需要不断加大教练员培训与引进力度，推动教练员队伍建设和发展，提高教练员执教水平，有效提高教练员对体育后备人才的开发力度。因此，行政主管部门应从体育后备人才培养的长远发展角度出发，加大对教练员队伍建设的教育培训与高水平教练员的引进力度，推动教练员梯队建设和发展。应从以下几点出发：首先，行政主管部门应为教练员提供参加岗位培训与外出交流的平台，鼓励与引导教练员参加高水平、高层次教练员培训课程，更新教练员执教理念；其次，构建教练员合理流动机制，加大教练员队伍的合理流动，为教练员之间提供相互交流与学习的发展平台，最大限度地实现教练员效益最大化；最后，加大对高学历、高层次教练员的引进力度，不断提升教练员的福利待遇，并不断为教练员队伍填充新鲜“血液”，进而推动教练员队伍的新发展。

5. 加强基础设施建设，改善训练条件

基础设施是体育后备人才获取专项技能、提高综合竞技技能的基本条件。传统体育体制背景下，体育后备人才培养的投入完全依靠政府单一的财政支持，基础设施更新受资金因素影响，致使基础设施更新滞后，影响了体育后备人才培养工作的有序开展。因此，必须加强基础设施建设，保障体育后备人才培养工作的有序开展。行政主管部门应进一步拓宽投融资渠道，在实现投融资主体多元化发展的基础上，首先，应逐步加大相关财政投入力度，设立基础设施建设专项财政预算；其次，充分利用体育后备人才培养的自身“品牌”效应，为其寻求多方资金与相关财政支持；最后，行政主管部门应打破传统体制的束缚，改变原有投入机制，本着“谁投资，谁受益”的基本原则，鼓励与引导社会力量建设基础设施，实现政府与社会力量的双赢，为体育后备人才培养工作的有序开展提供有利发展平台。

第二章　青少年体育人才资源性质研究

梁启超先生曾经在《少年中国说》中明确指出，少年智则国智，少年富则国富，少年强则国强，少年雄于地球则国雄于地球。青少年是国家的未来、民族的希望，青少年的成长健康与否直接关乎国家和民族兴衰与成败。

青少年体育人才的培养是一个国家体育事业发展的基础，是建设体育强国与体育事业可持续发展的前提条件与关键指标。我国体育事业在中共中央、国务院，以及体育、教育等行政主管部门与各级社会团体的共同努力下得到了蓬勃发展。行政主管部门通过出台一系列相关制度法规，高度重视体育人才培养工作的开展，促进了青少年体育人才培养工作的有序进行，吸引了数亿青少年参加到体育运动中来，使得我国青少年体育人口的基数不断扩增，青少年体育人才培养工作不断取得新的突破。然而，现阶段我国正处于社会体制转型与改革的关键时期，体育管理体制正不断地调整与优化，青少年体育人才培养体制同样面临着巨大挑战。青少年体育人才培养体制是青少年人才培养工作的核心组成部分，对于青少年体育人才培养工作具有重要的导向作用。因此，我们应在青少年体育人才培养体制进行改革与反思的基础上，立足于我国的国情，放眼世界，学习国外先进的青少年体育人才培养经验，在此基础上结合我国具体实情，构建具有中国特色的青少年体育人才培养的新路径。

一、青少年竞技体育人才资源内涵

何谓青少年竞技体育人才资源，如何正确认识与理解青少年竞技体育人才资源的概念？现阶段，我国对青少年竞技体育人才资源的概念尚未作出权威的界定，学术界可谓是众说纷纭。进入21世纪以来，随着知识经济所带来的科学技术的迅猛发展与经济全球化进程的不断推进与变迁，人才作为知识的创造者与载体，成为所有竞争力和创造力最重要的源泉。人才资源成为社会发展进步的主要推动力，成为发展进程中的第一要素。王值彬指出，人才是当今社会可持续发展的最根本、最有效的动力。[1] 随着世界经济、政治、文化等方面的不断发展，体育的社会、政治等功能得以加强，体育成为提高社会凝聚力与推动社会、经济、文化等向前发展的推动力，成为国家之间综合实力竞争的重要标志。青少年竞技体育人才是我国竞技体育可持续发展的基础，是建设体育强国的重要支撑，同时也是建设人力资源强国的重要组成部分。青少年竞技体育人才资源是我国竞技体育在国际竞技体坛竞争的重要保障，关于青少年竞技体育人才资源的研究成为学术界的研究热点。随着青少年竞技体育人才资源研究的不断深入，人们对青少年竞技体育人才资源的概念不断完善与成熟。但从整体来说，现阶段学术界对青少年竞技体育人才资源的理解与认识还存在着一定的局限性，对青少年竞技体育人才资源的内涵、特点、价值等方面的解读还需进一步研究与完善。我们通过查阅相关书籍与电子文献资料发现与本研究相关的研究成果与论著较为匮乏，为本研究核心概念（青少年竞技体育人才资源）的界定带来一定困难。本研究在结合我国体育事业发展基础上，融合竞技体育人才、竞技体育、体育人才资源相关研究理论，对青少年竞技体育人才资

[1] 王值彬．现代人才素质概论［M］．北京：中央编译出版社，1996：2.

源的内涵进行界定与诠释。

（一）竞技体育的内涵

竞技体育是体育的重要组成部分，竞技体育的综合竞争力标志着一个国家在国际体坛的地位。然而，学术界尚未对竞技体育的概念作出权威的诠释，大多认为竞技体育是通过在适龄儿童群体内选拔具有运动发展潜力的青少年群体作为主要培养的对象，在运动训练的过程中充分挖掘与开发青少年群体的体能、技能、战术能力、心理能力、智能等的综合运动能力，以通过参加运动竞赛创造优异运动成绩为主要目的的一种运动活动过程。周爱光认为，竞技体育从游戏派生并发展而来，是一种具有规则性、竞争性或挑战性、娱乐性、不确定性的身体（身体性）活动。[1] 任海认为，竞技体育是为了最大限度地发挥个人和集体在体格、体能、心理和运动能力等方面的潜力，取得优异运动成绩而进行科学的系统的训练和竞赛。[2] 李艳翎认为，竞技体育是指在全面发展身体，以及最大限度地挖掘和发挥人在体力、心理、智力等方面潜力的基础上，以提高运动技术水平和创造优异运动成绩为手段，以追求利益为主要目的的一种组织化的活动过程。简单地说，竞技体育是通过竞技来追求利益的一种活动过程。[3] 李卫认为，竞技体育是在全面发展身体，以及最大限度地挖掘和发挥人在体能、技能、心理、智力方面潜力的基础上，为提高运动技术水平和创造优异运动成绩为主要目的而进行科学、系统的训练和竞赛，以及为之提供有效的社会和物资保障的活动过

---

〔1〕 周爱光．试论“竞技体育”的本质属性——从游戏论的观点出发［J］．体育科学，1996，16（5）：4－12.

〔2〕 王智慧．体育强国的评价体系与实现路径研究［D］．北京：北京体育大学，2014.

〔3〕 李艳翎．经济体制转轨时期中国竞技体育运行的研究［D］．北京：北京体育大学，2000.

程。[1] 田麦久认为，竞技体育是以体育竞赛为主要特征，以创造优异运动成绩、夺取比赛优胜为主要目标的社会体育活动。[2] 杨文轩认为，竞技体育是以竞技运动为手段来促进人的身心和精神的协调发展的一种体育活动。[3] 卢文云在其博士论文中从生产的角度出发认为，竞技体育是以不断提高运动员的竞技水平为核心，通过提供满足人们特殊观赏性需要的体育产品而获取利益的社会生产活动。[4] 以上专家学者从不同历史时期与角度出发对竞技体育内涵作出的全方位解读，深层次地揭示了竞技体育的本质。在结合以上研究成果的基础上，笔者认为，竞技体育是指通过对青少年群体进行科学的选材，针对不同项目特点进行体能、技能、战术能力、心理能力、智能的开发与培养，最大限度地挖掘与开发青少年竞技体育人才竞技能力，以通过参加运动竞赛夺取优异的运动成绩为目的的一种社会活动。

（二）竞技体育人才的内涵

竞技体育人才是竞技体育的主体与对象，是竞技体育可持续发展的关键所在。因此，竞技体育人才是竞技体育可持续发展与整体竞争力提高最为核心的要素。然而，学术界对竞技体育人才的概念与内涵解读可谓是众说纷纭，尚未做出明确界定。王向宏认为，竞技体育人才是在竞技体育领域内从事运动训练和参加体育竞技比赛的人才群体。[5] 周建梅认为，竞技体育人才是在竞技体育领域内，在提高运动员竞技成绩、

---

[1] 李卫. 中国竞技体育区域发展的理论与实证研究［D］. 北京：北京体育大学，2001.

[2] 田麦久. 运动训练学［M］. 北京：人民体育出版社，2000：1－2.

[3] 杨文轩，杨霆. 体育概论［M］. 北京：高等教育出版社，2005：24.

[4] 卢文云. 我国竞技体育服务产品的有效供给研究［D］. 北京：北京体育大学，2006.

[5] 王向宏. 我国竞技体育人才培养体系优化整合研究［D］. 长春：东北师范大学，2011.

管理运动队伍、在群众中普及竞技体育运动等方面作出贡献的人。其中又以教练员、运动员、后勤人员、组织管理人员、社区体育工作者、科研人员及官员为主。[1] 宋全征认为，竞技体育人才是指在竞技体育领域内，为了更好地创造优异运动成绩，那些直接做出重要贡献的人，并认为竞技体育人才种类包括教练员、运动员、科研人员、管理人员、队医、裁判员、经纪人和国际体育官员等。[2] 唐炎等人认为，竞技体育人才指从事竞技体育事业，具有体育和竞技体育专业知识、技术和技能，专门从事运动训练和参加竞技体育比赛的人才，并指出竞技体育人才有广义与狭义之分。[3] 刘亚云认为，竞技体育人才是指在德、智、体等方面具有良好的素质，在一定的社会历史条件下，以其特有的体育专业知识、技术和技能，已经或可能会生产竞技体育产品的人。竞技体育人才主要包括运动员、教练员、裁判员、体育教育人员、体育科研人员、体育管理人员、体育经纪人员、体育服务人员等。[4] 田忠诚认为，竞技体育人才指优秀的竞技体育人口，具有较高科学文化和体育专门知识，具有优秀的思想道德品质。[5] 张丹丹认为，竞技体育人才在本研究中定义为在特定的体育运动竞技领域内的专业人才，特指专门从事运动训练及参加体育竞技比赛的专业人才。[6] 以上专家学者从不同角度对竞技体育人才内涵作出的全方位解读，深层次地揭示了竞技体育人才的本质。在结合以上研究成果基础上，笔者认为，竞技体育人才是指在体育领域内所有从事与竞技体育有关的人（运动员、教练员、裁判员、

---

〔1〕 周建梅．区域经济发展与体育人才培养［M］．北京：北京体育大学出版社，2007：16.

〔2〕 宋全征．中国竞技体育人才开发［D］．上海：上海体育学院，2002.

〔3〕 唐炎，朱维娜．体育人才学［M］．重庆：西南师范大学出版社，2006：36.

〔4〕 刘亚云．社会转型期中国竞技体育人才培养模式研究［D］．长沙：湖南师范大学 . 2011.

〔5〕 田忠诚．天津工业大学高校竞技体育人才培养模式的案例研究［D］．长春：东北师范大学 . 2012.

〔6〕 张丹丹．我国竞技体育人才多元化培养体制研究［D］．宁波：宁波大学 . 2013.

组织管理人员、科研人员、后勤保障人员等人力资源），以其所特有的知识、技术或技能为竞技体育工作的有序进行作出相应贡献的人力资源群体。

（三）人才资源的内涵

进入21世纪以来，在经济全球化和知识经济的背景下，国家与区域间发展的竞争越来越集中于一个单一的轴心——人才资源。[1] 而人才资源的数量和质量是直接决定人才竞争力的关键，人才资源是当代人类资源中最重要、最核心和最活跃的资源。然而，人才资源的概念没有固定僵化，而是随着社会、经济、行业等的不断发展而变化的。人才资源从不同的行业、不同的学科角度看有着不同的内涵，因此要对人才资源的内涵进行系统的阐述，首先要对人才的基本内涵和基本理论进行系统的解读。人才是指具有一定劳动能力的自然人的统称，不同的行业与学科对人才概念的认识与评价标准又有着不同的界定。朱敏认为，人才是指人力资源中具有专门知识技能和工作能力，特别是具有创造性劳动成果及对人类有较大贡献的群体，其内涵更加强调创造性及对人类具有较大贡献。[2] 肖雷认为，人才是指具有一定的专业知识或专门技能，能够胜任相应岗位的具体工作要求，进行创造性劳动，并对所在部门、企业或行业发展作出贡献的人。[3] 2010年4月，中共中央、国务院印发《国家中长期人才发展规划纲要（2010—2020年）》，文件明确指出，人才是指具有一定的专业知识或专门技能，进行创造性劳动并对社会作出贡献的人，是人力资源中能力和素质较高的劳动者。[4] 罗铁洪认为，

---

〔1〕 熊汉宗．英国、新加坡人才资源开发与管理政策及对我国的启示［D］．山西师范大学，2013.

〔2〕 朱敏．海外人才回流与FDI技术溢出［D］．济南：山东大学，2013.

〔3〕 肖雷．中国高尔夫管理人才培养之研究［D］．北京：北京体育大学，2013.

〔4〕 国家中长期人才发展规划纲要（2010－2020）发布［EB/OL］.（2010－06－06）［2010－06－06］. http://www.gov.cn/jrzg/2010－06/06/content_1621777.htm.

人才是指具有良好内在素质，能够在一定条件下不断取得创造性成果，从而对社会进步和发展产生较大影响的人。[1] 郭世田认为，人才是指具有创造性成果的人。首先，人才是人，这是与其他动物的本质区别；其次，人才具有创造性并取得相应成果，这是与“普通”人的区别；最后，人才的创造性成果并非首创，这是与创新型人才的区别。[2] 以上专家学者从不同角度对人才内涵的系统解读，深层次地揭示了人才的本质。在结合以上研究成果的基础上，我们认为，人才是指在其所处的领域或者学科中，掌握丰富的知识和高端的技术，能够引领学科发展、创造性地解决实际问题，同时具有开拓精神和创新能力的人。所谓的人才资源是指反映一个国家或者地区范围内的优秀人才的群体，是在人口总体中具有特殊的工作能力、创造能力等特殊人力资本的群体。

（四）青少年竞技体育人才资源的内涵

青少年竞技体育人才资源对我国青少年体育后备人才和竞技体育的可持续发展均具有极其重要的意义与价值。通过查阅相关书籍与电子文献资料，笔者发现我国体育科研工作者在人才培养模式、方式、方法、手段等改革与创新等方面作出了突出的贡献。青少年竞技体育人才资源的价值在于能够满足体育事业发展的需求。青少年竞技体育人才资源是用来实现我国竞技体育发展需求的人才资源。

在以上专家学者从不同角度对“竞技体育”“竞技体育人才”“人才资源”等内涵的理论研究成果基础上，笔者对青少年竞技体育人才资源的内涵进行界定与诠释，认为青少年竞技体育人才资源是指在竞技体育领域内，青少年竞技体育群体（8～24 岁）通过专项技能训练达到体能、技能、战术能力、心理能力、智能等能力的提高，并为竞技体育整体实力提升而储备的相应人才。笔者将青少年竞技体育人才资源概念的

---

〔1〕 罗铁洪．再论人才定义的实质问题［J］．中国人才，2002（3）：24.

〔2〕 郭世田．当代中国创新人才发展问题研究［D］．济南：山东大学，2012.

界定为体育事业的发展与竞技体育可持续发展需求的一种人才资源的总称，而人才资源是一种个体、服务或者是二者相结合的统一整体。青少年竞技体育人才资源价值主要在于满足体育事业与竞技体育发展的需求。

青少年竞技体育人才资源这一概念包含以下三个要点。首先，青少年竞技体育人才资源是建立在青少年竞技群体基础之上的。因为青少年竞技体育人才竞技能力水平直接影响到国家整体竞技水平，所以青少年竞技体育人才资源被用于提高国家竞技体育整体实力与水平。其次，青少年竞技体育人才资源的目的在于通过培养青少年竞技体育群体满足建设体育强国与竞技体育可持续发展的需求。最后，青少年竞技体育人才的培养是一种有计划、有组织的人才大生产，培养者的目的不仅包含其自身发展的需求，同时也是实现满足青少年竞技人才与社会化发展需求，且在人才培养过程中需要相应的人才培养体系做保障，进而实现青少年竞技体育人才资源生产的有序进行。

二、青少年竞技体育人才资源的性质

青少年竞技体育人才是社会人力资源的重要组成部分，是推动我国体育事业建设，实现体育强国发展目标、竞技体育可持续发展的核心要素，同时也是竞技体育取得新突破的重要力量。从经济学角度出发，青少年竞技体育人才是整个体育产业发展的主体，与其他社会领域人才资源相比其资源稀缺性更为典型。然而，竞技体育是青少年群体通过参加运动训练来提高自身运动能力、素质及进行体育精神的塑造，并通过运动竞赛来检验其运动训练的效果与成效。基于此，青少年竞技体育人才资源表现出与一般人才资源不同的特性，包括竞争性、稀缺性、全面性、人文性等。

（一）竞争性

世间万物都存在着某种对立与统一的关系，在对立与统一中发展与进步。人类作为世间万物中一种特殊的群体，同样在自然界的对抗与统一的浪潮中得到发展与进步，“优胜劣汰、适者生存”成为自然界与人类社会发展与进步的客观规律。团体间、国家间竞争也属于人类社会的竞争。随着社会的发展与进步，体育逐渐成为国家之间或民族之间竞争的核心，运动竞赛的成绩将在国家或民族间产生巨大的政治效应。体育是一种通过游戏与比赛对身体进行教育的手段与方式，而竞技体育作为体育的重要组成部分之一，具有强烈的对抗与竞争性质。竞技体育的“竞”是指运动竞赛与竞争，“技”特指运动技能。竞技体育作为重要的文化载体，集中反映出人类社会文明、健康、向上的追求。随着社会经济、文化和科学技术的不断发展进步，人们的生活观念不断变化，竞技体育日渐成为人们生活中一项不可或缺的重要内容，并发展成为一个地区综合实力与文明程度的重要标志及国家之间交流的新“名片”。[1]

通过参加具有针对性的运动训练与专项化练习，青少年竞技体育人才的运动技能与素质达到一定的高度或水平。青少年竞技体育人才通过参加运动竞赛达到体能、技能、战术能力、心理能力、智能最大限度的发挥，取得理想的运动成绩。青少年竞技体育人才作为实现竞技体育综合能力提高的主体，具有竞技体育竞争性的基本特性。

（二）稀缺性

青少年竞技体育人才资源作为竞技体育人才的源泉，是竞技体育事业发展的核心。青少年竞技体育人才的“生产效率”直接影响到竞技

〔1〕 刘晓峰．加快体育人才资源开发推动我省竞技体育可持续发展［J］．成都体育学院学报，2004，30（1）：1－6.

体育事业的发展进程，关系到竞技体育的稳定与发展。然而，从人类智慧与才能来源的角度分类，青少年竞技体育人才包括天才与人才两大类。首先，这里的天才是指天生具备良好运动能力的人，在运动员选材时我们将其定位为青少年竞技体育人才发展对象；其次，这里的人才是指天生具有一定的运动能力，但是需要先天与后天的共同作用来实现运动能力全面提升的人。从青少年竞技体育人才竞技能力形成的三个发展阶段（泛化阶段、分化阶段和自动化阶段）来看，各个阶段都有不同层级的竞技能力培养，从而共同构成青少年竞技体育人才竞技能力形成的过程。在此过程中，“筛选”工作渗透到各个阶段与各个层级的各个层面，从而形成了“金字塔式”的人才培养体系。越接近“塔尖”人数越少，于是“塔尖”成为青少年竞技体育人才资源中的精英。青少年竞技体育人才“生产效率”的最大化是竞技体育可持续发展的决定性因素，而青少年竞技体育人才的培养、开发与其他领域的人才开发有着较大的差异性，原因在于人才的运动禀赋是一种较为典型的稀缺资源。

青少年竞技体育人才培养过程是一项长期而艰巨的系统工程，而青少年竞技体育人才的“生产”过程是一项残酷的人才“筛选”过程，随着人才层级的不断提升，青少年体育人才的数量呈现锐减趋势。加之，青少年竞技体育人才的竞技能力形成既需要具有先天的运动禀赋，又需要经过后天的训练，而天生的运动禀赋在青少年群体中是一种稀缺的资源。基于以上两因素分析，青少年竞技体育人才资源具有稀缺性的基本特性。

（三）全面性

人的成长离不开教育，教育在人的成长过程中居于核心地位，为了实现培养现代人才的发展目标必须实施包括德、智、体、美、劳等在内的全面发展的教育。然而，健康的身体是人获得多方面教育发展的前提保障，只有拥有强健的体魄、坚忍的意志品质，才能更好地完成学业、求得发展，并为国家和民族的未来发展作出贡献。

竞技体育作为体育的重要组成部分之一，其本职任务是通过青少年竞技体育人才的培养，改善与提高个体身体的体、技、战、心、智等素质的发展，使个体在各级竞赛中取得突破。青少年竞技体育人才的培养是竞技体育发展的现实出发点与归宿，是竞技体育可持续发展的根本目标。青少年竞技体育人才的培养过程主要是对具有运动天赋的青少年人才进行完善的文化素质教育和专业的运动训练，并提供更多的竞赛机会，使其获得进一步、更充分的满足和自我实现，以此使人才达到运动技能与德、智、体、美、劳、心等方面的同步发展，“生产”出一批有道德、有能力、有体魄、有情趣的青少年竞技体育人才，为竞技体育事业的发展作出贡献。基于青少年竞技体育人才资源“生产”的出发点与发展目标，青少年竞技体育人才资源具有全面性的基本特性。

（四）人文性

随着社会的发展与变革，人才的培养与国家的繁荣昌盛紧密相连，“今天”人才的培养关乎“明天”国家的发展，人才的培养成为国家发展的动力源。知识的竞争归根到底是人才的竞争。

竞技体育是我国体育事业发展的重要组成部分，是依据国家德、智、体、美、劳等全面发展的人才教育方针，从青少年竞技体育人才的身心发展特点出发，建立以青少年竞技体育人才身心健康发展为核心，以体育技能教育与文学、伦理学等人文社会科学教育为手段的机制。竞技体育通过有计划、有组织的以人才能力培养为主的教育来实现青少年竞技体育人才精神文明与物质文明的同步发展。竞技体育的发展坚持以人为中心。竞技体育服务于人，培养青少年竞技体育人才的运动技能，使其健全人格与提高人文科学素质，从而实现青少年竞技体育人才肉体与灵魂、思想等方面的协同发展。基于此，青少年竞技体育人才资源具有人文性的基本特性。

综上所述，青少年竞技体育人才资源作为一种特殊领域内的人才资源，其特性有别于一般人才资源的特性。青少年竞技体育人才资源具有其人才资源的自身特性，即竞争性、稀缺性、全面性、人文性等。

三、青少年竞技体育人才资源供给的内涵

我国竞技体育自新中国成立以来得到了迅猛的发展，尤其是近年来，我国社会体制与体育体制的转型促进了我国体育事业的发展，竞技体育综合实力位居世界前列。青少年竞技体育人才资源是我国竞技体育整体实力提升与可持续发展的基本要素，体育的竞争归根到底是青少年竞技体育人才资源的竞争。因此，要实现我国竞技体育可持续发展与保持我国体育的领先地位，则必须构建多元化的青少年竞技体育人才资源供给路径。

青少年竞技体育人才的培养效率事关竞技体育的未来发展，青少年竞技体育人才资源的供给成为竞技体育发展的关键与核心。随着我国由计划经济体制向社会主义市场经济体制的转变，经济发展速度不断加快，人民生活水平得到了较为显著的提高，体育成为社会各界关注的焦点。俱乐部、企业、个人或家庭等社会团体开始参与青少年竞技体育人才的培养，从而形成了多元化的青少年竞技体育人才资源供给路径，改变了过去单纯依靠国家投资的一元化体育后备人才供给渠道，形成了国家供给、社会供给、国家与社会供给相结合的青少年竞技体育人才资源的多元化供给路径。

（一）国家供给

新中国成立初期，我国政府面临着科学技术落后、经济实力薄弱、人民体质较差等诸多问题的制约，为了实现中华民族伟大复兴的中国

梦，党和政府必须找出一条能在短时间内振奋民心的途径。由于竞技体育的特殊政治价值诉求，政府想通过竞技体育运动去广泛参与国际交流，因而，体育成为新中国优先发展的重要行业。此时，新中国的经济、体育发展水平相对较低，因此，要想在短时间内发展我国体育事业，则必须进一步提高综合素质较高的青少年竞技体育人才的培养效率。在此背景下，在行政主管部门认真分析国内竞技体育发展现状基础上，结合国外竞技体育强国的青少年竞技体育人才培养经验，青少年竞技体育人才资源供给路径在我国竞技体育发展中应运而生。

1. 举国体制

经历了半个多世纪的发展历程，我国竞技体育整体实力得到不断提升，在世界体坛不断取得新的突破，由新中国成立初期的“体育弱国”一跃发展成为如今的“体育强国”，其发展速度与取得的成效令世界瞩目。此时，我国竞技体育综合实力之所以有如此快的提升，主要得益于我国建立了适合国情的青少年竞技体育人才资源供给路径，即举国体制式的青少年竞技体育人才资源供给路径。我国竞技体育人才在国际竞技体育赛事中的表现与取得的成就，充分展现了举国体制式的青少年竞技体育人才资源供给路径的优越性。

举国体制是在特殊历史时期为实现我国竞技体育的腾飞而构建的一种方法，是国家在短时期内为发展竞技体育所采取的一种特殊举措，形成了以原国家体委为主导的竞技体育管理体制、专业运动队训练体制，以及全运会为中心的相互协调与相互补充的一种多位一体的管理与运行机制。举国体制最显著的特点是通过政府行政命令手段与计划手段为体育事业的发展提供强大的财政支撑，为体育事业的有序发展提供必要的行政支持，通过整合国内优势资源为体育事业的发展打下坚实的物质基础。举国体制以国家为主导统一调配与集中全国有限的人力、财力、物力等资源来确保部分或重点运动项目的发展，通过“三级人才”选拔培养体系对青少年竞技体育人才进行选拔培养，提高了青少年竞技体育人才的综合竞技能力，为我国竞技体育的可持续发展提供了充裕的青少年竞技体育人才资源。

举国体制式的青少年竞技体育人才资源供给路径为我国竞技体育的发展作出了巨大的贡献。我国竞技体育在世界体坛所取得的成绩是有目共睹的，该人才资源供给路径使得我国青少年竞技体育人才的综合竞技能力得到不断提升，并在国际体育赛事中不断取得新突破。该人才资源供给路径最为显著的特征是以实现国家竞技体育整体实力的提升为终极发展目标，是国家利益与政治发展需求的重要体现形式之一，同时也是国家意志的一种重要体现形式。举国体制在我国青少年竞技人才资源的供给中占据着举足轻重的位置，为我国竞技体育的可持续发展作出了巨大的贡献。举国体制式的青少年竞技体育人才资源供给路径，实质上是一种以国家主导的青少年竞技体育人才资源的选拔与培养体系。

2. 体教结合

举国体制的青少年竞技体育人才资源供给路径是在体育行政部门主导下，脱离教育部门而形成的一种青少年竞技体育人才的专项运动技能训练与文化知识学习的一种人才资源供给路径。该人才资源供给路径在处理专项运动技能训练与文化知识学习关系时有着较为明显的侧重，即在青少年竞技体育人才的培养过程中会更加注重专项运动技能训练的时间安排，甚至在专项运动技能训练与文化知识学习冲突时牺牲青少年竞技体育人才文化知识学习时间而参加专项运动技能训练。这在一定程度上造成了青少年竞技体育人才文化知识学习与专项运动技能训练的脱节，致使青少年竞技体育人才拥有较高的、全面的专项运动技能，而个人文化知识较匮乏，这也制约了青少年竞技体育人才综合素质的提高。

马特维耶夫曾经说过，未来运动成绩的增长主要不是靠最大限度的发挥运动员的体能和技能，而是挖掘运动员的智慧。[1] 因此，青少年竞技体育人才的发展并不是简单地依赖于竞技能力的获得，而在很大程度上依赖于青少年竞技体育人才体能、技能、战术能力、心理能力、智能等综合能力。然而，青少年竞技体育人才资源体能、技能、战术能力、心理能力、智能等综合能力又往往受限于青少年竞技体育人才的文化素养与知识水平。而举国体制式的青少年竞技体育人才资源供给路径在青少年竞技体育人才的培养过程中，在处理专项运动技能训练与文化知识学习之间矛盾时，往往会牺牲青少年竞技体育人才接受文化知识学习的时间来参加运动训练，以提高青少年竞技体育人才资源的竞技能力水平。

随着我国竞技体育的快速发展与世界体坛竞争的不断加剧，我国竞技体育的发展对青少年竞技体育人才资源的规格提出了更高的要求，而此时单一的举国体制式的青少年竞技体育人才资源供给路径已经不能满足我国竞技体育可持续发展的需求。因而，国家从全面发展的育人理念出发，充分借鉴国外体育强国对青少年竞技体育人才的培养经验，充分整合体育部门在青少年体育人才专项运动技能训练的优势与教育部门在青少年竞技体育人才文化知识学习方面的优势，在青少年竞技体育人才的培养过程中形成了资源共享、优势互补、协调发展的一种新型的全面育人的人才资源供给路径，即体教融合式的青少年竞技体育人才资源供给路径。体教融合式的青少年竞技体育人才资源供给路径是在国家体委与国家教委的联合领导下，通过体育部门与教育部门的“联姻”来克服青少年竞技体育人才培养过程中出现的专项运动技能训练与文化知识学习之间矛盾的问题，实现提高青少年竞技体育人才资源规格的目的，最终满足我国竞技体育发展对高规格青少年竞技体育人才资源的需求。这大大弥补了举国体制式的青少年竞技体育人才培养过程中出现的人才

[1] 董静，董国永，郭敏. 对我国当前形势下“体教结合”现状与发展的思考［J］. 安徽体育科技，2006，27（4）：83－85.

资源浪费的不足，进一步促进了我国竞技体育的有序发展。该人才资源供给路径是对举国体制式的青少年竞技体育人才资源供给路径的有益补充。

3. 体教融合

体教融合是对体教结合的一个创新发展，是个新的制度体系。体教融合从目标、内容、动力等全方位对体教结合进行深化创新改革，从而促使其完成由资源耦合向制度耦合的创新发展。

进入新时代以来，随着我国经济社会变化，社会主要矛盾已经转化为人民日益增长的美好生活需要和不平衡不充分的发展之间的矛盾。同时，我国又踏上实现第二个一百年奋斗目标的征程。2020 年 4 月，习近平总书记主持召开中央全面深化改革委员会第十三次会议，审议通过了《关于深化体教融合促进青少年健康发展的意见》（以下简称《融合意见》），《融合意见》指出，要牢固树立健康第一的学生健康教育核心价值观念，推动高校全体青少年学生思想政治教育、文化素质教育和日常户外体育锻炼活动协调健康发展，帮助广大高校学生在日常户外体育锻炼活动中充分享受健康人生中的乐趣、增强体质、健全人格、锻炼意志，培养德智体美劳全面健康和谐发展的社会主义建设者和接班人。因此，我国不再停留在提高运动员文化素质水平这单一目标上，而是构建学校体育与竞技运动的融合、政府资源和社会资源融合、社会力量与市场机制协同培养竞技后备人才的制度体系，培养出人格健全的、有文化知识的、竞技素质和能力高的人才，以促进学生在“健全人格、增强体质、享受乐趣、锤炼品质”四位一体教育中成长、进步和发展，从而实现“中国特色竞技体育后备人才培养”的可持续发展目标。由此可以看出新时代的体教融合目标以更为宽阔的视野，将人的全面发展作为体育、教育事业的出发点和落脚点，让体育真正回归到教育本原上来。围绕这一目标，体育和教育两大领域在创新、绿色、共享、开放的新格局发展理念的引领下，以“融合发展”理念实践创新。中共中央办公厅、国务院办公厅在2020年10月相继颁布了《关于全面加强和改进新时代学校体育工作的意见》（以下简称《体育意见》）、《关于全面加强和改进新时代学校美育工作的意见》（以下简称《美育意见》），明确提出“体教融合”制度目标体系。《体育意见》明确指出，配齐配强体育教师，开齐开足体育课，建立健全学校体育工作管理机制，并建立训练、教学、竞赛体系，从而全面提升学生身体素质和综合素质。《美育意见》也明确指出，不断优化资源配置，并逐步健全评价体系和完善管理体制机制，使得学校体育的育人价值进一步增强，为实现体美劳一体化发展奠定基础。从以上分析可以看出，《体育意见》《美育意见》《融合意见》的目标体系是一脉相承的，在遵循“一体化设计、一体化推进”原则上，三者之间相互影响、相互促进，从而达到效率最优化，使得体教融合的制度目标具有层次性、衔接性、明晰性、方向性，从而保障各项制度处于“平稳”状态，为实现培养体育人才的目标共同发力。

“体教融合”是在新的历史时期对学校体育发展困惑与历史经验的总结，集中体现了时代发展要求、国家发展需求和学生个人发展所需的高度统一。[1] 进入新时代以来，青少年体质健康和竞技体育后备人才培养上升到国家战略层面，本着“一体化设计”“一体化推进”原则，全面系统地构建体教融合的制度耦合体系。

首先，建立体育课程、大课间和课外活动一体推进的结构融合竞技体育人才资源制度。近来有关研究表明，义务教育阶段体育课开足率不足20%，体育课被语、数、外等“主课”挤占率高达约60%，有70%以上的学生不去参加户外体育锻炼。[2] 这导致我国青少年体质健康水平下降，出现超重、近视率高、肥胖等问题，引起全社会高度重视。而

〔1〕 汪晓赞，杨燕国，孔琳，等．历史演进与政策嬗变：从“增强体质”到“体教融合”——中国儿童青少年体育健康促进政策演进的特征分析［J］．中国体育科技，2020，56（10）：3－10.

〔2〕 季浏，马德浩．新时代我国学校体育改革与发展［J］．体育科学，2019，39（3）：3－12.

这些问题并不是孤立存在的，是学校体育教育问题所映射的结果，反映了现阶段学校体育教育滞后性和结构系统性的问题。就学校体育教育本身的原因看，主要存在学校体育课开设不足、体育课质量不高、学生课外活动成为放养状态等问题。学校作为体育教学的主体，应充分落实其主体责任，全面落实党的德智体美劳全面发展方针，保证体育课开足开齐，这也是《融合意见》制度体系要求。为此，应开齐开足体育课，鼓励基础教育阶段学校每天开设1节体育课，加强体育课程和教材体系建设，并保障学生每天校外、校内各1小时的体育活动时间，从而推动体育课程、大课间体育活动和课外体育活动的协调发展，提高学生的体质健康水平，为我国储备高质量的优秀竞技体育人才奠定基础。

其次，建立学校体育教育与社会体育组织培训相互链接的体系融合竞技体育人才资源制度。建立“融合制度”，是时代命题，需要顶层设计来推动实施、理顺思路、确定方向。[1] 社会资源无法进入学校、学校资源短缺是个多年无法破解的矛盾。《融合意见》明确指出社会体育组织和体育俱乐部可以进入校园，并鼓励学校与其合作建立校队，提高训练和竞赛水平。《融合意见》鼓励校企、校社合作建立衔接有序的学生竞技俱乐部、培训、训练、竞赛体系，以市场运作和社会支持共同提升资源配置效率，弥补学校在训练、师资、高端设备、科学化训练和竞赛组织上的不足，以期为拓展竞技人才多元化培养渠道服务。

再次，建立教会、勤练、常赛相互衔接的知识生态融合竞技体育人才资源制度。竞赛是体育发展的杠杆，赛事具有导向、激励和评价作用。[2] 基于学校体育教学投入不足、质量不高的困境，按照“体教一体化”改革创新要求，逐步消除因行政主体各异而产生的部门利益格

[1] 刘波，郭振，王松，等．体教融合：新时代中国特色竞技体育后备人才培养的诉求、困境与探索［J］．体育学刊，2020，27（6）：12－19.

[2] 刘海元，展恩燕．对贯彻落实《关于深化体教融合促进青少年健康发展的意见》的思考［J］．体育学刊，2020，27（6）：1－11.

局、体制机制的壁垒，从而最大限度地实现体育和教育的育人价值。《融合意见》要求学校体育遵循教会、常练、常赛方针，并让每一名学生都学会1至2项运动技能，推动学校由过去仅仅注重增强体质向教会、勤练、常赛转变。为此应鼓励学校借助社会资源，并通过政府购买服务的形式与各俱乐部合作，开展丰富多样的体育赛事，为学生常赛创造条件，从而形成“一校一品”“一校多品”的学校体育赛事新局面。教育部门要整合学生赛事资源，建立结构合理、层级分明的学生赛事体系，促进有序健康发展，杜绝低级重复赛事，提高学生常赛质量。这对提高学校体育教育质量起到积极作用。

最后，建立拥有结构优化的体育教师队伍、数量充足的教练员队伍的保障融合制度。体育教师完成体育教学任务、带队训练比赛的能力和敬业精神毋庸置疑，但是带队经验和临场指挥比赛和专业教练员相比具有先天不足。教练员数量不足、队伍不齐一直是影响学生训练竞赛水平低的重要因素。《融合意见》中明确提出制定优秀退役运动员进校园担任体育教师和教练员的制度，并设立专兼职教练员岗位制度。这一举措打通体育教师、教练员的流动渠道，形成体育教师与教练员师资互补优势，优化了学校体育师资结构，完善了教练员队伍，尤其是对教练员队伍晋升设立单独考核评价机制更能吸引退役运动员加入学校教练员队伍，为教会、勤练、常赛提供师资保障，通过构建和实施融合制度，打破长期以来学校训练、竞赛处在低质量、低效率的局面。这是体教融合新的历史性创新，对全面提高学校训练、竞赛水平将产生积极的作用。

《体育意见》指出，深化体教融合改革，健全协同育人的体制机制，打通学生横向进入专业运动队、职业体育俱乐部的通道和纵向升学的通道，建立完善社会、学校、家庭、政府共同关心支持学生全面健康成长的动力机制。[1] 培育青少年的全面健康发展，促进竞技体育人才培养的可持续发展是其内生动力，其动力来源于两个方面。一方面，从社会系统来看，又分别来自家庭、社会、国家这三个需求动力。家庭教育是基础，青少年积极参与体育活动从某种意义上取决于家庭的体育氛围，以及家族对体育的观念和态度。因此要重视家庭教育，帮助青少年树立终身体育的意识，这是建设体育强国战略的基石。社会组织是我国体育事业发展过程中不可或缺的重要力量。《融合意见》指出，鼓励青少年体育俱乐部发展，支持深化体育组织为学校体育活动提供指导，普及体育运动技能。除社会、家庭需求动力外，国家制定推动青少年体质健康的国家战略是最大推动力。《融合意见》指出，转变体育发展方式，将增强青少年体质、促进人的全面发展作为体育事业的出发点和落脚点，以不断适应新时代社会主义办学方向的要求，满足人民群众日益增长的体育文化需求，从而促进体育事业的可持续发展。因此体教融合是我国实现全面建设社会主义现代化强国的必由之路。另一方面，广大学生的自身健康成长需求是其内在驱动力。在全生命周期视域下，体教融合需要回归主体、依托主体与服务主体。[2] 只有满足学生的基本生理需求才能激发其投身体育活动的积极性。而每个学生都是个体，都有着自己的健康需求、兴趣爱好。因此学校作为引发学生参与体育活动的主体，引导学生产生和拥有运动渴望感显得尤为重要，是促使学生能够真正持续参与体育锻炼的动力。随着社会的进步发展，体育器材、场地设施等设备不断得到完善，运动项目类型也趋于多样化，以满足参与者的多元化需求。同时学校为青少年提供丰富运动场景与优秀师资条件，从而搭建有助于青少年磨砺意志、享受乐趣、健全人格的实践平台。进

---

[1] 中共中央办公厅国务院办公厅印发《关于全面加强和改进新时代学校体育工作的意见》和《关于全面加强和改进新时代学校美育工作的意见》［EB/OL］.（2020 - 10 - 15）［2020 - 10 - 20］. http://www.gov.cn/xinwen/2020 - 10/15/content_ 5551609. htm.

[2] 杨雅晰，郝东方，刘惠，等. 全生命周期视域下体教融合探析［J］. 北京体育大学学报，2020，43（12）：11 - 21，34.

入新时代以来，根据国家政策的顶层设计，各主体应积极参与体育事业，充分发挥体教融合的动力发展机制，实现多元主体的协同治理，从而促进体教融合目标的实现，以及中国体育事业的可持续发展。

（二）社会供给

计划经济体制背景下，我国青少年竞技体育人才资源的供给主要依靠单一的国家供给，该人才资源供给路径以其独特的资源整合优势实现了我国竞技体育的超常规发展，为我国竞技体育的腾飞奠定了坚实的人才基础。然而，随着我国社会体制的转型，传统的青少年竞技体育人才资源供给路径已经不能完全满足新时期我国竞技体育快速发展对青少年竞技体育人才资源的需求。随着我国社会体制与体育体制的转型，我国青少年竞技体育人才培养市场进一步向非公投资主体开放，一定程度上促使具有一定经济实力的个人或家庭参与青少年竞技体育人才的培养，打破了过去由国家主导的一元化的青少年竞技体育人才资源供给路径，形成了国家供给与社会供给相结合的青少年竞技体育人才资源供给路径。

个人或家庭式的青少年竞技体育人才资源供给路径有别于举国体制、体教融合等国家供给路径。个人或家庭式的青少年竞技体育人才在培养的过程中，完全依靠个人或家庭成员的力量为青少年竞技体育人才的训练、竞赛、文化课教育等投入经费。青少年竞技体育人才资源所获得的全部收益也将由个人或家庭所掌控，并独自承担在青少年竞技体育人才培养过程中的一切风险。在青少年竞技体育人才培养过程中个人或家庭力量占据主导地位。个人或家庭式的青少年竞技体育人才资源供给路径最为成功的代表人物为斯诺克神童丁俊晖，丁俊晖的成功为该人才资源供给路径注入了新的动力。随着我国社会体制的转型，在经济利益的诱导下，更多的个人或家庭参与青少年竞技体育人才培养，极大地调动了个人或家庭投资青少年竞技体育人才培养的积极性与主动性，形成了较为灵活且富有创造性的青少年竞技体育人才培养新机制。个人或家庭式的青少年竞技体育人才资源供给路径是社会力量供给的一种新型路径，进一步完善了我国青少年竞技体育人才资源供给路径，打破了单一由国家供给的青少年竞技体育人才资源供给路径，开辟了我国青少年竞技体育人才资源社会供给的新蓝图。然而，这种人才资源供给路径在我国还处于探索阶段，在发展过程中出现了一定的矛盾与瓶颈，但可学习与借鉴国外体育强国在此方面的成功经验，使该人才路径不断取得新的突破。

（三）市场供给

伴随着党的十一届三中全会把党的工作重心转移到经济建设中来，我国开启了经济体制的改革，加快了我国由计划经济体制向社会主义市场经济体制转型的步伐。邓小平南方谈话，进一步明确了我国建立社会主义市场经济体制改革的发展目标。我国经济体制的改革推动了我国体育体制的改革。1992 年 6 月，中国足协在北京红山口召开全国足球工作会议，会议为我国足球职业化改革指明了发展方向，由此开启了体育职业化改革的发展进程。足球项目成为我国体育项目职业化的“鼻祖”。由此在计划经济体制背景下建立的，由国家体委领导的青少年竞技体育人才资源供给路径与管理体制等被逐一打破，逐步建立了在国家体育总局足球运动管理中心领导下的各级实体化的足球运动协会相互协调配合的新型运动项目管理机制。足球运动管理体制的变革，随即引发了青少年足球运动人才资源供给路径的巨大变革——由国家供给向市场供给（以足球俱乐部为主体的青少年竞技体育人才资源供给）的巨大转变。

职业体育是竞技体育发展的高级形态，体育职业化的兴起必定受其内在因素与外在因素的影响。马克思曾经说过，人们自己创造自己的历史，但是他们并不是随心所欲地创造，并不是在他们自己选定的条件下创造，而是在直接碰到的、既定的、在过去承继下来的条件下创造。[1]职业体育俱乐部是在竞技体育职业化背景下产生的一种青少年竞技体育人才培养与供给的新型路径，是青少年竞技体育人才的培养过程适应市场化、商业化发展的大趋势，符合竞技体育发展的一般规律。市场化的青少年竞技体育人才资源供给路径是以市场机制为前提，对青少年竞技体育人才培养机制进行优化，使青少年竞技体育人才资源的性质向市场化、职业化方向发展。职业体育俱乐部通过建立不同年龄阶段的青少年竞技体育人才资源的梯队、参加运动竞赛，以及向社会提供竞赛表演服务及其附属产品等方式，达到一种追求俱乐部利润最大化的目的。

职业体育俱乐部式的青少年竞技体育人才资源供给路径与国家供给路径相比有着较为明显的优势，在职业体育俱乐部供给路径中的青少年竞技体育人才只有通过提高自身的竞技体育实力才能获得更加高额的经济利益，因为青少年竞技体育人才竞技能力水平直接关乎竞赛成绩，而竞赛成绩的取得直接与经济利益挂钩。运动训练与运动竞赛是在运动项目职业化背景下，青少年竞技体育人才在自己项目上取得发展的一种手段与方法。因此，青少年竞技体育人才在现实经济利益的驱动下，能够最大限度地提高自身机能、表现参加运动训练的积极性与主动性、提高自身综合竞技能力水平，进而在运动赛事中不断取得新的突破，所以运动项目的职业化能够最大限度地激发青少年竞技体育人才资源内在的发展潜力。然而，我国职业体育俱乐部在运营模式、管理经验等方面还存在着一定的缺陷，加上国家有关政策法规体系的不健全、不完善，制约了我国职业体育俱乐部的发展。尽管如此，职业体育俱乐部式的人才资源供给路径提高了我国青少年竞技体育人才的培养效率，为我国竞技体育综合实力的提升不断注入新鲜的“血液”，促进了我国竞技体育的可持续发展。伴随着我国政治经济体制改革的不断推进，在市场化经济体

〔1〕 吴波社．社会发展的规律性和人的目的性［J］．江南大学学报（社会科学版），2010，12（5）：1－6.

制背景下必须将体育事业融入社会经济发展的大潮。国家为进一步引导与鼓励非公投资主体进入体育市场，先后颁布实施了《国务院办公厅关于加快发展体育产业的指导意见》《国务院关于加快发展体育产业促进体育消费的若干意见》等一系列政策法规，最大限度地发挥非公投资主体在体育事业发展中的重要作用，极大地激发了社会力量办体育的积极性。在此背景下，我国职业体育俱乐部不断得到国家在政策、资金等方面的鼓励与支持，职业体育俱乐部的市场化与商业化程度得到显著的提升，职业体育俱乐部的资源调节能力得以提高。随着职业体育俱乐部的运营机制与管理机制的不断发展与完善，职业体育俱乐部未来的发展需要巨大的“市场”（如高水平的体育赛事）作支撑，而“市场”又直接受制于青少年竞技体育人才的质量，两者之间关系的相互转化与制约成为职业体育俱乐部加快高规格青少年竞技体育人才培养步伐的重要因素，这有利于职业体育俱乐部的人才资源供给路径朝着良性循环的态势发展。职业体育俱乐部式的青少年竞技体育人才资源供给路径经历了近三十个春秋，在其发展的过程中出现过一些矛盾与发展瓶颈。但我国社会体制的转型，以及市场化经济体制的发展与完善，为职业体育俱乐部式的青少年竞技体育人才资源供给路径的推进扫清了障碍，尤其是行政主管部门颁布与实施了关于进一步鼓励与引导职业体育俱乐部发展的政策法规，为我国职业体育俱乐部的发展提供了制度保障。因而，职业体育俱乐部式的青少年竞技体育人才资源供给路径必将成为主导。

四、温州市青少年竞技体育人才资源供给的内涵

计划经济体制背景下，非公投资主体投资兴办竞技体育受到政府相关法律法规的严重束缚，这打消了非公投资主体投资兴办竞技体育的积极性，单一的国家投资造成竞技体育发展后劲不足，以及竞技体育发展投融资结构不合理，从而直接影响青少年竞技体育人才培养经费投入。

随着举国体制式的青少年竞技体育人才资源供给路径遭遇到瓶颈，我国不断探寻适合青少年竞技体育人才资源的新型供给路径。

（一）温州市青少年竞技体育人才资源供给路径

我国社会体制的转型与全球经济一体化的发展促进了世界文化的大交流与大融合，加之近年来世界体坛竞争日益激烈，行政主管部门意识到国家单一供给的青少年竞技体育人才资源供给路径已经不能满足我国竞技体育发展对青少年竞技体育人才资源的需求。因此，在我国社会体制由计划经济向社会主义市场经济体制转变的大背景下，体育事业的发展必须更加依赖市场的资源优化配置，体育市场化、职业化成为我国体育事业发展的必然选择，这使得社会力量投资竞技体育成为可能。伴随着我国体育体制改革的不断推进，我国青少年竞技体育人才资源供给路径呈多元化发展趋势，由国家单一供给的青少年竞技体育人才资源供给路径不断被社会供给、市场供给与温州特色的青少年竞技体育人才资源供给路径所取代。温州市青少年竞技体育人才资源供给路径有别于国家供给、社会供给与市场供给，集中表现在以下两方面。一方面是投融资主体。投融资主体不再仅仅是国家，投融资形式变成由国家与社会共同参与，进一步保障了青少年竞技体育人才资源“生产”的资金。另一方面是人才选拔与培养方式。温州市青少年竞技体育人才的选拔与培养方式是通过挑选出具有发展潜力的青少年进行专业性、针对性的专项训练，并挂牌体育俱乐部，成为温州市青少年后备人才培养基地，实现青少年竞技体育人才资源的“生产”。有关行政主管部门给予俱乐部在政策方面的支持和资金方面的优惠，从而实现了国家与社会力量联合培养青少年竞技体育人才的目的。

温州市青少年竞技体育人才的培养通过对社会力量与国家资源的重新优化与整合，即通过对社会力量与国家资源两者的优势进行融合，以培养出高规格的青少年竞技体育人才为共同的发展目标，为竞技体育的可持续发展供给高质量的青少年竞技体育人才资源。温州市青少年竞技体育人才资源供给路径是在市场机制的大背景下，以专业化的市场需求为突破口，通过对原有体育产业结构的调整与优化，借助大众体育观念的转变，在提升人民身体素质的同时重新塑造人民群体的体育消费观念，实现资金的循环利用，以保证我国体育事业的长久发展。

（二）温州市青少年竞技体育人才资源供给特征

青少年竞技体育人才培养是我国竞技体育工作的重点，是我国竞技体育可持续发展的基础，同时也是我国体育体制改革的重要环节。随着我国由计划经济体制向社会主义市场经济体制转型，我国体育体制通过不断的改革与创新取得了历史性的新突破。温州市作为我国社会主义市场经济体制改革的前沿阵地，是全国民间资本最为雄厚与活跃的地区，其竞技体育的发展呈现出多元化、层级化发展的全新态势，掀起了民间资本投资兴办竞技体育的浪潮，并在温州大地迅速蔓延。随着行政主管部门颁布实施有关社会资本投资兴办竞技体育的政策法规，温州市行政主管部门通过在青少年竞技体育人才资源开发过程中引入市场机制，充分整合行政主管部门与社会力量的资源优势，在青少年竞技体育人才资源开发过程中不断引入社会力量，极大地鼓舞了民间资本投资青少年竞技体育人才资源开发的积极性与主动性，为青少年竞技体育人才资源的开发奠定了坚实的物质基础，缓解了行政主管部门在青少年竞技体育人才资源开发方面的财政负担。这一青少年竞技体育人才资源开发体系推动了温州市青少年竞技体育人才资源供给的有序进行。温州市民营投资青少年竞技体育人才资源供给的特征有别于传统的国家与社会培养，集中表现在以下几个方面。

1. 民营投资主体的多元化

随着我国社会体制的转型与体育职业化改革的推进，原有体育体制已经不能完全适应社会发展与体育职业化改革需求，体育体制改革势在必行。行政主管部门先后颁布实施《国家计委关于促进和引导民间投资的若干意见》《国务院关于鼓励支持和引导个体私营等非公有制经济发展的若干意见》《国务院关于鼓励和引导民间投资健康发展的若干意见》《国务院办公厅关于加快发展体育产业的指导意见》《国家体育总局关于鼓励和引导民间资本投资体育产业的实施意见》《国务院关于加快发展体育产业促进体育消费的若干意见》《竞技体育发展“十三五”规划》《国务院办公厅关于促进全民健身和体育消费推动体育产业高质量发展的意见》等政策法规，极大地调动与发挥了私有投资者的积极性，为社会力量发展体育事业创造了良好的外部环境。加之近年来随着我国经济的发展，人们对竞技体育有了新的认识，人们已经认识到竞技体育的发展直接关乎国家的整体形象，同时也是国家综合实力最显著的特征。竞技体育的发展能够起到振奋国民精神与凝聚国民身心的良好作用，同时也能吸引更多的人参与体育运动。因此，在竞技体育的发展中引入市场机制可以吸引更多的私有投资主体参与其中，实现竞技体育投融资主体的多元化发展。浙江是我国市场经济发展较快的省份，而浙江省内尤以温州市的市场机制更为完善，且温州市私有投资主体投资教育与医疗等已颇具特色。随着社会主义市场经济体制的改革与体育职业化、市场化改革的不断发展与完善，温州市竞技体育投资主体正由一元化投资主体（国家）向多元化投资主体（政府、企业、个人或家庭等）转变，形成了国家投资与私有投资主体投资相结合的一种新型的多元化投融资发展新态势。温州市竞技体育多元化投资主体加快了我国青少年竞技体育人才资源开发的步伐，为我国体育事业的可持续发展注入源源不断的发展动力，进一步优化了温州市体育产业的发展结构，促进了温州市体育产业的可持续发展。

2. 民营投资的灵活性

竞技体育是青少年竞技体育人才通过培养，以参加体育赛事并取得成绩的方式追求经济利益的一种活动过程。随着我国社会主义市场经济体制的建立与体育体制改革的不断深入，我国私有投资主体投资青少年竞技体育人才培养成为可能。私有投资主体投资青少年竞技体育人才培养的主体将利益最大化作为发展目标。温州市私有投资主体投资青少年竞技体育人才培养必须对青少年竞技体育人才的市场需求进行分析，通过运用多样化的投融资形式对青少年竞技体育人才培养进行投资，依据不同运动项目的特点来追求青少年竞技体育人才培养利益的最大化。通过对当前我国竞技体育人才发展的需求，以及政府对运动项目的重视程度等因素进行综合分析与研究，温州市私有投资主体对不同运动项目青少年竞技体育人才培养进行合理化的投资，进而追求利益最大化的发展目标。温州市私有投资主体投资青少年竞技体育人才培养的投融资形式具有灵活性与多样性的基本特征，有竞技体育学校、职业体育俱乐部、青少年体育俱乐部、竞技体育培训机构等形式。

3. 民营投资资源的互补性

青少年竞技体育人才的培养是一项长期的发展过程，除了对青少年竞技体育人才自身的特殊要求外，还需要有相关的体育场馆、器械与充裕的资金等资源作保障。长期以来我国青少年竞技体育人才培养是在国家单一培养的背景下进行的，它的投入主要依赖于各级人民政府的财政投入。行政主管部门在青少年竞技体育人才培养过程中大多通过行政命令等手段在系统内部整合与调配相关资源，尚未建立在社会这个大系统内充分整合与调配相关优势资源的机制，这在一定程度上导致青少年竞技体育人才培养工作经费的不足。国家培养一名优秀的青少年竞技体育人才需要花费大量的人力、财力、物力等资源成本，且青少年竞技体育人才培养过程中存在着诸多不可规避的风险因素，加剧了青少年体育人才培养的风险，同时也加大了青少年竞技体育人才培养的成本投入，加重了行政主管部门的财政负担。近年来，温州市青少年竞技体育人才培养方面呈现出明显的民办特色，打破了青少年竞技体育人才培养仅在国家行政部门内部整合与调配优势资源的束缚，通过引入市场机制，实施竞技体育的产业化与市场化，在资金的投融资渠道、场馆设施建设与运营等方面引入私有投资主体参与，实现了政府与私有投资主体的有机结合，形成了在全社会范围内充分整合与调配优势资源的机制，实现了在社会范围内青少年竞技体育人才培养优势资源的共享，达到了国家与社会的共赢。

4. 民营投资主体利益的相关性

马克思曾经说过，人们奋斗所争取的一切，都同他们的利益有关。[1] 人类社会发展的原动力源于利益的分配，利益分配问题关乎事物的发展。竞技体育发展的过程中出现了政治、经济、文化等相互交融的多种利益，而多种利益的中心媒介则是青少年竞技体育人才。竞技体育是通过青少年竞技体育人才的培养来追求利益均等化发展的一种态势，青少年竞技体育人才培养的受益主体主要取决于青少年竞技体育人才培养的投入主体，投入直接关系到产出。体育体制将直接影响竞技体育利益格局的形成，传统的国家单一培养青少年竞技体育人才的培养模式导致利益主体较为单一，国家是青少年竞技体育人才受益的主体。经济基础决定上层建筑，随着我国经济体制的转型，我国体育体制改革随即展开，青少年竞技体育人才培养的主体呈多元化发展态势，其受益主体也由单一的国家受益向多元化的受益主体转化。从经济学角度出发，任何资本的投入都是为了追求利益的最大化，追求利益最大化是社会力量投资青少年竞技体育人才培养的终极目标。温州市作为我国社会主义市场经济体育改革与发展的前沿阵地，其民间资本的发展与储备闻名全国。近年来，温州市有关行政主管部门在青少年竞技体育人才培养方面引入市场机制，使得私有投资主体参与青少年竞技体育人才的培养。由此，温州市青少年竞技体育人才培养工作的投入主体由计划经济体制背景下的一元化投资主体向社会主义市场经济体制转型的多元化投资主体

---

〔1〕 马克思，恩格斯．马克思恩格斯选集［M］．北京：人民出版社，1995：82.

转变。私有投资主体投资青少年竞技体育人才培养是从综合效益进行考虑的，只有私有投资主体的投入与产出成正比才能吸引其投资青少年竞技体育人才培养，只有多元化的青少年竞技体育人才培养的投入主体达到共赢，才能实现长久的合作。

邓小平同志曾经说过“科学技术是第一生产力”，而科学技术的载体是人才，社会不同领域需要不同技术层级的人力资源，人力资源成为社会向前发展的核心动力。体育领域范围内，受到我国地域辽阔、经济发展水平等因素的影响，各地体育事业发展程度也不尽相同，青少年竞技体育人才的培养也呈现出不同的地域特色。青少年竞技体育人才培养的不同地域特点取决于当地的经济发展环境，经济基础决定上层建筑，当地经济发展程度直接影响到青少年竞技体育人才培养方式的选择。青少年竞技体育人才培养呈现出多元化发展态势，多元化的青少年竞技体育人才培养能解决我国一元化青少年竞技体育人才培养的发展困境，是实现我国竞技体育可持续发展的关键。温州市作为我国民办教育、民办医疗的先行者与实践者，在一定程度上为其私有投资主体投资青少年竞技体育人才培养奠定了理论与实践基础。

第三章 温州市体育后备人才培养模式的变迁研究

竞技体育的竞争不仅是体育综合实力的竞争，同时也是一个国家综合国力的重要表现形式之一。竞技体育后备人才，是竞技体育发展的核心要素，是竞技体育可持续发展的根本保障，决定了竞技体育整体发展水平。培养竞技体育后备人才，是选拔较高综合实力的竞技体育后备人才与提高国家竞技体育水平的前提。而竞技体育后备人才培养体系的构建则是竞技体育后备人才培养的基础，关系到竞技体育后备人才的产出效率，直接影响到国家竞技体育发展的后劲。

从 1949 年新中国成立至今，我国依据不同历史时期的国情与体育情况对竞技体育后备人才培养在指导思想、体系结构等方面进行适时的改革，对竞技体育后备人才培养体系进行优化与整合，以面对不同历史时期我国竞技体育发展所面临的危机与困难。然而，随着我国从计划经济向市场经济过渡、政治体制和经济体制改革取得重大突破，计划经济体制背景下形成的单一依靠国家培养（举国体制）的竞技体育后备人才模式已经不能满足现阶段我国竞技体育发展对竞技体育后备人才的需求，举国体制式的竞技体育后备人才培养模式面临诸多发展瓶颈。因此，要实现我国竞技体育的可持续发展，则必须对我国竞技体育后备人才培养体系进行优化与整合，探索出一条与社会主义市场经济体制相适应的、具有中国特色的竞技体育后备人才培养模式。

在新的历史背景下，温州人在“敢为人先”精神的鼓舞下，以市场为导向，率先将私有投资主体引入竞技体育后备人才培养。这种形式经过一段时间的发展与演进，在不断借鉴、吸收、创新等基础上，形成了一种具有地域特色的竞技体育后备人才培养模式，开创了具有温州特色的、市场化的竞技体育后备人才培养新模式。同时该竞技体育后备人才培养模式也是我国竞技体育后备人才市场化培养模式的重要表现形式。科学、深入、系统、全面研究温州市竞技体育后备人才市场化培养模式不仅有利于温州市竞技体育发展，同时对浙江省乃至全国竞技体育后备人才市场化培养均具有重要的理论与实践意义。

一、温州市体育后备人才市场化培养模式的形成

竞技体育是一个国家体育综合实力的重要体现形式，而竞技体育后备人才则是竞技体育发展的力量源泉。在举国体制背景下，我国竞技体育取得了历史性的突破与骄人的成绩。在我国由竞技体育大国向体育强国迈进的进程中，竞技体育的作用与价值不可低估，竞技体育综合实力的提高需要以优化与构建新型的竞技体育后备人才培养模式作支撑。随着我国由计划经济体制向社会主义市场经济体制的过渡，举国体制式的体育后备人才培养模式已经不能满足我国竞技体育发展对体育后备人才的需求，并成为制约我国竞技体育可持续发展的瓶颈。因而，只有在新形势下对体育后备人才培养模式进行优化与创新，才能增大竞技体育发展的后劲，促使我国竞技体育不断发展与进步。温州作为我国社会主义市场经济体育改革的前沿阵地，具有良好的政治、经济、文化等社会环境。同时也是我国竞技体育综合实力较强的地区之一。这主要得益于温州市体育后备人才培养模式。该模式将市场机制引入体育后备人才培养工作，通过市场的调节对体育后备人才培养起到市场资源配置的作用，缔造了具有温州特色的、市场化的竞技体育后备人才培养新模式。

（一）温州市体育后备人才市场化培养模式的形成背景分析

温州市体育后备人才市场化培养模式的形成主要得益于国家改革开

放的政策、得益于行政主管部门关于体育后备人才改革的相关政策、得益于温州良好的市场化经济发展环境、得益于其地域经济发展——得天独厚的民间资本，可以说温州市场化经济的发展孕育了温州市体育后备人才市场化培养模式。尤其是改革开放确立温州为我国首批沿海开放城市之一，使温州成为我国市场化经济改革的前沿阵地，其市场经济的发展走在了我国前列，为温州市场经济的发展奠定了基础。加之近年来，国家从宏观层面陆续出台一系列引导私有投资主体投资体育后备人才培养的相关政策法规，从而打破了国家单一培养体育后备人才的现状，为私有投资主体投资体育后备人才培养扫清了障碍，为温州市体育后备人才市场化培养模式的形成与发展创造了契机。

1. 国家有关体育后备人才市场化培养宏观政策调控

改革开放以来，我国的经济面貌有了很大的改观，经济的发展速度不断加快。这不仅依赖于我国公有制经济的快速发展，还得益于我国个体、私营等非公有制经济主体的不断发展壮大。而目前非公有制经济主体已逐渐成为社会主义市场经济的重要组成部分与促进社会生产力发展的重要力量，不仅对我国繁荣城乡经济、增加财政收入、扩大社会就业率、优化经济结构、促进经济发展具有重大战略意义，而且为我国大力发展体育事业提供了坚实的物质基础。2005 年 2 月，国务院颁布实施《国务院关于鼓励支持和引导个体私营等非公有制经济发展的若干意见》，文件指出，要让非公有制资本进入社会事业领域，支持、引导和规范非公有资本投资教育、科研、卫生、文化、体育等社会事业。[1] 这是我国政府首次明确指出关于鼓励与引导私有投资主体投资兴办体育事业的政策法规。为进一步鼓励和引导私有投资主体、完善与优化社会主义市场经济体制、充分发挥市场资源配置的基础性作用、建立公平竞

〔1〕 国务院关于鼓励支持和引导个体私营等非公有制经济发展的若干意见［EB/OL］.(2005－02－19)［2005－08－12］. http://www.gov.cn/zwgk/2005－08/12/content_21691.htm.

争的市场环境、促进非公有制经济的发展，2010 年 5 月，国务院颁布实施《关于鼓励和引导民间投资健康发展的若干意见》[1]，文件的颁布实施进一步拓宽了民间投资的领域和范围，鼓励和引导民间资本进入法律法规未明确禁止准入的行业和领域，打破了传统行业的壁垒，降低了民间资本投资的准入门槛，为民间资本能够平等进入市场、创造公平竞争的市场环境提供了政策保障。同时，积极推进医疗、教育等社会事业领域的改革，加快形成政府投入为主导、民间投资为补充的公共服务体系。文件明确了私有投资主体投资发展体育事业的领域，这不仅为私有投资主体投资指明了方向，而且为我国体育事业的发展提供了坚实的物质保障。

体育产业是当今全球经济发展最快的产业，平均每年为全世界带来超过 4000 亿美元的经济收入，且每年仍以 2% 的速度不断攀升。体育产业也极大地促进了我国国民经济的快速增长，对我国国民经济的发展具有重大的现实意义。2002 年 7 月，国务院颁布实施《关于进一步加强和改进新时期体育工作的意见》，文件指出，大力发展体育产业，积极培育体育市场，为扩大内需、促进就业、拉动经济增长、实现现代化建设发展目标，作出应有的贡献。[2] 大力发展体育产业是牢固树立和全面落实科学发展观重大战略思想的具体体现，也是在社会主义市场经济条件下，促进我国经济发展和精神文明建设的迫切要求，更是促进我国体育事业发展的重要物质保障。为此，国家体育总局在 2012 年 5 月下发了《关于鼓励和引导民间资本投资体育产业的实施意见》的通知，文件指出，要通过政策引导的方式，鼓励和支持民间资本进入体育用品生产与销售领域、进入体育场馆建设运营领域、进入体育健身休闲领

[1] 国务院关于鼓励和引导民间投资健康发展的若干意见 [EB/OL].（2010－05－07）[2010－05－13]. http://www. gov. cn/zwgk/2010－05/13/content_1605218. htm.

[2] 中共中央 国务院关于进一步加强和改进新时期体育工作的意见 [EB/OL].（2002－07－22）[2010－10－13]. http://www. scio. gov. cn/xwfbh/xwbfbh/wqfbh/2011/0722/xgzc/Document/963599/963599. htm.

域、进入体育竞赛表演领域。同时，对各个领域需要投资的项目进行详细的阐述，进一步细化了我国民间资本投资体育事业的发展方向，极大地调动了民间资本投资体育事业的积极性，实现了我国体育产业投资主体的多元化，有利于我国体育产业的健康、稳定、和谐与可持续发展。2013 年 9 月，李克强总理在召开国务院常务会议时指出，中央要出台政策，为民间资本参与市场竞争“松绑开路”，多设“路标”、少设“路障”，让社会资本充分释放潜力。[1] 这些政策的颁布实施，一方面说明我国体育事业正进入快速发展的黄金时期，需要在政府的主导下，多方参与、社会力量充分参与；另一方面也说明了我国民间资本的发展潜力大、可持续性强、效率高、拥有强大的经济基础。因此，政府通过各种政策鼓励、支持、引导私有投资主体投资发展体育事业，这对促进我国社会主义市场经济发展与体育事业的繁荣意义重大。尤其是 2014 年 10 月国务院颁布实施《国务院关于加快发展体育产业促进体育消费的若干意见》，文件明确指出，鼓励社会资本进入体育产业领域，建设体育设施，开发体育产品，提供体育服务。进一步拓宽体育产业投融资渠道，推广和运用政府和社会资本合作等多种模式，吸引社会资本参与体育产业发展。政府应引导、设立由社会资本筹资的体育产业投资基金。有条件的地方可设立体育发展专项资金，对符合条件的企业、社会组织给予项目补助、贷款贴息和奖励。[2] 该文件的颁布实施标志着我国体育事业发展春天的到来，为我国体育事业的发展提供重要指导，使我国体育事业的发展更加有保障，更加具有规范性。2016 年正值“十三五”时期的开局之年，而“十三五”时期是全面建成小康社会决胜阶段，经济发展新常态和供给侧结构性改革为我国体育事业的发展提出

---

〔1〕 李克强主持召开国务院常务会议 听取民间投资政策落实情况第三方评估汇报研究部署有效落实引导民间投资激发活力健康发展的措施［EB/OL］.（2013－09－06）［2013－09－06］. http：//www. gov. cn/ldhd/2013－09/06/content_ 2482827. htm.

〔2〕 国务院关于加快发展体育产业促进体育消费的若干意见［EB/OL］.（2014－10－02）［2014－10－20］. http：//www. gov. cn/zhengce/content/2014－10/20/content_ 9152. htm.

新要求。2016 年 5 月，国家体育总局颁布实施《体育发展“十三五”规划》，规划指出，须始终坚持以改革促发展，破除体制机制障碍，充分发挥市场在体育资源配置中的决定性作用和更好地发挥政府作用，积极培育社会力量参与体育发展，不断完善中国特色体育发展道路。坚持和完善竞技体育举国体制，逐步形成国家办与社会办相结合的竞技体育管理体制和评估体系。完善国内综合性运动会和单项比赛竞赛组织与管理办法，发挥竞赛的杠杆作用，调动社会资源参与办赛积极性，建设品牌赛事，实现社会效益与经济效益融合统一。推广运用政府和社会资本合作模式，加大财政金融扶持力度，支持社会力量进入体育产业领域，建设体育设施，开发体育产品，提供体育服务。[1]《体育发展“十三五”规划》充分体现了全面深化体制改革的指导精神，坚定不移贯彻创新、协调、绿色、开放、共享的新发展理念，以坚持以人为本、科学发展、深化改革、依法治体、党的领导为基本原则，顺应了“十三五”时期体育事业发展的时代潮流，为我国体育事业的发展指明了前进方向。

2. 浙江省与温州市有关体育后备人才市场化培养政策导向

随着我国社会主义市场经济体制的发展与完善，浙江省投融资体制正在发生深刻变化，私有投资主体投资总量不断攀升、投资领域不断拓宽，为浙江省经济的腾飞作出了巨大贡献，是浙江省经济持续、快速、健康发展的重要保障之一。加之整个私有投资主体综合实力不断攀升，以及国家关于鼓励和支持私有投资主体的政策陆续出台，2003 年 1 月，浙江省人民政府颁布实施《关于促进和引导民间投资的意见》，文件从放宽投资领域、拓宽融资渠道、实施公平合理的配套政策、注重扶优扶强、强化服务引导等多方面鼓励与引导民间资本投资。同时对教育、卫

[1] 体育发展“十三五”规划 [EB/OL]. (2016 - 05 - 05) [2016 - 05 - 05]. http://www.gov.cn/xinwen/2016 - 05/05/content_5070514.htm.

生、体育等行政主管部门提出新要求，要求其逐步实现政企分开，进一步调整与完善民间资本投资的配套政策与措施。[1] 2010 年 8 月，浙江省人民政府办公厅颁布实施《关于加快发展体育产业的实施意见》，文件指出，鼓励和引导非公有资本进入体育产业。放宽准入条件，鼓励非公有资本以独资、合资、合作、联营、参股、特许经营等方式投资体育产业。鼓励个人、企业、社会团体以多种形式参与兴办国家政策允许的各种体育经营企业，在市场准入、规划建设、土地征用、税费减免、从业人员职称评定等方面享有与国有企事业单位同等的待遇。[2] 2015 年 7 月，浙江省人民政府依据《国务院关于加快发展体育产业促进体育消费的若干意见》文件精神，结合浙江省发展实际，颁布实施《浙江省人民政府关于加快发展体育产业促进体育消费的实施意见》，文件指出，要完善机制，激发活力。遵循产业发展规律，完善市场机制，强化市场监管。积极培育多元市场主体，吸引社会资本参与，充分调动全社会的积极性与激发其创造力，提供适应群众需求、丰富多样的产品和服务。引导社会力量参与竞技体育后备人才培养，加强对明星运动员、优秀教练员等无形资产的开发。[3] 该文件最大的亮点在于其以政策、土地、税收等方面的优惠鼓励与吸引民间资本投资体育事业，推进民办体育的发展。

温州市作为我国社会主义市场经济体育改革的前沿阵地，其民间资本在改革开放的浪潮中得到积蓄。据统计，截至 2011 年温州民间资本

---

[1] 浙江省人民政府关于促进和引导民间资本投资的意见[EB/OL].（2003 - 01 - 07）[2003 - 11 - 14]. http://www. mofcom. gov. cn/article/bh/200311/20031100148058. shtml.

[2] 浙江省人民政府办公厅关于加快发展体育产业的实施意见[EB/OL].（2010 - 08 - 03）[2018 - 09 - 26]. https://wenku. baidu. com/view/9cf34ab880c758f5f61 fb7360b4c2e3f57272529. html.

[3] 浙江省人民政府关于加快发展体育产业促进体育消费的实施意见[EB/OL].（2015 - 07 - 07）[2018 - 09 - 26]. https://wenku. baidu. com/view/9cf34ab880c 758f5f61fb7360b4c2e3f57272529. html.

总额为 6000～8000 亿元。如此庞大的民间资本如何才能最大限度地发挥其价值？如何才能正确引导庞大的民间资本？毋庸置疑这是温州市人民政府亟须解决的大事。温州市人民政府在国家大政方针政策的指引下先后出台了一系列关于鼓励与引导民间资本投资的政策措施。2010 年 12 月，温州市人民政府依据《国务院关于鼓励和引导民间投资健康发展的若干意见》精神出台了《温州市人民政府关于鼓励和引导民间投资健康发展的实施意见》,[1] 阐述了各个领域引入民间资本的优势，首次明确指出民间资本可涉足发展体育事业，并对涉足体育事业领域内容有明确规定，如：建设各类体育场馆及健身设施，开展体育健身、经济、咨询、培训等事业，从事竞技体育人才培养、竞赛表演等活动。不仅如此，温州市还陆续出台“18 条意见”以鼓励和引导民间投资，以及民间资本管理公司新政策以拓宽投资范围，鼓励民间资本投资。温州特殊的市场经济环境为温州民间资本投资发展体育事业提供了便利，加快了温州体育事业发展的进程。随着民间资本发展体育事业的力度不断加大，温州市行政主管部门依据国家大政方针政策，从温州市的发展实际出发，以多种形式对民间资本投资发展体育事业给予鼓励与支持。行政主管部门以各种优惠举措鼓励与引导民间资本大力发展体育事业，使那些徘徊在体育领域之外的民营企业家能够认识到体育事业发展的无限潜力，并投身体育事业。这不仅为温州市庞大的民间资本投资指明了方向，而且缓解了民间资本“想投无处投，想进进不去”的矛盾，有利于温州市经济的发展和社会的和谐稳定，有利于温州市体育事业的快速发展。温州市体育后备人才市场化培养模式在这种特定的历史条件和制度环境下发展壮大，作为民间资本参与发展体育事业的一种形式，民办体育不仅打破了举国体制式的单一体育人才培养模式，而且为我国体育事业的发展带来了新的生机与活力，拓宽了体育人才培养的投融资

[1] 温州市人民政府关于鼓励和引导民间投资健康发展的实施意见[EB/OL].(2010－12－12)[2010－12－24]. https://wenku. baidu. com/view/89be8f06e8710 1f69e3195f9. html.

渠道。

3. 温州市场经济发展的现实背景

自古以来，温州地少人多，素有“七山一水两分田”之称。在没有丰富的矿产资源可供开发，交通较为闭塞，国有经济和集体经济较为薄弱的情况下，温州人民意识到，要改变贫穷落后的经济面貌，必须走出一条适合温州实际的发展道路。1978 年 12 月，中国共产党第十一届中央委员会第三次全体会议胜利召开，确立了解放思想、实事求是的思想路线，把党和国家工作重点转移到社会主义现代化建设上来和实行改革开放的重大战略决策，为温州市的民营经济发展创造了良好的外部环境。温州市的个体经济、私营经济、商品经济迅速活跃起来，温州民营经济在改革开放的大环境下和温州人“敢为人先”精神鼓舞下，一马当先。温州市大力发展民营经济，最终夺得了发展市场经济的先机，走在了全国的前列，并创造了诸多全国第一（第一个个体工商营业执照、全国第一座农民城等）。温州人天生有着一种不安现状、勇往直前的创新精神，使得温州民营经济不断前行，不断壮大，开创了享誉海内外的“温州模式”。在此基础上，温州广大干部群众与时俱进，开拓创新，成功探索出一条具有鲜明地域特色的市场经济发展道路，推动了“温州模式”的新发展，使其走在了全国市场经济发展的前列，并成为全国民营经济最为活跃的地方。

进入 21 世纪以来，伴随着市场化和经济全球化进程的加快，温州市场化经济发展出现了一系列新特征，同时也面临着严峻的挑战。机遇与挑战并存。近年来温州市场经济发展速度不断放缓，且出现企业外迁、资本外流、引进外资不足、产业结构升级放缓、企业规模结构不合理等一系列问题，“温州模式”进入瓶颈发展阶段。因而，“温州模式”亟须转型与创新，寻求市场经济发展的新路径。2010 年 12 月，温州市人民政府依据《国务院关于鼓励和引导民间投资健康发展的若干意见》文件精神，为鼓励和引导民间资本投资体育事业健康发展，颁布实施

《温州市人民政府关于鼓励和引导民间投资健康发展的实施意见》[1]，文件指出，支持鼓励利用民间资本投资建设各类体育场馆及健身设施，开展体育健身、咨询、培训等事业，允许从事竞技体育人才培养，以及体育竞赛表演等活动，激发温州市体育行业活力，以政策扶持鼓励和支持民间资本投资体育事业。为落实政府政策鼓励和扶持民间资本投资运营实体，温州市引进海内外高层次紧缺人才和创新团队，鼓励和扶持各类高科技人才到温州市各类民间资本运营实体创新创业，加大对各类民营企业人才的培养力度。温州市行政主管部门颁布实施的《关于加强高层次人才队伍和创新团队建设的若干意见》和《关于加强人才住房保障工作的意见》在一定程度上缓解了高科技人才引进的后顾之忧，促进了温州市民间资本的合理流通，鼓励和扶持了温州民间资本投资竞技体育事业发展，加快了温州市经济实体的转型升级，为我国塑造了新的体育后备人才市场化培养模式。

（二）温州市体育后备人才市场化培养模式的运营形式分析

温州在体育后备人才培养方式方面进行了近半个世纪的艰辛探索，进而形成了独具特色的体育后备人才培养模式——温州市体育后备人才市场化培养模式。笔者通过查阅相关文献资料发现学术界与官方尚未对温州市体育后备人才市场化培养模式的运营形式进行界定与阐述，于是从温州市体育后备人才市场化培养模式的新常态出发，并结合相关文献资料认为，温州市体育后备人才市场化培养模式的运营形式不仅是体育后备人才培养与社会主义市场经济体制的表层结合，而且是体育后备人才培养与社会主义市场经济体制的相互结合与促进，其具体运营形式有如下四个方面。

---

〔1〕 温州市人民政府关于鼓励和引导民间投资健康发展的实施意见［EB/OL］.（2010-12-22）［2015-01-25］. http://www.doc88.com/p-9733335052508.html.

1. 体育管理部门与民营教育机构的结合

体育管理部门与民营教育机构结合的主要代表是以单项运动项目为特色的运动学校，这类运动学校通过体育管理部门与民营教育机构的强强联合，并在育人理念的指引下，培养“高质量”的体育后备人才。民营教育机构有着文化素质教育与人力资源等方面的优势，体育管理部门在体育设施、教练员团队、运动训练经验等方面有着较为明显的优势。体育管理部门与民营教育机构的有机结合可以使其发挥各自的长处，不仅能推动运动项目的普及，更有利于体育后备人才综合水平的提高。温州市体育后备人才市场化培养模式的运营形式是由体育管理部门与民营教育机构共同承担其运动经费，通过体育管理部门选派优秀教练员与民营教育机构引进高水平教练员的方式来保障运动训练工作的有序进行，并由民营教育机构具体操作与掌控体育后备人才的文化素质教育等工作，通过运用原有体育管理部门教学和训练场馆等优势资源，兴办以单项运动项目为主题的特色运动学校。特色运动学校隶属于体育管理部门。如温州市体育运动学校与温州市心桥幼教发展集团联合创办的温州体校心桥体操艺术俱乐部，它是我国体育界以体操类项目作为主题的第一家俱乐部，是温州市民办非企业的社会服务组织。自 2006 年成立以来，在温州市人民政府、温州市体育局领导下，该俱乐部多次代表温州市参加各级别体操赛事，紧紧围绕“为温州争光、为浙江争光、为中国争光、为体操类项目添彩”的主题，被浙江省体育局授予“高水平体育后备人才基地”的称号。荣获温州市人民政府颁发的浙江省第十四届省运会“体育突出贡献奖”，连续多年荣获温州市体育局颁发的“温州市业余体育训练先进单位”“温州市优秀运动队”等多项殊荣。

2. 体育管理部门与民营青少年体育俱乐部的结合

体育管理部门与民营青少年体育俱乐部的结合，是指体育管理部门通过审核具有一定资质的民营青少年体育俱乐部来挂牌成立青少年体育后备人才训练基地，通过整合民营青少年体育俱乐部在基础设施建设、教练员团队、运动训练经验等方面的优势，由体育管理部门承担体育后备人才培养、参赛等部分经费，以及代表温州市参加浙江省及全国运动赛事，在取得一定运动成绩的情况下，由体育管理部门对俱乐部、教练员、运动员等有关团体及个人给予相应的物质奖励与精神奖励。这种运营形式的优越性集中表现为：首先，能够提高社会力量参与体育后备人才培养的积极性，充分发挥社会优势资源，并依靠社会力量来实现培养体育后备人才的终极目标；其次，能够在一定程度上减轻政府财政的负担；最后，体育后备人才培养的灵活性较强，且在资金筹措、场地基础设施建设与体育后备人才发展出路等方面均具有明显的优势。例如：温州市体育局与冶金青少年体育俱乐部合作的温州市青少年网球后备人才“市队校办”，以及龙湾区体育局与凯宏网球俱乐部合作的温州市青少年网球后备人才“市队区办”的形式。温州市青少年网球训练基地成立后，基地认真落实温州市体育局与龙湾区体育局的任务与责任，通过对不同年龄阶段的青少年进行科学的选材，制订科学完整的训练计划，先后为温州市培养了一批以郑展、张凌豪等为代表的青少年网球后备人才，这些人才在浙江省乃至全国单项网球赛事中取得佳绩。

3. 业余运动学校或业余俱乐部独资

业余运动学校或业余俱乐部独资，是指业余运动学校或业余俱乐部独立承担体育后备人才的培养工作，负责体育后备人才的文化素质教育与专项运动训练等工作。此种形式能够在一定程度上缓解体育后备人才的文化知识学习与运动训练二者之间的矛盾，能最大限度地提高体育后备人才综合素质。这种运营形式是温州市体育后备人才市场化培养模式最为显著的代表，大多由企业或个人独自出资兴办，是温州市体育后备人才市场化培养模式的最高级表现形式，其运营经费大多来自运动学校或俱乐部的运营经费与学员参加运动训练所缴纳的费用，其基础设施建设的投资及教练员、管理人员等日常所需一切费用由运动学校或俱乐部独自承担。例如：坐落于平阳水头镇鹤溪的平阳育英体校，由谢孝才先生创办于 1988 年。平阳育英体校为学生开设的专业课有散打、跆拳道、武术、摔跤等。学校不择生源，尊重差异，提供选择，实行分层教学，厚待每位学生。让优秀的学生朝多元化方向发展，同时用耐心和爱心让基础薄弱的学生找回自信，帮助他们在不同的领域获得成功。先后荣获了“全国先进武术学校”“浙江省高水平体育后备人才基地”“中国武术培训基地”等荣誉称号。

4. 体育管理部门与运动项目协会的结合

体育管理部门与运动项目协会的结合，是指以温州市体育局为代表的体育行政主管部门，通过依托运动项目协会资源整合的优势，将体育后备人才培养工作下放给运动项目协会具体操控。运动项目协会通过整合协会下属社会组织的基础设施建设、教练员团队、运动训练经验等方面优势资源，共同服务于体育后备人才选拔与培养工作。体育管理部门与运动项目协会共同承担体育后备人才选拔与培养工作所需费用，运动员代表温州市参加浙江省及全国运动赛事，体育管理部门依据所取得的运动成绩为运动项目协会与运动员提供相应的物质奖励与精神鼓励。该种运营形式的优势集中表现为：第一，能够最大限度地发挥运动项目协会的资源整合优势，提高运动项目的普及化程度，增加运动项目的人口基数；第二，运动项目协会通过多种形式与中小学校、特色运动俱乐部等进行深度合作，共同致力于体育后备人才培养工作，一定程度上减轻了政府财政投入的压力。例如：温州市游泳协会，该协会在 1956 年经温州市体育运动委员会和温州市教育局联合批准成立。温州市游泳协会成立至今得到了行政主管部门与社会各界的大力支持，大力发展温州游泳运动项目，致力于温州市游泳后备人才的培养。温州市游泳项目后备人才培养除传统的温州市体育运动学校培养外，还有温州市游泳协会与教育部门通过深度合作成立的青少年游泳项目训练网点（城南小学等），它为温州市游泳项目培养了一批优秀后备人才，并为温州市培养游泳教练员一千余名，游泳裁判员五百余名。温州市多次荣获全国“游泳之乡”的荣誉称号，温州市游泳协会也多次被省市乃至全国评为先进工作单位。

二、温州市体育后备人才市场化培养模式的变迁

体育后备人才的数量与质量是衡量一个国家体育综合实力的重要因素，同时也是推动国家体育运动健康可持续发展的关键所在，而体育后备人才的梯队建设成为国家发展体育事业的重心。在社会转型的发展过程中，随着体育体制改革的不断深入，传统的依靠举国体制式的体育后备人才培养模式弊端不断凸显，成为制约我国体育事业可持续发展的症结。因此，必须对现有体育后备人才培养模式进行创新与变革，构建合理、高效的，与中国体育后备人才培养的现实相契合、行政与市场相融合的体育后备人才培养模式成为我国体育体制改革的一项重要议题。温州市体育后备人才市场化培养模式的形成离不开特定的社会环境。简而言之，即一个国家或地区所有的政治、经济与文化等条件对其所运行的体育体制起着至关重要的作用。温州市体育后备人才市场化培养模式是我国体育后备人才培养的重要载体之一，对推动我国竞技体育可持续发展发挥着重要的作用。温州市体育后备人才市场化培养模式经历了几十年发展历程，在不断借鉴、吸收、变革、创新的基础上，现已形成独具特色的、高效率的市场化人才培养体系。

温州市体育后备人才市场化培养模式是在转型期背景下产生的，是我国体育体制变革的产物，对于促进我国体育体制改革尤其是体育后备人才培养模式更新具有重要价值。“实践是检验真理的唯一标准”，唯有通过不断的实践活动才能检验事物发展的现实意义与价值。温州市体育后备人才市场化培养模式作为我国体育后备人才培养的一种新模式，为我国体育事业的可持续发展不断补充新鲜“血液”，同时对提升我国体育事业的综合实力具有重要作用。随着我国社会主义市场经济体制不

断完善与发展及体育体制改革的不断深入，温州市体育后备人才市场化培养模式只有通过不断对其内部运营机制与体制进行创新与优化，才能永葆生机与活力。

（一）孕育起步阶段（1978—1992 年）

随着“四人帮”被粉碎，“文化大革命”宣布终结，全国各项事业得以恢复正常，同时，国家体委、体育总会、单项体育协会与地方体育行政机构陆续恢复，我国体育体制恢复与重建工作正式拉开帷幕。1978 年 12 月，中国共产党第十一届中央委员会第三次全体会议胜利召开，在否定了“以阶级斗争为纲”的理论与实践、科学评价伟大领袖毛泽东同志和毛泽东思想、把党和国家工作重心转移到经济建设上来、实行改革开放等历史性决策引领下，我国实现了从“以阶级斗争为纲”到以经济建设为中心、从封闭半封闭到改革开放、从计划经济到市场经济的深刻转变，中国社会拉开了以市场为导向、涉及社会各个层面的经济体制改革序幕。随着我国社会经济体制的改革与体育事业自身的不断发展，计划经济体制下的体育事业发展模式的缺陷及瓶颈开始显现，制约了我国体育事业的健康可持续发展，主要表现为以下三个方面。首先，计划经济体制背景下产生的体育体制较为排斥与抵触市场经济体制下的商品化经营的市场机制，忽视了我国体育事业发展的历史阶段及所有制结构，在一定程度上制约了我国体育事业的长久发展；其次，传统的体育体制发展经费大多依赖于政府财政拨款，随着我国体育事业的发展与规模的不断扩大，单一政府财政拨款已经不能满足现阶段我国体育事业发展对经费的需求，其经费需求与政府财政供给能力之间的矛盾越发明显；最后，传统体育体制的体育事业发展一切事务均由体育行政主管部门控制与管控，这在一定程度上造成了管办不分、政事不分等弊端，不能充分调动与发挥体育社会组织兴办体育的积极性与创造性。在此形势下，中共中央做出关于体育体制改革的决定，中共中央和国家体委分别颁布了《关于进一步发展体育运动的通知》和《关于体育体制改革的决定（草案）》两个重要文件，以推动体育社会化、科学化发展，促进体育全面发展。1979 年 10 月，国际奥委会执委会在日本名古屋举行会议，会议通过并恢复了中华人民共和国在国际奥委会的一切合法权利。1984 年 7 月，我国体育代表团首次正式参加奥运会——洛杉矶 1984 年奥运会（苏联与东欧体育强国并未派出代表团），并获得 15 枚金牌，金牌总数位列世界第 4 位。同年中共中央颁布实施《关于进一步发展体育运动的通知》，文件提出了加快体育社会化步伐的指导方针。社会主义市场经济的发展与体育改革的兴起，极大地解放了人们的思想，调动了社会力量办体育的积极性。1984 年 11 月，国家体委颁布实施了《关于贯彻执行中共中央〈通知〉的意见》，该意见指出通过“克服体育过分集中于国家办的弊端，放手发动全社会办体育”来巩固体育发展成果的改革思路。1986 年 4 月，国家体委制定了《关于体育体制改革的决定（草案）》，确立了“以革命化为灵魂、以社会化和科学化为两翼，实现体育腾飞”的战略指导思想。同年，国家体委发布了《关于加速培养高水平运动后备人才的指示》，指示明确指出，充分依靠各部门和社会各方面的力量，采取多种渠道，培养运动人才。然而，1988 年中国体育代表团“兵败汉城”，此次奥运代表团的失利成为我国体育体制“大变革”的开端，国家体委为提升我国在国际奥委会的国际地位提出了“奥运争光战略”，明确了该战略的发展核心，即缩短发展战线，并将有限的人力、财力、物力等资源集中投入我国竞技体育的潜在优势项目。1992 年邓小平“南方谈话”与中国共产党第十四次全国代表大会的胜利召开，意味着社会主义市场经济体制改革目标得以确立，体育事业发展的社会环境发生了根本性的变化。同年，国家体委在广东中山召开了对中国体育体制改革具有重要影响的“中山会议”，会议颁布实施了《关于深化体育体制改革的决定》，决定明确指出，建立与社会主义市场经济相适应的，符合现代体育运动规律，国家调控，依托社会，有自我发展活力的体育体制和良性循环的运行机制，形成国家办和社会办相结合、集中与分散相结合的格局整体框架。[1] 温州市是我国首批14个沿海开放城市之一，是我国改革开放的前沿阵地，也是我国社会主义市场经济体制改革的“先锋”。然而，随着社会体制、经济体制的转型，计划经济体制背景下形成的体育体制与机制不能满足体育事业的发展需求。因此，温州市体育管理部门为建立与社会主义市场经济体制相协调的、符合现阶段体育后备人才培养现状的培养机制与模式，加大了对体育后备人才培养体制市场化改革的力度与步伐，温州市体育后备人才市场化培养模式进入孕育起步阶段。

（二）探索试验阶段（1993—2000年）

1992年邓小平南方谈话的发表与中国共产党第十四次全国代表大会正式提出了“建设有中国特色的社会主义市场经济体制”的宏伟目标，这为我国社会主义市场经济体制改革与发展奠定了思想与政策基础，为我国社会各项体制改革指明了前进的方向，也为我国体育体制改革明确了发展方向。在社会主义市场经济体制改革背景下，我国体育体制新一轮变革即将拉开序幕。

1993年5月，国家体委颁布实施《关于深化体育体制改革的意见》和五个配套文件，明确提出深化体育体制改革的总目标，即改革现有体育体制与运行机制，逐步实现由计划经济体制向社会主义市场经济体制下的体育体制的转变思路。同年5月，国家体委颁布实施《关于培育体育市场、加快体育产业化进程的意见》，意见指出了体育事业应“面向市场、走向市场、以产业化为方向”的基本思路。随后，国家体委将部分职能从行政机关中分离出去，推进运动协会实体化改革的议题，提出了更为具体的意见，对运动协会实体化的基本任务和职责、协会内部管

---

[1] 伍绍祖．中华人民共和国体育史（1949—1998年）［M］．北京：中国书籍出版社，1999：268.

理机制、协会与体委机关的关系做了明确规定，结合贯彻落实国务院机构改革的相关意见，先后成立了14个单项运动项目管理中心，将42个全国单项运动协会、56个项目转入实体化管理，从体制上推动了运动项目管理层面上的管办分离。1995年6月，国家体委下发了《体育产业发展纲要（1995—2010年）》，纲要指出我国体育产业的3个类别，即体育主体产业、体育相关产业和体办产业。同年7月，国家体委颁布实施《奥运争光计划纲要（1994—2000年）》，纲要对竞技体育发展的整体目标、规模、重点、质量，以及实施措施进行了全方位的规划和设计。该纲要的出台标志着“奥运战略”在社会主义市场经济体制下竞技体育改革与发展中的具体落实。1996年3月，第八届全国人民代表大会第四次会议通过《国民经济和社会发展“九五”计划和2010年远景目标纲要》，进一步明确要求“体育工作要形成国家和社会共同兴办体育事业的新格局，走社会化、产业化道路”。[1] 2000年12月，国家体育总局颁布实施《2001—2010年体育改革与发展纲要》，文件指出，进一步完善举国体制，明确中央和地方发展竞技体育的责任，充分调动中央和地方、国家与社会各方面的积极性，发挥竞技体育的多元功能与作用，全面提高我国在国际体坛上的竞争实力。[2] 行政主管部门不断加大对社会力量投资发展体育事业政策的颁布实施与体育职业化和市场化的不断推进，使得体育与市场的关系更为密切。温州作为我国民间资本非常活跃的地区，有着较强的市场敏锐性、洞察力，从而使得温州社会经济团体不断涉足体育事业，体育事业投融资主体呈现出多元化发展态势，有效地促进了温州体育事业的健康有序发展，温州市体育后备人才市场化培养模式进入探索试验的新阶段。

---

[1] 鲍明晓．体育产业：新的经济增长点［M］．北京：人民体育出版社，2000：39.

[2] 胡孝安．我国竞技体育体制改革若干问题的探讨［J］．西安体育学院学报，2002，19（3）：20－21.

（三）发展成熟阶段（2001—2008 年）

1978 年 12 月，中国共产党第十一届中央委员会第三次全体会议提出社会主义市场经济体制改革的发展目标，我国社会体制的改革朝着这一目标前进。2001 年我国成功加入国际世贸组织（WTO），这标志着我国经济体制转型进入一个全新的发展阶段，由此我国被纳入全球市场经济发展的轨道与体系，同时也标志着我国由计划经济体制向社会主义市场经济体制改革的巨大成功与进步。进入 21 世纪后，党中央在总结新中国成立以来特别是改革开放后我国体育事业发展基本经验的基础上，提出了加快我国体育事业朝着市场化、职业化发展的新要求。

2001 年北京成功获得第 29 届奥林匹克运动会的主办权，充分体现了我国改革开放以来，特别是社会主义市场经济体制改革对我国社会发展所带来的丰硕成果。北京成功申办奥运会对我国政治、经济、文化等发展具有重要的促进作用，对于形成全方位、多层次、宽领域的对外开放新格局产生深远的影响。在此社会环境背景下中共中央、国务院从我国具体实际出发颁布实施《关于进一步加强和改进新时期体育工作的意见》，文件强调指出，要深入进行调查研究，通过统筹规划、政策引导、组织协调、提供服务，建立灵活高效的调控机制，充分发挥各级工会、共青团、妇联、各行业和社会各界办体育的积极性。[1] 2002 年 11 月，国家体育总局颁布实施《2001—2010 年奥运争光计划纲要》，文件指出，要努力拓宽资金来源渠道。充分利用竞技体育的有形和无形资产，大力开发竞技体育产业和市场，多渠道筹集资金，鼓励社会各界参与和兴办竞技体育事业。[2] 2005 年 2 月，国务院颁布实施《关于鼓励支持

〔1〕 中共中央 国务院关于进一步加强和改进新时期体育工作的意见［EB/OL］.（2002－07－22）［2010－10－13］. http://www.scio.gov.cn/xwfbh/xwbfbh/wqfbh/2011/0722/xgzc/Document/963599/963599.htm.

〔2〕 2001—2010 年奥运争光计划纲要［EB/OL］.（2002－11－19）［2019－03－20］. https://wenku.baidu.com/view/4f6a1ebc59fb770bf78a6529647d2 7284b7337ec.html.

和引导个体私营等非公有制经济发展的若干意见》，文件指出，允许非公有资本进入社会事业领域，支持、引导和规范非公有资本投资教育、科研、卫生、体育等社会事业的非营利性和营利性领域。[1] 2006年7月，国家体育总局颁布实施《体育事业发展“十一五”规划》，规划指出，要增强我国竞技体育的总体实力，深化体育改革，大力发展体育产业，努力创建各种社会力量竞相参与、充满活力的体育体制和运行机制。[2] 2008年1月，国家体育总局人事司史康成司长指出，以政府主导、社会参与、全面覆盖、分级负责为工作原则，探索建立与我国社会主义市场经济和竞技体育发展相适应，与国家保障制度相衔接，以社会保障为基础，以事业保障为激励，以自我保障和商业保险为补充，资金来源多渠道、保障方式多层次、保障内容全方位、权利义务相对应、管理和服务社会化的运动员保障制度，初步搭建了由国家、社会、行业、地方和个人共同承担的多层面、全方位的立体保障平台。[3] 2015年7月，浙江省人民政府依据《国务院关于加快发展体育产业的指导意见》文件精神下发了《关于加快发展体育产业的实施意见》，文件的实施降低了社会力量投资发展体育事业的门槛，拓宽了投融资渠道。中共温州市委、温州市人民政府在认真学习与贯彻中共中央、国务院与中共浙江省委、浙江省人民政府的政策方针下，多次举行引导社会力量投资发展体育事业的专题会议，并废除社会力量投资发展体育事业的机制性障碍，制定社会力量投资发展体育事业新的运行机制。随着社会体制的不断转型与发展，温州社会力量开始大规模进入发展体育事业的大潮中，温州社会力量投资发展体育事业逐步形成体系，温州市体育后备人才市

---

[1] 国务院关于鼓励支持和引导个体私营等非公有制经济发展的若干意见 [EB/OL]. (2005-02-19)[2005-08-12]. http://www.gov.cn/zwgk/2005-08/12/content_21691.htm.

[2] 国家体育总局发布体育事业发展“十一五”规划 [EB/OL]. (2006-07-25)[2006-07-27]. http://www.gov.cn/gzdt/2006-07/27/content_347002.htm.

[3] 关于进一步做好全国优秀运动员保障工作的意见 [EB/OL]. (2007-08-21)[2007-08-21]. http://www.sport.gov.cn/n315/n331/n403/n1958/c574003/content.html.

场化培养模式进入了发展成熟的新阶段。

（四）转型提升阶段（2009年至今）

在北京2008年奥运会中，我国体育代表团共获得金牌51枚、银牌21枚、铜牌28枚，取得了奖牌总数100枚的好成绩。北京2008年奥运会进一步提升了我国的国际声望、强化了民族认同感、增强了社会凝聚力，对我国体育管理体制的调整起到了重要的作用。2009年1月，国务院为了满足广大人民群众日益增长的体育需求，同时为了纪念北京2008年奥运会的成功举办，将每年的8月8日确定为“全民健身日”。2010年3月，国务院办公厅颁布实施《关于加快发展体育产业的指导意见》，文件明确指出，应改革和创新体育社会团体管理模式，在加强业务指导和依法监管的同时，完善体育社团法人治理机制，充实体育社会团体业务职能，发挥体育社会团体服务功能。鼓励支持社会力量兴办体育类民办非企业单位，促进体育事业健康发展。[1] 同年5月，国务院颁布实施《关于鼓励和引导民间投资健康发展的若干意见》，文件指出，要鼓励民间资本投资生产体育用品，建设各类体育场馆及健身设施，从事体育健身、竞赛表演等活动。[2] 2011年4月，国家体育总局颁布实施《体育事业发展“十二五”规划》，文件明确指出，要建成符合体育人才成长规律和教育规律，以培养具有较高运动技术水平、全面发展的后备人才为主要任务，以政府主导下的体教结合为资源整合机制，以基础教育阶段为重点，以国家高水平体育后备人才基地和公办体育运动学校为骨干，以少年儿童体校、青少年体育俱乐部、体育传统项目学校、体育特色学校和社会力量兴办的后备人才培养机构为基础，规

---

[1] 国务院办公厅关于加快发展体育产业的指导意见［EB/OL］.（2010－03－19）［2010－03－24］. http://www.gov.cn/gongbao/content/2010/content_1565482.htm.

[2] 国务院关于鼓励和引导民间投资健康发展的若干意见［EB/OL］.（2010－05－07）［2010－05－13］. http://www.gov.cn/zwgk/2010－05/13/content_1605218.htm.

模、布局、结构合理的后备人才培养体系，加强和巩固业余训练基础。[1] 2012 年 5 月，国家体育总局颁布实施《关于鼓励和引导民间资本投资体育产业的实施意见》，文件指出，应支持民间资本进入体育用品生产及销售领域、鼓励和引导民间资本进入体育场馆建设运营领域、鼓励和引导民间资本进入体育健身休闲领域、鼓励和引导民间资本进入体育竞赛表演领域、加大对民间资本投资体育产业的支持力度。[2] 2014 年 10 月，国务院颁布实施《国务院关于加快发展体育产业促进体育消费的若干意见》，文件明确指出，要鼓励社会资本进入体育产业领域，建设体育设施，开发体育产品，提供体育服务，推广和运用政府和社会资本合作等多种模式，吸引社会资本参与体育产业发展，加强政府引导，设立由社会资本筹资的体育产业投资基金。[3] 2015 年 7 月，浙江省人民政府依据《国务院关于加快发展体育产业促进体育消费的若干意见》文件精神颁布实施《浙江省人民政府关于加快发展体育产业促进体育消费的实施意见》，文件指出，应加大财政金融扶持力度，支持社会资本进入体育产业领域。以市场为导向，引导设立由社会资本筹资的体育产业投资基金。[4] 随着我国社会主义市场经济体制改革的不断发展与完善，我国体育事业逐步建立与社会主义市场经济体制相适应的、国家与社会相互协调的、符合现代体育运动发展基本规律的、充满生机与活力的运营机制，进而形成了以国家为主导、社会力量普遍参与的市场化机制。在此背景下，中共温州市委、温州市人民政府先后颁布实施

---

〔1〕 体育事业发展“十二五”规划 [EB/OL].(2004-04-01)[2011-04-11].http://www.sport.gov.cn/zfs/n4977/c660451/content.html.

〔2〕 关于鼓励和引导民间资本投资体育产业的实施意见的通知[EB/OL].(2012-05-31)[2017-01-11].http://www.sport.gov.cn/n315/n331/n403/n1957/c785122/content.html.

〔3〕 国务院关于加快发展体育产业促进体育消费的若干意见[EB/OL].(2014-10-02)[2014-10-20].http://www.gov.cn/zhengce/content/2014-10/20/content_9152.htm.

〔4〕 浙江省人民政府关于加快发展体育产业促进体育消费的实施意见 [EB/OL].(2015-07-07)[2018-09-26].https://wenku.baidu.com/view/9cf34ab880c758 f5f61fb7360b4c2e3f57272529.html.

了《温州市体育事业发展“十二五”规划》《温州市人民政府关于加快发展体育产业的实施意见》《温州市体育产业发展专项引导资金使用管理暂行办法》《温州市体育事业发展“十三五”规划》和《温州市人民政府关于加快体育产业发展促进体育消费的实施意见》及其配套文件，这些文件为温州市体育后备人才市场化培养模式的形成注入新的动力，极大地推动了温州市体育后备人才市场化培养模式的新发展，温州市体育后备人才市场化培养模式进入转型提升阶段。

三、温州市体育后备人才市场化培养模式变迁的反思

马克思主义认为，任何一种有生命力的新事物的诞生都经历了一个持续发展变化的过程。作为一种新型体育后备人才培养模式，温州市体育后备人才市场化培养模式也不例外。温州人以其独有的市场经济发展的敏锐性，通过大胆的创新与实践，创造了温州市体育后备人才市场化培养模式。随着我国社会体制的转型与体育体制改革的不断推进与发展，国家鼓励与引导社会力量投资发展体育事业的政策力度不断加大，体育后备人才培养主体呈现出多元化发展态势，这势必会影响温州市体育后备人才市场化培养模式的变迁与发展。温州市体育后备人才市场化培养模式在我国体育后备人才培养体系变革方面走在了全国前列，对我国体育后备人才培养体系的变革具有一定的借鉴意义。然而，随着我国社会环境的不断变换，温州市体育后备人才市场化培养模式在发展过程中存在一定的瓶颈，因而，应不断克服温州市体育后备人才市场化培养模式的瓶颈，进而实现温州市体育后备人才培养工作的有序进行。

（一）温州市体育后备人才市场化培养模式具有一定的前瞻性与超前性，发展方向较为明确

2012 年 5 月，为深入贯彻落实《国务院关于鼓励和引导民间投资

健康发展的若干意见》和《国务院办公厅关于加快发展体育产业的指导意见》文件精神，促进我国体育产业投资主体多元化发展，实现我国体育产业健康、稳定、可持续发展，国家体育总局颁布实施《关于鼓励和引导民间资本投资体育产业的实施意见》，文件明确指出，支持民间资本进入体育用品生产及销售领域，鼓励和引导民间资本进入体育场馆建设运营领域，鼓励和引导民间资本进入体育健身休闲领域，鼓励和引导民间资本进入体育竞赛表演领域，加大对民间资本投资体育产业的支持力度。[1] 2012 年 2 月，温州市人民政府制定《温州市体育事业发展"十二五"规划》，规划指出，应拓展运动员培养渠道，提升运动员培养质量。以国家级和省级高水平体育后备人才基地评比创建活动为载体，提高各级各类体育学校办学质量和水平，构建并完善我市竞技体育后备人才培养体系。努力抓好运动员的运动训练和文化教育，开拓培养高水平运动员的新途径，提高运动队伍的科学文化素质。[2] 2013 年温州市人民政府先后推出《温州市人民政府关于加快发展体育产业的实施意见》《温州市体育产业发展专项引导资金使用管理暂行办法》等政策法规，这是温州市人民政府认真贯彻中国共产党第十八届中央委员会第三次全体会议《关于全面深化改革若干重大问题的决定》精神的重大举措，这不仅符合国家的大政方针，同时也为竞技体育市场化发展，特别是促进体育后备人才市场化培养模式发展注入新动力。

2014 年 10 月，国务院颁布实施《国务院关于加快发展体育产业促进体育消费的若干意见》，文件指出，应鼓励社会资本进入体育产业领域，建设体育设施，开发体育产品，提供体育服务。推广和运用政府和

---

〔1〕 关于鼓励和引导民间资本投资体育产业的实施意见的通知[EB/OL].(2012-05-31)[2017-01-11].http://www.sport.gov.cn/n315/n331/n403/n1957/c785122/content.html.

〔2〕 温州市体育事业发展"十二五"规划 [EB/OL].(2012-02-06)[2014-08-24].http://www.wenzhou.gov.cn/art/2012/2/6/art_1219308_2672755.html.

社会资本合作等多种模式，吸引社会资本参与体育产业发展。[1] 2015年7月，浙江省人民政府根据《国务院关于加快发展体育产业促进体育消费的实施意见》文件精神颁布实施《浙江省人民政府关于加快发展体育产业促进体育消费的实施意见》，文件明确指出，要加大财政金融扶持力度，支持社会资本进入体育产业领域。以市场为导向，引导设立由社会资本筹资的体育产业投资基金。[2] 温州市体育局为贯彻落实《国务院关于加快发展体育产业促进体育消费的若干意见》与《浙江省人民政府关于加快发展体育产业促进体育消费的若干意见》文件精神，制定《温州市人民政府关于加快体育产业发展促进体育消费的实施意见》及其配套文件和《温州市体育事业发展“十三五”规划》，掌握现阶段温州市体育事业发展总体规模与结构，在此基础上全面了解社会力量投资竞技体育发展的机制性障碍，尤其是体育后备人才市场化培养模式发展的瓶颈，为今后温州市人民政府出台相应对策提供现实依据。政府及体育行政主管部门对体育体制的运行机制与体制进行的系列变革及举措，在一定程度上推动了温州市体育后备人才市场化培养模式的发展，同时也是对温州市体育后备人才市场化培养模式的一种肯定与认可，表明温州市体育后备人才市场化培养模式具有一定的前瞻性与超前性，其发展方向较为明确。

（二）温州市体育后备人才市场化培养模式路径与目标定位准确，政府政策力度大，成效显著

体育后备人才培养模式是一个国家或地区体育事业健康可持续发展的重要标志，是体育事业发展建设的重要环节，是全面提高国家或地区

[1] 国务院关于加快发展体育产业促进体育消费的若干意见［EB/OL］.（2014-10-02）［2014-10-20］. http://www.gov.cn/zhengce/content/2014-10/20/content_9152.htm.

[2] 浙江省人民政府关于加快发展体育产业促进体育消费的实施意见［EB/OL］.（2015-07-07）［2018-09-26］. https://wenku.baidu.com/view/9cf34ab880c758f5f61fb7360b4c2e3f57272529.html.

体育事业综合实力的中心任务。随着我国由体育大国向体育强国目标的迈进，体育后备人才培养工作显得尤为重要。温州市作为我国社会主义市场经济体制改革、金融体制改革与民办教育改革的前沿阵地，其民间资本在温州市经济总量中占据着重要地位。2012 年 2 月，温州市人民政府为贯彻落实《体育事业发展“十二五”规划》与《浙江省体育事业发展“十二五”规划》的战略部署，从温州市体育事业发展的现状出发，颁布实施《温州市体育事业发展“十二五”规划》，该规划明确指出，要加强政策法规研究，加大政策扶持力度，争取建立体育事业专项扶持基金，为体育事业发展提供良好的环境。尽快出台体育事业捐赠办法，鼓励社会各界通过捐赠、投资等形式支持公益性体育事业，充分利用社会资源发展体育产业。积极引导社会力量以参股、租赁、组建体育产业集团等形式，参与体育产业经营管理和开发，参与投资体育场馆设施建设。[1] 2014 年国家体育总局把《民间投资竞技体育温州模式研究》列入 2014 年科研课题研究计划，温州市体育局相关负责人在 2014 年温州市训练竞赛工作会议上指出，2014 年温州市将加强民间资本对竞技体育投资的引导力度，并向民办体校、民办俱乐部试行购买公共服务的形式。温州市今后每年将安排不少于 500 万元的专项资金，引导支持民办体育的发展。通过对温州市体育后备人才市场化培养模式的调查研究，针对温州市体育后备人才市场化培养模式的发展方式与形式，我们可把温州市体育后备人才市场化培养模式分为公私联合（合作）培养模式（温州市体校新桥体操艺术俱乐部）、“委托订单式”培养模式（龙湾国际网球中心、温州冶金青少年体育俱乐部）、民营独资培养模式（平阳育英体校、兴华羽毛球会所、浙江凯易路马术俱乐部）三种。温州市体育后备人才市场化培养模式现已发展成为具有规模效应、全国影响力的体育后备人才培养基地。可见温州市社会力量投资兴办竞技体育的基础较为

---

[1] 温州市体育事业发展“十二五”规划［EB/OL］.（2012－02－06）［2014－08－24］. http://www. wenzhou. gov. cn/art/2012/2/6/art_1219308_2672755. html.

雄厚，且运营机制较为成功，尤其是在温州市体育后备人才市场化培养模式路径与目标定位方面较为准确、更为切合实际，其成效显著。

（三）温州市体育后备人才培养模式向市场化培养模式转变方向明确而过程艰辛

温州市体育后备人才市场化培养模式是我国市场化经济发展的产物，符合社会主义市场化经济运营体制与机制的客观需求，同时也是对我国传统体育后备人才培养模式的挑战。温州市体育后备人才市场化培养模式不同于传统的体育后备人才培养模式，追求最大的经济利益是温州市体育后备人才市场化培养模式的最高目标，是按照市场基本规律实现资源的有效配置，优化资源配备结构，进而实现体育后备人才培养利益的最大化。然而，我国体育事业的发展是以政府为中心的、垄断式的运行体制与机制，这造成了资源的浪费，制约了温州市体育后备人才市场化培养模式的发展。

温州市体育后备人才市场化培养模式是体育后备人才培养的一种新模式，其发展速度较快，且发展程度较高。现阶段，温州市体育后备人才市场化培养模式呈多样化发展态势，在浙江省乃至全国体育体制改革中产生较大的影响。温州市体育后备人才市场化培养模式的形成与运行为温州市、浙江省乃至全国输送了大量的体育后备人才，堪称“新温州模式”。然而，新生事物在其发展的过程中同样面临着诸多发展瓶颈，有关体育后备人才市场化培养模式政策体系严重落后于体育后备人才市场化培养模式的运行，如相关政策与市场化培养模式发展阶段不配套、政策落实不到位、政策法规实施受阻等，这一系列的发展瓶颈将严重阻碍温州市体育后备人才市场化培养模式的发展进程，进而阻碍我国体育事业的健康可持续发展。因而，要实现温州市体育后备人才市场化培养模式的健康有序进行，则必须优化温州市体育后备人才市场化培养模式的市场环境，政府出台相应的鼓励与引导性政策，进而推动温州市体育后备人才市场化培养模式的发展进程。

2014 年 10 月，国务院颁布实施《国务院关于加快发展体育产业促进体育消费的若干意见》，文件明确指出，要加快政府职能转变，进一步简政放权，减少微观事务管理。发挥市场作用，遵循产业发展规律，完善市场机制，积极培育多元市场主体，吸引社会资本参与，充分调动全社会的积极性与提高其创造力。推进职业体育改革，拓宽职业体育发展渠道，完善职业体育的政策制度体系，扩大职业体育社会参与，鼓励发展职业联盟，逐步提高职业体育的成熟度和规范化水平。鼓励社会力量参与，进一步优化市场环境，完善政策措施，加快人才、资本等要素流动，优化场馆等资源配置，提升体育产业对社会资本吸引力。培育发展多形式、多层次的体育协会和中介组织。[1] 这一文件是我国体育体制改革新的里程碑，是对我国原有体育体制的进一步修订与完善。社会力量投资体育后备人才培养一直受到原有体育体制与运行机制的束缚，制约了体育后备人才市场化培养模式的发展进程。国务院从体育事业发展的整体高度出发，通过这一文件明文废止了有关社会力量投资体育事业的规定，为我国社会力量投资发展体育事业扫清了障碍，加快了体育后备人才市场化培养模式的发展进程。2015 年 7 月，浙江省人民政府为进一步促进体育产业发展，加快经济结构优化升级，依据这一文件精神颁布实施《浙江省人民政府关于加快发展体育产业促进体育消费的实施意见》。该文件指出，优化环境，创造条件，营造重视体育、支持体育、参与体育的社会氛围，把体育产业作为绿色产业、朝阳产业培育扶持，破除行业壁垒，清除制度障碍，形成有利于体育产业健康快速发展的政策体系。[2] 中共浙江省委、浙江省人民政府从浙江体育事业发展

---

〔1〕 国务院关于加快发展体育产业促进体育消费的若干意见[EB/OL].(2014-10-02)[2014-10-20]. http://www.gov.cn/zhengce/content/2014-10/20/content_9152.htm.

〔2〕 浙江省人民政府关于加快发展体育产业促进体育消费的实施意见 [EB/OL].(2015-07-07)[2018-09-26]. https://wenku.baidu.com/view/9cf34ab880c758f5f61fb7360b4c2e3f57272529.html.

的实际出发，特别是从社会力量投资发展体育事业的实际出发，积极引导与鼓励社会力量发展体育事业，为社会力量进入体育领域清除障碍，激发了社会力量投资发展体育事业的积极性，为温州市体育后备人才市场化培养模式的发展提供了政策支持。

温州市体育后备人才市场化培养模式作为我国体育后备人才培养模式的新常态，拥有得天独厚的市场竞争环境，在整个体育后备人才培养领域显示出了良好的发展态势，实现了体育发展与社会经济体制的有效结合，同时也是对温州开放式的社会体制的一种完美诠释，更是对“温州模式”内容的进一步丰富与完善。温州市体育后备人才市场化培养模式要在复杂多变的社会主义市场经济体制的大背景下持续稳定地发展，则必须克服在其发展过程中所遇到的问题，顺应时代发展的潮流，合理把握国家有关鼓励与引导社会力量投资兴办体育的大政方针政策，寻求地方政府政策方面的支持，进而创造有利于社会力量投资兴办体育的市场环境，规范体育市场的投融资环境。

第四章　温州市体育后备人才市场化培养的新常态分析

体育后备人才作为我国体育事业发展的基础，在体育事业发展过程中起到了至关重要的作用。我国体育后备人才的培养在举国体制背景下实现了跨越式的发展，为我国竞技体育的崛起作出了巨大的贡献。然而，随着社会体制的转型，社会主义市场经济体制背景下举国体制式的人才培养模式在体育后备人才培养方面出现诸多问题，不能适应新时期体育事业发展对体育后备人才的需求。因而，要实现我国体育事业的可持续发展，则必须通过对体育后备人才培养机制进行适时的优化与调整，进而实现我国体育事业的健康可持续发展。依据我国“奥运战略”与“全运战略”对体育后备人才的需求，单一的由政府财政投入的举国体制式的人才培养模式已经不能适应体育事业发展对体育后备人才的需求，体育后备人才培养的资金投入成为我国财政的负担。因此，必须将市场机制引入体育后备人才培养工作，鼓励与引导社会力量投资体育后备人才培养成为我国体育事业发展的关键。

近年来，温州市竞技体育发展势头极为强劲，在浙江省范围内，其体育综合实力水平位居全省第二。在浙江省第二届体育大会上，温州市体育代表团获得团体总分 1884 分，位列全省第二；总奖牌数 156 枚，位列全省第三，综合成绩位列全省第二，缔造了温州市近十年来参加省内综合性运动赛事的最佳战绩。2013 年，温州市代表团在沈阳举办的第十二届全国运动会上共获得金牌 11 枚、银牌 8 枚、铜牌 17 枚的成绩，为浙江省体育代表团金牌、奖牌和总分均列全国第六作出了突出贡献，同时也创造了温州市运动健儿参加全国运动会的历史最佳战绩。值得一提的是，温州市体育代表团参加第十二届全国运动会获得的 11 枚金牌中，有 2 枚金牌是在具有温州市体育后备人才市场化培养模式背景下，由社会力量投资兴办的运动学校、俱乐部等民间社会组织所取得的，这足以说明温州市社会力量投资培养体育后备人才已初见成效。

伴随着我国社会体制的转型尤其是体育体制的转型，体育市场进一步向社会开放，国家积极鼓励与引导社会力量进入体育后备人才培养领域，温州市逐步形成具有自身特色的体育后备人才培养模式——温州市体育后备人才市场化培养模式。基于此背景，笔者从非公投资主体的角度出发，对温州市有关社会力量投资体育后备人才培养的学校、俱乐部等机构进行实地调查与走访，对温州市社会力量投资体育后备人才培养体系进行分析与归纳，结合不同领域内有关非公投资主体的相关理论研究，提出了非公视角下温州市体育后备人才市场化模式的新常态构想，即公私联合（合作）培养模式、“委托订单式”培养模式、民营独资培养模式。通过对温州市体育后备人才非公视角下的体育后备人才培养模式进行案例分析，笔者总结了温州市体育后备人才市场化培养模式的成功经验，以期为我国体育后备人才培养模式的变革提供借鉴。

一、温州市体育后备人才公私联合（合作）培养模式

温州市在体育后备人才培养工作中引入私有投资主体，将市场竞争机制引入体育后备人才培养与梯队建设方面，进而为我国体育事业的发展提供体育后备人才资源或服务。温州市体育后备人才公私联合（合作）培养模式的最终目标是实现温州市体育后备人才培养与梯队建设，充分调动私有投资主体投资体育后备人才培养的积极性，同时，满足私有投资主体在确定风险可承受的前提下实现收益的最大化。在联合（合作）的整体框架下行政主管部门与私有投资主体通过整合两者的资源优

势，实现资源与利益共享，风险与责任共担。

（一）温州市体育后备人才公私联合（合作）培养模式的内涵

公私联合（合作）一词由PPP（public private partnerships）直译而成，公私联合（合作）是指政府部门与私营投资部门为了实现共同的发展目标或目的而形成的在某种程度上的合作，以各参与方的“共赢”与“双赢”为最高发展目标，各参与方共同拥有权利并承担相应的义务与风险。公私联合（合作）模式在世界各地与不同领域都有较为广泛的运用，然而，公私联合（合作）模式的内涵并没有统一的界定，可谓是众说纷纭。世界经济合作与发展组织（OECD）指出，公私联合（合作）模式是指政府与一个或多个私营方（其中可能包括运营商和金融机构）之间签订的协议。根据该协议，私营方提供服务，政府交付服务的目标与私营方利益目标保持一致，且其联盟的效益取决于向私营方转移足够的风险。[1] 贾康、孙洁认为，公私联合（合作）模式是指政府公共部门在与非政府的主体（企业、专业化机构等）合作过程中，使非政府主体利用其所掌握的资源参与提供公共工程等公共产品和服务，从而实现政府公共部门的职能并同时为民营部门带来利益。[2] 郑志强、陶长琪和冷毅认为，公私联合（合作）模式就是公共部门与私人企业合作模式，是指政府、营利性与非营利性企业基于某个项目而形成的相互合作的关系。[3] 叶晓甦、徐春梅认为，公私联合（合作）模式是指公共部门和私人部门为提供公共产品或服务、实现特定公共项目的公共效益而建立的项目全生命期关系性契约的合作伙伴、融资、建设

---

〔1〕 杨斌武，杨基成，蒋文举．试论通过PPP模式处理我国城市垃圾［J］．中国人口·资源与环境，2003，13（02）：104－108.

〔2〕 贾康，孙洁．公私伙伴关系（PPP）的概念、起源、特征与功能［J］．财政研究，2009（10）：2－10.

〔3〕 郑志强，陶长琪，冷毅．大型体育设施供给PPP模式的合作博弈分析［J］．体育科学，2011，31（5）：27－32.

和经营管理模式。[1] 通过以上专家学者从不同角度对公私联合（合作）模式的定义可以看出，公私联合（合作）模式是在实际运用过程中发展与完善的，不同领域的公私联合（合作）模式是依据该领域的基本特征进行相应概念的界定，在公私联合（合作）的前提下，不同领域又有着不同的特点。因此，随着实践的发展与认识的不断深入，公私联合（合作）模式的内涵不断得到填充与完善。

随着我国社会体制与体育体制的转型，我国以体育部门为代表的行政主管部门通过不断加大鼓励与引导社会力量参与发展体育事业，在体育领域内形成了新的公私联合（合作）模式的发展态势。本文在对温州市体育后备人才培养机制的调查研究基础上，结合不同领域内的专家学者关于公私联合（合作）模式的研究，进一步丰富与完善了公私联合（合作）模式的内涵，即温州市体育后备人才公私联合（合作）培养模式。温州市体育后备人才公私联合（合作）培养模式是指通过以体育部门为代表的行政主管部门与企业、个人、社会团体等为代表的私有投资主体在体育后备人才培养方面的深度合作与联合，行政主管部门在体育后备人才培养方面给予私有投资主体相应的特权，并给予私有投资主体财政、土地、税务等不同形式的财政补贴，进而构建行政主管部门与私有投资主体双方通过某种契约的方式形成的长期而稳定的合作关系。

（二）温州市体育后备人才公私联合（合作）培养模式的特点

温州市体育后备人才公私联合（合作）培养模式的最大特点就是以体育部门为代表的行政主管部门通过与以企业、个人、社会团体等为代表的私有投资主体在体育后备人才培养方面的深度合作，将企业、个人、社会团体等为代表的私有投资主体引入体育后备人才培养与梯队建

---

〔1〕 叶晓甦，徐春梅．我国公共项目公私合作（PPP）模式研究述评［J］．软科学，2013，27（6）：6－9.

设，行政主管部门与私有投资主体充分发挥各自优势，共同致力于体育后备人才培养与梯队建设的发展目标，为体育事业的发展提供相应的服务。为了打破举国体制式的体育后备人才培养模式，为体育后备人才培养与梯队建设注入新的生机与活力，温州市体育后备人才公私联合（合作）培养模式应运而生。温州市体育后备人才公私联合（合作）培养模式与举国体制式的人才培养模式相比具有极强的市场导向性、风险共担性、融资结构多样性、监督性较强等特点，其中最为鲜明的特点是投融资渠道多样性、参与主体多元化，资源与利益共享，风险与责任共担。

1. 投融资渠道多样性、参与主体多元化

温州市体育后备人才公私联合（合作）培养模式基本上都是由两方或多方参与，但必然是行政主管部门与私有投资主体作为两大参与主体。行政主管部门与私有投资主体通过相互之间的深度合作形成相应的“利益联盟”，共同致力于温州市体育后备人才培养与梯队建设，从而达到互利共赢，实现温州市体育后备人才培养与梯队建设的目标，进而为温州市体育事业的发展打下牢固的人才基础。温州市体育后备人才公私联合（合作）培养模式的参与主体中，一方是体育行政主管部门，另一方则是以企业、个人、社会团体等为代表的私有投资主体，参与主体的多元化决定了投融资渠道的多样性。以行政主管部门为主导的体育后备人才培养模式是以政府的财政投入为主体，财政资金的投入不能满足体育后备人才培养与梯队建设的需求，加剧了政府的财政赤字，严重制约了体育后备人才培养与梯队建设工作的有序推进。温州市在体育后备人才培养与梯队建设中形成了公私联合（合作）的培养模式，缓解了行政主管部门对体育后备人才培养财政投入的压力与体育后备人才培养资金匮乏的尴尬境遇，拓宽了体育后备人才培养的投融资渠道，极大地提高了社会力量投资体育后备人才培养的积极性，提高了社会资本的有效利用率，有效地推动了温州市体育后备人才培养与梯队建设工作的有序推进。

2. 资源与利益共享

温州市体育后备人才公私联合（合作）培养模式的主要参与主体，即行政主管部门与私有投资主体通过相互之间的契约关系形成了相对稳定的公私联合（合作）的伙伴关系，双方为体育后备人才培养与梯队建设提供基础设施建设、完整的训练计划、构建教练员团队等资源，实现行政主管部门与私有投资主体的资源互补、合作、协调，进而整合两者之间的优势资源为体育后备人才培养与梯队建设提供更加优质的服务。行政主管部门引导以企业、个人、社会团体等为代表的私有投资主体参与体育后备人才培养与梯队建设工作，通过与私有投资主体在体育后备人才培养与梯队建设方面的深度合作，与私有投资主体一起为体育后备人才培养与梯队建设投入相应的生产要素，并获取相应的利益分配。温州市体育后备人才公私联合（合作）培养模式中的主要参与主体，通过在体育后备人才培养与梯队建设方面投入相应的生产要素而获得一定的利益共享，因此，温州市体育后备人才公私联合（合作）培养模式是行政主管部门与私有投资主体在体育后备人才培养与梯队建设过程中，通过公私联合（合作）形成伙伴关系，这是一种资源与利益共享的手段。

3. 风险与责任共担

温州市体育后备人才公私联合（合作）培养模式，是行政主管部门与私有投资主体通过某种契约的方式，达成在体育后备人才培养与梯队建设方面的联合（合作）伙伴关系，有效地转移了行政主管部门在体育后备人才培养与梯队建设过程中出现的责任与风险，减轻了行政主管部门在体育后备人才培养与梯队建设的责任与风险，并将责任与风险分担给私有投资主体共同承担，使行政主管部门与私有投资主体各自承担在体育后备人才培养与梯队建设方面的风险与责任，激发了行政主管部门与私有投资主体在体育后备人才培养与梯队建设的动力，进而保障了体育后备人才培养与梯队建设工作的有序进行。体育后备人才培养与梯队建设的特性决定了其风险因素的错综复杂，在传统的举国体制式人才培养模式中，体育行政主管部门大包大揽，主导体育后备人才培养与梯队建设各个发展阶段的工作，体育后备人才培养与梯队建设过程中的风险与责任全部由行政主管部门独自承担。然而，温州市在体育后备人才培养与梯队建设中引入私有投资主体参与体育后备人才培养与梯队建设，将体育后备人才培养与梯队建设中的风险与责任合理地转移给私有投资主体，一定程度上减轻了行政主管部门承担的风险与责任。温州市在体育后备人才培养中引入市场机制，调动社会力量参与体育后备人才培养与梯队建设，极大地减轻了温州市体育行政主管部门的责任与风险，极大地提高了体育后备人才培养的效率。

（三）温州市体育后备人才公私联合（合作）培养模式的个案研究

温州市体育局通过与温州市心桥幼教发展集团联合（合作）共同创办了温州市体校新桥体操艺术俱乐部。温州市体校新桥体操艺术俱乐部承担青少年体操后备人才培养与梯队建设的任务，温州市体育局为其制定导向性规划、提供政策支持，温州市体校新桥体操艺术俱乐部依据温州市体育局的人才需求具体操控青少年体操后备人才培养与梯队建设工作，温州市体校新桥体操艺术俱乐部独自承担青少年体操后备人才的学业指导与技能训练工作。

1. 公私联合（合作）培养模式的个案介绍

温州市体校心桥体操艺术俱乐部是在2007年温州市体育局积极探索社会力量兴办竞技体育的背景下，由温州市体育运动学校与温州市心桥幼教发展集团携手组建的我国第一个以体操类项目为特色的少儿体操俱乐部。该俱乐部的组建打破了以前温州市体操运动员培养规模小、运动员分散、教练员水平参差不齐、训练不系统等尴尬境遇，使得温州市体操运动项目在全省逐渐占据一席之地。温州市体校心桥体操艺术俱乐部自成立以来，紧紧围绕“为温州争光、为浙江争光、为中国争光、为体操类项目添彩”的发展理念，花重金聘请国内外高水平教练员，经过数年的沉淀与积累，逐步建立了良好的人才梯队结构。温州市体校心桥体操艺术俱乐部多次派出选手代表温州市参加浙江省、全国等单项、综合性赛事，如许武在第十一届世界技巧锦标赛中获得第四名，冯万里在第九届全国运动会蹦床预赛暨2001年全国蹦床锦标赛中获得男子团体第一名，朱冰倩在2006年全国蹦床锦标赛中获得女子单跳个人第一名，孙佳琳、余慧、陈郑洁等人在2003年全国艺术体操锦标赛中获得集体全能第一名，何瑶瑶、林骋骋、孙纯如等人在2002年浙江省第十二届运动会艺术体操比赛中获得集体全能第一名，旭欧在浙江省第十二届运动会体操比赛中获得自由体操第一名、平衡木第二名，江钰源在浙江省第十二届、第十三届运动会中获得了平衡木、高低杠、全能第一名，张曦在浙江省第十三届运动会中分别获得全能第三名、徒手操第三名、团体第二名等成绩，李林蔚在浙江省第十三届运动会中获得全能第一名等战绩。温州市体校心桥体操艺术俱乐部先后向浙江省体操中心输送了艺术体操优秀运动员15人，体操优秀运动员10人，蹦床优秀运动员14人，曾向解放军八一体操队输送优秀运动员2人。温州市体校心桥体操艺术俱乐部被浙江省体育局授予“高水平体育后备人才基地”称号、荣获温州市人民政府颁发的浙江省第十四届省运会“体育突出贡献奖”，并连续多年荣获温州市体育局颁发的“温州市业余体育训练先进单位”“温州市优秀运动队”等多项殊誉。

温州市体校心桥体操艺术俱乐部的成立曾被冠以“温州模式”在体育领域的延伸，中国奥委会原副主席王均曾盛赞温州市体育局与温州市心桥幼教发展集团联合创办的温州市体校心桥体操艺术俱乐部，认为它不仅是“温州模式”，更可以称之为“心桥模式”。温州市体校心桥体操艺术俱乐部坚持以体操项目为特色，推崇“快乐体操”，旨在让同学们除了快乐练体操外，不放松文化知识的学习，进而做到“体教结合、读训并重”。

2. 公私联合（合作）培养模式的运行机制

（1）政府与民办学校合作，联动管理机制

为探索社会力量办竞技体育的发展道路，温州市体育局下属的温州市体育运动学校与民办的温州市心桥幼教发展集团联合举办了温州市体校心桥体操艺术俱乐部，温州市体校心桥体操艺术俱乐部在借助温州市体育运动学校体操运动项目原有基础设施基础上进行整改与完善，承担温州市体操后备人才培养与梯队建设的任务。

温州市体校心桥体操艺术俱乐部依据温州市体操后备人才梯队建设的发展需求制定培养方案，两大主体在青少年体操后备人才培养与梯队建设方面构建了良好的协作机制，温州市体育运动学校与温州市心桥幼教发展集团两大主体的关系有以下两点。

①温州市体育运动学校与温州市心桥幼教发展集团是联合的关系。温州市体育运动学校与温州市心桥幼教发展集团的联合，是通过整合温州市体育运动学校和温州市心桥幼教发展集团两大主体的资源优势成立温州市体校心桥体操艺术俱乐部实现的。温州市体育局与温州市心桥幼教发展集团协商制定体操后备人才培养的规格、培养方案等，由温州市体校心桥体操艺术俱乐部在充分整合两大主体的资源优势后，具体操作青少年体操后备人才选拔、人才培养方案的实施。

②温州市体育运动学校与温州市心桥幼教发展集团联动管理。温州市体育运动学校与温州市心桥幼教发展集团的联合，形成了一套以民办学校为依托，两大主体齐抓共管的新型体育后备人才培养体系，双方本着资源共享、高效快捷、密切配合的原则，就温州市青少年体操后备人才培养与梯队建设方面建立良好的协作机制。

（2）体教结合、读训并重方式

温州市体校心桥体操艺术俱乐部为了能够合理分配青少年体育后备

人才文化知识学习与体操专项技能训练时间，从俱乐部发展实际出发，因势利导，采用体教结合、读训并重的方式，解决了青少年体操后备人才文化知识学习与体操专项技能训练的矛盾，使得俱乐部青少年体操后备人才的文化知识学习与专项技能训练协同发展。温州市体校心桥体操艺术俱乐部拥有专业的文化课教师团队与专项教练团队，依据不同年龄阶段与青少年体操后备人才的不同需求，合理调整学员文化知识学习与专项技能训练的时间，保证青少年体操后备人才的文化知识学习的时间，更为注重青少年体操后备人才文化知识学习与专项技能训练协同发展，不会以牺牲文化知识学习时间来保证专项技能训练时间，同样也不会牺牲专项技能训练时间来保证文化知识学习时间。温州市体校新桥艺术体操俱乐部在充分运用体教结合、读训并重的方式保障青少年体操后备人才文化知识学习与专项技能训练协同发展，提高青少年体操后备人才的综合素质。

（3）俱乐部经营性收入为主，政府财政投入为辅的机制

温州市体育局为能够充分发挥社会力量办体育的灵活机制，将下属的温州市体育运动学校联合温州市心桥幼教发展集团成立温州市体校新桥艺术体操俱乐部，自此温州市体育运动学校不再设置体操运动项目，转而将青少年体操后备人才培养与梯队建设的任务交由温州市体校新桥艺术体操俱乐部承担。这种人才培养模式将社会力量引入体育后备人才培养工作，由社会力量主导青少年体操后备人才培养的整个过程，且青少年体操后备人才培养的经费投入以社会力量为主体，大大节省了政府的财政投入。温州市体校新桥艺术体操俱乐部的经费来源主要有以下两种。

①俱乐部经营性收入。温州市体育后备人才公私联合（合作）培养模式不同于传统的体育后备人才培养模式，这种人才培养模式打破了国家在体育后备人才培养的单一地位，社会力量成为青少年体操后备人才培养的主要操控者。温州市体校新桥艺术体操俱乐部通过推广体操运

动项目，打造俱乐部的特色，使得俱乐部的知名度不断提升，进而吸引更多的家长将自己的孩子送到俱乐部来学习。温州市体校新桥艺术体操俱乐部从中挑选具有发展潜力的学员进行重点培养。学员需向其缴纳相应的学费，这部分收入是温州市体校新桥艺术体操俱乐部的主要经费来源。

②政府基础设施建设的财政投入。温州市体校新桥艺术体操俱乐部是在温州市体育运动学校原有基础设施基础上发展的。温州市体育局提供基础的场地设施供俱乐部使用，并向其划拨基础设施建设、运动器材等专项资金。

(4) 多元化成才模式

温州市体育运动学校与温州市心桥幼教发展集团联合成立温州市体校新桥艺术体操俱乐部，形成了以社会力量为主导的一种有别于传统体育后备人才培养的新模式，温州市体校新桥艺术体操俱乐部依据不同学员的需求与潜力为其提供了多元化的成才路径。

①体操专业化发展道路。温州市体校新桥艺术体操俱乐部每年均会花重金聘请国内外高水平体操教练员，逐步建立了良好的教练员梯队结构。教练员在安排学员体操运动技能训练过程中善于发现不同学员的技术风格与特点，制订与安排合适的训练计划，进行针对性的培养，充分挖掘学员的运动潜能，并向省队、国家队输送人才。

②学业发展道路。温州市体校新桥艺术体操俱乐部运用体教结合、读训并重的方式，能够合理安排青少年体操后备人才文化知识学习与体操专项技能训练时间，实现了文化知识学习与体操专项技能训练的协同发展，解决了青少年体操后备人才在选择学业发展道路时的尴尬境遇。

(四) 温州市体育后备人才公私联合（合作）培养模式的价值

温州市体育后备人才公私联合（合作）培养模式，是温州市体育局在落实国家有关鼓励与引导社会力量投资兴办体育政策基础上，在体育后备人才培养与梯队建设方面，通过与以企业、个人、社会团体等为代表的私有投资主体的契约关系形成的联合（合作）伙伴关系。行政主管部门为私有投资主体提供一定的政策、土地等支持，通过行政主管部门与私有投资主体的联合（合作）模式来保障体育后备人才培养与梯队建设工作的有序推进。温州市体育后备人才公私联合（合作）培养模式的构建可以满足行政主管部门多方面的需求：首先，私有投资主体参与体育后备人才培养与梯队建设，极大地缓解了行政主管部门对体育后备人才培养、后备人才梯队建设工作、后备人才未来保障的财政负担，同时也极大地提高了体育后备人才培养的效率；其次，基础设施建设的资本最小化，减轻了行政主管部门在基础设施建设方面的财政负担，同时也减轻了行政主管部门在基础设施后期管理与维护等财政支出；最后，行政主管部门通过给予私有投资主体参与体育后备人才培养与梯队建设方面的优惠政策调动了私有投资主体的积极性，加速了体育基础设施的更新与升级，满足了体育后备人才培养与梯队建设对体育基础设施的需求。

温州市体育局通过与以企业、个人、社会团体等为代表的私有投资主体在体育后备人才培养与梯队建设方面的深度合作，打破了行政主管部门长期单一培养体育后备人才与梯队建设的地位，不仅能满足行政主管部门对体育后备人才的需求，还能够为私有投资主体提供新的投资方向。温州市体育后备人才公私联合（合作）培养模式对我国体育后备人才培养模式转变与温州市体育运动的可持续发展具有重要价值。

1. 温州市体育后备人才公私联合（合作）培养模式有助于提升行政主管部门的管理水平，加快政府职能的转变

传统的体育后备人才培养体制是以行政主管部门为主导，行政主管部门独自承担体育后备人才培养与梯队建设的所有事务，行政主管部门包揽了太多的政府职能，因而造成其在体育后备人才培养与梯队建设方面的管理效率低下、财政投入紧张等系列问题。随着我国体育事业发展对体育后备人才数量与质量需求的不断提升，体育后备人才培养与梯队建设的财政投入不断增加，加剧了行政主管部门的财政负担，尤其是现阶段我国正处于社会体制转型的关键期，行政主管部门面临着改革与转型的双重使命。因此，合理利用有限的人力、财力、物力等资源“生产”出更“高质量”的体育后备人才，成为行政主管部门亟须解决的首要问题。温州市体育后备人才公私联合（合作）培养模式，是行政主管部门通过与私有投资主体的某种契约关系形成的一种相对稳固的联合（合作）的关系，行政主管部门与私有投资主体共同致力于体育后备人才培养与梯队建设工作，使得行政主管部门从体育后备人才培养与梯队建设的主导者转变为监督者与管理者。私有投资主体大多拥有较为雄厚的资金、完善的管理体系与经营理念，它们从商业运作的角度出发，进行体育后备人才培养与梯队建设。短时间内追求最大的经济收益是其终极发展目标。私有投资主体参与体育后备人才培养与梯队建设可以带来充裕的资金，这在一定程度上缓解了行政主管部门财政投入的负担，同时也为行政主管部门带来了先进的经营理念与管理机制，有利于行政主管部门职能的转变。

2. 温州市体育后备人才公私联合（合作）培养模式有助于提升体育后备人才“生产”效率

我国传统体育体制背景下体育后备人才的培养与梯队建设主要是在行政主管部门主导下的单方面政府行为，而温州市体育后备人才公私联合（合作）培养模式是行政主管部门通过与私有投资主体的某种契约关系形成的一种相对稳固的联合（合作）的关系。私有投资主体参与体育后备人才培养与梯队建设的主要驱动力是追求利益的最大化，因而私有投资主体有动力去管理与控制运营成本，通过提高体育后备人才培养的“生产”效率，缩短体育后备人才培养的周期，来实现温州市体育后备人才培养与梯队建设。行政主管部门与私有投资主体在体育后备人才培养工作中，通过建立相互间的合作伙伴关系形成新型的公私联合

（合作）培养模式，这种模式比传统体育后备人才培养模式的人才培养效率更高。温州市体育后备人才公私联合（合作）培养模式两大投资主体在体育后备人才培养与梯队建设方面，通过相互间的协商决策缩短了两大主体之间沟通与决策时间，有利于温州市体育后备人才培养与梯队建设的顺利进行与培养进度的有效调控。

3. 温州市体育后备人才公私联合（合作）培养模式有助于减轻行政主管部门的财政压力，提高资金的利用率

温州市体育局通过鼓励与引导私有投资主体参与体育后备人才培养与梯队建设工作，有效地填补了行政主管部门在体育后备人才培养与梯队建设财政投入的不足，这在一定程度上缓解了行政主管部门的财政压力。温州市体育后备人才公私联合（合作）培养模式能够充分发挥双方的优势资源，通过建立一种联合（合作）的稳定发展态势，实现行政主管部门与私有投资主体的利益共赢。

通常情况下，私有投资主体大多愿意投入高风险、高收益的项目，体育后备人才“生产”建设的过程恰好满足了私有投资主体的需求，私有投资主体在资本使用上较为注重“投入”与“产出”的比例关系。温州市体育后备人才公私联合（合作）培养模式能够有效地提高投资回报率。首先，私有投资主体参与体育后备人才培养与梯队建设的动机是追求最大化的经济效益，他们更为注重成本与利润的比例关系，成本的流失与浪费直接影响到利润的创造。行政主管部门正是利用私有投资主体追求利益最大化的目的，在体育后备人才培养工作中引入私有投资主体，通过制定一定的合作方案、灵活的缔约方式，规定人才培养的具体规格，进而提高效率与降低成本。其次，行政主管部门与私有投资主体联合（合作）共同致力于体育后备人才培养与梯队建设，用相对较低的资本投入获得更加优质的体育后备人才资源服务。只有在体育后备人才培养与梯队建设方面作出相应贡献后，私有投资主体才能获得相应的收益，因此，私有投资主体为了短时间内获取更大的利益，会寻求

“生产”体育后备人才成本的最优解。最后，行政主管部门与私有投资主体形成联合（合作）关系之前会对运动项目的可行性进行探讨，保证了体育后备人才公私联合（合作）培养的可操作性，缩短了体育后备人才的培养周期，提高了体育后备人才培养的效率。

二、温州市体育后备人才“委托订单式”培养模式

温州市体育后备人才“委托订单式”培养模式是行政主管部门与以私有投资主体投资兴办的体育运动学校、青少年体育俱乐部等机构为代表的民营机构合作的一种重要形式，是行政主管部门与私有投资主体在体育后备人才培养等方面实现共赢的一种人才培养新模式。温州市体育后备人才“委托订单式”培养模式的出发点是节省国家财政投入的资金，充分调动社会力量投资体育后备人才培养的积极性，在“委托订单式”培养模式体制下，行政主管部门委托私有投资主体投资兴办的体育运动学校、青少年体育俱乐部等机构承担体育后备人才培养与梯队建设的任务。

（一）温州市体育后备人才“委托订单式”培养模式的内涵

温州市体育后备人才“委托订单式”培养模式是我国体育人才培养领域内的一项创举，然而与其相关的研究成果与论著较匮乏，这为其概念界定带来一定困难。本研究结合温州市体育后备人才培养理念、思路与做法，融合委托代理、订单、订单培养等研究理论，对“委托订单式”人才培养理论的内涵进行界定与诠释。

鉴于“委托订单式”人才培养模式理论研究的匮乏，要对其具体内涵做出科学的界定与诠释，则需对委托与订单式等核心概念有基本认知，这样才能更好地界定与诠释“委托订单式”人才培养模式的内涵。“订单”一词由商业活动引申而来，是指买卖双方依据合同或契约的具

体约定，由企业依据客户的具体需求生产并提供相对应的产品与产品服务。随着我国社会体制各项改革的深入推进，以及人力资源市场化配置的新机制逐步建立，“订单”一词逐步被引入人才培养，并成为一种新型的人才培养模式。“订单式”人才培养模式逐步被不同领域所广泛应用，但对其内涵的界定与诠释可谓是众说纷纭。杨松、王晶认为“订单式”人才培养模式是指高等院校与用人单位签订人才培养协议，用人单位全程或部分参与高校人才培养方案的制定与培养过程的管理，利用双方的有利资源，实现预定的人才培养目标，最后由用人单位按照协议约定，安排学生就业的合作办学模式。[1] 陈玉华、于春霞和李峰认为“订单式”人才培养模式是指作为人才需求方的企、事业单位与作为人才提供方的高职院校在经过充分协商的情况下，由企、事业单位提出关于所需人才数量，以及人才应具备的专业知识、职业技能等要求，由高职院校在规定的时间内向企、事业单位提供符合相应要求的人才培养模式。[2] 裴锐、张国志认为“订单式”人才培养模式是指企业根据岗位需求与学校签订用人协议后，由校企双方共同选拔学生，共同确立培养目标，共同制定培养方案，在师资、技术、办学条件等方面合作，共同组织教学活动的一种办学模式。[3] 周雪瑛认为“订单式”人才培养模式是指以企业订单为依据，按照企业要求“量身定做”完成学校人才培养工作。这种“订单”，不仅是一张“用人”需求的预订单，而是涵盖整个教育人才培养的全过程。[4] 周慧认为“订单式”人才培养模式

---

〔1〕 杨松，王晶．地方院校“订单式”人才培养模式的探索［J］．衡水学院学报，2014，16（6）：123－126.

〔2〕 陈玉华，于春霞，李峰．高职院校“订单式”人才培养模式实施过程中存在的问题及对策研究［J］．兰州教育学院学报，2015，31（7）：93－94.

〔3〕 裴锐，张国志．地方高校国际化订单式人才培养模式的探索与实践［J］．辽宁科技学院学报，2014，16（4）：80－81.

〔4〕 周雪瑛．高职会计与审计专业“订单式”人才培养模式探索与实践［J］．甘肃科技，2014，30（19）：69－70.

是指学校为企业“量身定做”人才，实现教育与就业岗位的有效对接，是一种产学合作的培养模式。而且，在“订单式”人才培养模式中，下订单的一方会对人才培养目标和标准提出要求，甚至直接参与教学。[1] 综观以上理论研究成果，结合温州市体育后备人才培养理念、思路与做法，笔者可以对“委托订单式”人才培养理论进行诠释，即以体育行政主管部门为主导的行政主管部门委托私有投资主体投资兴办的体育运动学校、青少年体育俱乐部等机构来承担体育后备人才的“生产”过程。行政主管部门与私有投资主体签订人才培养的合同或协议，并明确相应的人才规格。私有投资主体依据人才培养的具体规格要求制定体育后备人才培养方案，并具体负责建设和管理、组织教学和训练，依据行政主管部门的人才规格要求输送体育后备人才参加全运会、省运会和青运会等赛事，行政主管部门按照一定比例拨付训练经费予以支持。

温州市体育后备人才“委托订单式”培养模式是一个复杂的、动态的系统工程，其实质是以体育行政主管部门为主导的、与私有投资主体兴办的体育运动学校、青少年体育俱乐部等有关机构签订“人才培养订单”。私有投资主体兴办的体育运动学校、青少年体育俱乐部以体育后备人才培养与梯队建设为出发点和落脚点，以市场为导向，实现行政主管部门与私有投资主体的双赢。

（二）温州市体育后备人才“委托订单式”培养模式的特点

温州市体育后备人才“委托订单式”培养模式是社会力量投资兴办体育的成功典范。温州市体育局将体育后备人才培养工作推向市场，使其走市场化、社会化发展道路，从而形成了以行政主管部门联合社会力量共同培养体育后备人才的发展态势。温州市体育后备人才“委托订

---

〔1〕 周慧．中职烹饪专业“订单式”人才培养模式的理论与实践研究：以杭州市中策职业学校为例［D］．杭州：浙江工业大学，2013.

单式”培养模式最为显著的特点是私有投资主体依据行政主管部门的需求制订并主导人才培养计划，行政主管部门通过对私有投资主体兴办的体育运动学校、青少年体育俱乐部等机构的运营机制、基础设施建设等方面的评估，将市场化程度相对较高的运动项目委托私有投资主体兴办的体育运动学校、青少年体育俱乐部等机构承担体育后备人才培养的任务。温州市体育后备人才“委托订单式”培养模式在发展中呈现出以下特点。

1. 资源共享、多方共赢

温州市体育局将体育后备人才培养工作推向市场，将体育后备人才培养与梯队建设工作委托给私有投资主体兴办的体育运动学校、青少年体育俱乐部等机构具体操作。行政主管部门给予一定的政策、资金等保障，使私有投资主体兴办的体育运动学校、青少年体育俱乐部等机构在充分发挥自身资源优势的基础上，成为体育后备人才培养方案的具体组织与实施者。因此，行政主管部门与私有投资主体兴办的体育运动学校、青少年体育俱乐部等机构均会充分利用自身资源优势，进行资源整合，实现资源利用最大化，保障私有投资主体兴办的体育运动学校、青少年体育俱乐部等机构的体育后备人才培养工作有序进行。行政主管部门参与体育后备人才培养与梯队建设，将先进的管理机制、人才培养体系与私有投资主体兴办的体育运动学校、青少年体育俱乐部等机构共享。私有投资主体兴办的体育运动学校、青少年体育俱乐部等机构将自身的专业特色、师资力量等优势与行政主管部门提供的各种资源相结合，将在体育后备人才培养过程中所遇到的发展瓶颈与行政主管部门商讨解决方案，在体育后备人才培养中真正做到行政主管部门与私有投资主体兴办的体育运动学校、青少年体育俱乐部等机构的资源共享。在此前提下，行政主管部门与私有投资主体兴办的体育运动学校、青少年体育俱乐部等机构在体育后备人才培养中的优势得以充分运用与体现，体育后备人才培养的效率得以极大地提高，行政主管部门对体育后备人才的需求得以满足，私有投资主体兴办的体育运动学校、青少年体育俱乐部等机构的“品牌效应”得以提升，体育后备人才的社会适应能力得以提高，温州市体育后备人才“委托订单式”培养模式是一个保障多方利益、实现多方共赢的人才培养模式。

2. 多方参与、目标明确

温州市体育后备人才“委托订单式”培养模式是由社会力量主导的人才培养的典型模式，是由传统的以行政主管部门为主导的单一主体向多元主体发展方式转变的体育后备人才培养模式，体育后备人才培养由“闭门造车”朝着开放、与市场相结合的模式转变，国家不再是体育人才培养的唯一主体。私有投资主体兴办的体育运动学校、青少年体育俱乐部等机构参与体育后备人才培养与梯队建设并具体操作人才培养工作，行政主管部门委托私有投资主体兴办的体育运动学校、青少年体育俱乐部等机构培养其所需体育后备人才，并给予这些机构一定的资金、政策等优惠，以提高青少年体育后备人才培养的效率。温州市体育后备人才“委托订单式”培养模式打破了传统的行政主管部门作为体育后备人才唯一培养主体的局面，使得私有投资主体兴办的体育运动学校、青少年体育俱乐部等机构参与体育后备人才培养工作，使行政主管部门与私有投资主体兴办的体育运动学校、青少年体育俱乐部等机构共同成为培养体育后备人才的主体，实现了体育后备人才培养主体的多元化发展。

温州市体育后备人才“委托订单式”培养模式是行政主管部门委托私有投资主体兴办的体育运动学校、青少年体育俱乐部等机构承担体育后备人才培养的具体工作，体育后备人才作为行政主管部门委托私有投资主体兴办的体育运动学校、青少年体育俱乐部等机构的一种“订单产品”，在整个过程中由私有投资主体兴办的体育运动学校、青少年体育俱乐部等机构按照行政主管部门对体育后备人才的规模及质量的需求来“制造”。这种体育后备人才培养模式既符合行政主管部门对体育后备人才培养目标的要求，又符合私有投资主体兴办的体育运动学校、青少年体育俱乐部等机构的发展需求。由此可以看出，温州市体育后备人才“委托订单式”培养模式在体育后备人才培养过程中有着较为明确的发展目标与发展定位。

（三）温州市体育后备人才“委托订单式”培养的个案研究

温州市体育局将高校、企业或基层体育部门成立的“网球训练基地”挂牌为“温州市青少年网球训练基地”，由温州市青少年网球训练基地具体操控青少年网球后备人才培养与梯队建设，温州市体育局为温州市青少年网球训练基地做导向性规划与政策支持，使得青少年网球后备人才在保证学业前提下，利用课余时间进行专项技能训练，从而实现了素质教育与体育教育的深度融合。

1. “委托订单式”培养模式的个案介绍

温州市体育局通过挂牌温州国际网球中心与温州冶金青少年体育俱乐部为温州市青少年网球训练基地的方式，依托其现有资源优势进行青少年网球后备人才培养，实现了温州市青少年网球运动项目的跨越式发展。

（1）温州国际网球中心

温州国际网球中心是2002年为承办浙江省第十三届运动会网球比赛而建造的，坐落于温州龙湾温强路瓯海大道旁。温州国际网球中心在建造过程中始终追求自然景观与建筑的完美结合，其四周被清静优雅美丽的自然景观所环绕，形成了建筑与自然景观和谐共存的发展空间。2003年温州市体育局以着重青少年网球队伍建设与培养兼顾对外开放为出发点，组建了温州市第一支市队县（区）办的青少年网球队伍。队伍发展至今已扩大到51人，龙湾区青少年网球整体水平不断提高，并在浙江省及全国青少年网球赛事中取得新突破。温州国际网球中心规划面积140亩，建有一座能够容纳1700名观众的主赛场与9片国际标准室外硬地网球场。

（2）温州冶金青少年体育俱乐部

温州冶金青少年体育俱乐部是2002年经国家体育总局批准成立的从事专业体育技能培训、青少年体育人才选拔与培养、赛事承办的国家级综合性体育运动俱乐部，坐落于新城中心区浙江工贸职业技术学院内。中共温州市委、温州市人民政府，以及温州市体育局、浙江工贸职业技术学院高度关注俱乐部发展，不断加大对其投入力度，大力修建网球场馆设施、举办大型网球赛事，使温州冶金青少年体育俱乐部各项硬件设施得到长足发展。温州冶金青少年体育俱乐部现拥有网球中心、地掷球馆等一流运动场馆设施，设有“地掷球国家队集训基地”和“温州市青少年网球训练基地”两大体育人才专业训练基地。自2006年12月温州冶金青少年体育俱乐部被温州市体育局授予“温州市青少年网球训练基地”以来，俱乐部在依托专业、舒适的场馆设施与雄厚的师资力量基础上，面向广大青少年群体，以培养“高质量”的青少年网球后备人才为宗旨。2015年11月14日，温州冶金青少年体育俱乐部在浙江工贸职业技术学院“E立方”网球馆正式揭牌成立温州网球学校，温州网球学校由浙江省网球协会、温州市体育局、浙江工贸职业技术学院三方共建，这标志着温州市网球运动与温州冶金青少年体育俱乐部网球后备人才培养即将迈入高速发展的新阶段。温州冶金青少年网球俱乐部现有可利用国际标准室内网球场2个，国际标准风雨式网球场2个，国际标准室外网球场3个，健身房2间，器材室2间，并且各类训练器械完整齐全。

2. “委托订单式”培养模式的运行机制

（1）政府委托，基地自主负责管理机制

温州市体育局将青少年网球后备人才队伍建设从传统体育运动学校中分离出来，审核并挂牌温州国际网球中心与温州冶金青少年体育俱乐部为温州市青少年网球训练基地，将青少年网球后备人才队伍建设工作委托基地具体操控。温州市青少年网球训练基地依据“人才订单”需求，制定与实施人才培养方案。

温州市体育局通过与温州市青少年网球训练基地签订人才培养订单，将青少年网球后备人才培养与梯队建设的主导权委托给温州市青少年网球训练基地具体操作实施，温州市青少年网球训练基地在后备人才培养中拥有自主管理权，两大主体的关系如下。

①温州市体育局与温州市青少年网球训练基地的委托关系。温州市体育局通过把青少年网球后备人才培养与梯队建设工作委托给温州市青少年网球训练基地具体操控实施，形成了两者在青少年网球后备人才培养与梯队建设中的委托关系，温州市体育局为委托方，温州市青少年网球训练基地为受托方，委托方为受托方提供政策、资金等支持，受托方依据委托方“人才订单”规格进行人才培养工作的具体实施。

②温州市青少年网球训练基地自主负责管理。温州市青少年网球训练基地在网球后备人才选拔、人才培养方案制定、教练员队伍建设等方面拥有独立自主权，不受温州市体育局的干预。

③温州市体育局与温州市青少年网球训练基地有不同任务分工。温州市体育局通过与温州市青少年网球训练基地建立委托关系，达成青少年网球后备人才培养与梯队建设的发展共识，由温州市体育局向温州市青少年网球训练基地在青少年网球后备人才培养工作方面提供政策、资金等支持，温州市青少年网球训练基地依据温州市体育局的“人才订单”规格，制定并实施人才培养方案，为温州市体育局提供相应的人才需求。

（2）政府扶持，基地自筹资金投入机制

温州市体育局通过与社会化的网球俱乐部合作来实现青少年网球后备人才的培养，将青少年网球队伍建设从传统体育运动学校中分离出来，实现了行政主管部门与社会力量的结合，拓宽了青少年网球后备人才队伍建设经费来源渠道，温州市青少年网球训练基地经费来源如下。

①温州市体育局扶持资金的投入。温州市体育局设有青少年体育人才训练专项拨款，并规定每年向温州市青少年网球训练基地投入配套资金。温州市青少年网球训练基地选派运动员代表温州市参加浙江省与全国网球赛事，并给予其一定的参赛资金。

②基地自筹资金投入，独立自主经营。第一，基地经营性收入。对青少年网球后备人才进行培养，使其社会影响力不断提升，也使得更多社会人士参与网球运动。温州市青少年网球训练基地通过场地对外运营、网球培训、网球系列产品销售等方式实现盈利，其经营性收入在一定程度上保障了温州市青少年网球训练基地的正常运转及比赛所需费用。第二，运动员缴纳的训练费用。温州市青少年网球后备人才“委托订单式”培养模式不同于传统“举国体制式”的人才培养模式，而是通过“委托”社会力量具体承担青少年网球后备人才培养工作。温州市青少年网球后备人才参加网球训练并非无偿训练，而是须向基地缴纳部分训练费用。

（3）集中与分散融合训练方式

温州市青少年网球后备人才大多利用节假日空闲时间参加专项网球技能训练，他们参加技能训练的方式如下。

①集中训练。集中训练方式的前提条件是青少年网球后备人才有着充裕的专项技能训练时间，这些时间大多集中在寒暑假与参加省级以上比赛的前夕。青少年网球教练员针对不同运动员的竞技能力水平制订针对性的训练计划，以使其在短时间内提高网球技能的一种方式。

②分散式训练。分散式训练方式的实施大多是青少年网球后备人才在正常接受文化教育的前提下，充分利用周六、周日与晚上等闲暇时间进行专项技能训练。

温州市青少年网球训练基地运用集中与分散相融合的训练方式能够充分利用青少年网球后备人才的课余时间对其进行专项技能训练，进而实现提高青少年网球后备人才竞技能力的发展目标。

（4）具体“出口”路径

温州市体育局在青少年网球后备人才培养中通过引入社会力量，形成独具温州特色的以政府需求为导向、社会力量具体操控的一种新型人才培养模式。温州市青少年网球训练基地依据不同的参训动机，为青少年网球后备人才提供“出口”路径，大致可分为以下两点。

①走专业化网球发展道路。青少年网球教练员在日常教学训练中运用引导与启发式教学的方法，引导与培养学员的兴趣爱好，充分挖掘青少年网球后备人才的潜质，并将具有网球天赋的青少年网球后备人才输送至省队与国家队。

②走学业发展道路。温州市体育局通过挂牌社会化俱乐部的方式，充分利用青少年网球后备人才的课余时间对其进行专业化的网球技能训练，实现了真正意义上的文化知识学习与专项技能训练的有效融合，以及文化知识与网球专项技能的同步发展。青少年网球后备人才可通过温州市教育局关于“升学加分”政策进入高中阶段的学习，再通过高等院校的单招、加分等途径进入体育院校或综合性大学继续深造。

（四）温州市体育后备人才“委托订单式”培养模式的价值

温州市体育后备人才“委托订单式”培养模式是温州市体育局在落实国家有关体育后备人才培养主体多元化发展政策基础上，将市场化程度相对较高的运动项目从传统体育后备人才培养体系中单独划拨出来，将其委托给社会力量承担培养体育后备人才的任务，社会力量依据行政主管部门“人才订单”的需求进行人才培养的一种新型人才培养模式。温州市体育后备人才“委托订单式”培养，就是私有投资主体兴办的体育运动学校、青少年体育俱乐部等机构以行政主管部门“人才订单”的具体规格为依据，按照行政主管部门对体育后备人才的具体需求而“量身打造”完成体育后备人才的培养工作。温州市体育后备人才“委托订单式”培养是行政主管部门与私有投资主体共同参与体育后备人才培养与梯队建设的工作，行政主管部门不仅需要衔接体育后备人才的“出口”工作，还需要参与体育后备人才培养方案的制定、实施的整个过程。温州市体育后备人才“委托订单式”培养的核心就是通过双方的“委托”关系，形成一定的权利与义务关系，明确双方的职责，私有投资主体保障行政主管部门对体育后备人才的需求，行政主管部门保证体育后备人才“出口”工作的衔接。因此，温州市体育后备人才“委托订单式”培养模式对我国体育后备人才培养模式转变与温州市体育运动的可持续发展具有重要价值。

1. 温州市体育后备人才“委托订单式”培养模式有助于深化我国体育后备人才培养体制改革

温州市体育后备人才“委托订单式”培养模式是我国体育体制改革背景下的产物，是体育后备人才培养主体多元化发展的具体实践，对深化我国体育后备人才培养体制改革提供了现实依据。首先，温州市体育后备人才“委托订单式”培养模式，实现了以温州市体育局为主导的行政主管部门与私有投资主体兴办的体育运动学校、青少年体育俱乐部等机构的无缝衔接，体现了以政府需求为导向的引导社会力量在运动项目设置、运营机制方面进行适时的调整与变革；其次，私有投资主体兴办的体育运动学校、青少年体育俱乐部等机构承担体育后备人才培养工作，打破了国家对体育后备人才培养的“垄断”地位，一定程度上促进了体育体制改革的推进；最后，行政主管部门通过与私有投资主体兴办的体育运动学校、青少年体育俱乐部等机构的人才“委托订单”，实现了双方资源的共享，一定程度上缓解了国家财政负担，增强了体育体制改革与体育事业可持续发展后劲。

2. 温州市体育后备人才“委托订单式”培养模式为我国体育事业的可持续发展注入了生机与活力

正所谓“出口”决定“进口”，只有保障体育后备人才“出口”通畅，才能确保体育后备人才队伍建设与培养工作的有序进行，进而实现体育事业的可持续发展。温州市体育后备人才“委托订单式”培养模式是以温州市体育局为主导的行政主管部门将体育后备人才的培养任务委托给具有一定资质的私有投资主体兴办的体育运动学校、青少年体育俱乐部等机构。私有投资主体兴办的体育运动学校、青少年体育俱乐部等机构依据行政主管部门的人才需求面向全社会选拔青少年体育人才进行专项技能训练，受托方依据“人才订单”需求制定并实施体育后备人才培养方案，避免了体育后备人才培养的盲目性。在体育后备人才出路问题方面私有投资主体与温州市体育局联合为体育后备人才提供升学、专业化发展等多条路径，有效地保障了体育后备人才的“出口”通畅，提高了私有投资主体兴办的体育运动学校、青少年体育俱乐部等机构供需双方（体育后备人才和以温州市体育局为主导的行政主管部门）的吸引力。温州市体育后备人才“委托订单式”培养模式是一种能够实现多方共赢的体育后备人才培养模式，对深化我国体育事业的可持续发展注入生机与活力。

3. 温州市体育后备人才“委托订单式”培养模式能充分整合社会资源

推行温州市体育后备人才“委托订单式”培养模式，是温州市体育局为主导的行政主管部门在认真分析温州市体育后备人才培养与梯队建设现状与私有投资主体兴办的体育运动学校、青少年体育俱乐部等机构运营机制的基础上，将温州市社会化程度相对较高的运动项目委托给私有投资主体兴办的体育运动学校、青少年体育俱乐部等机构承担体育后备人才培养与梯队建设工作的具体实施。私有投资主体兴办的体育运动学校、青少年体育俱乐部等机构依据“人才订单”规格制定与实施人才培养方案，充分运用其自身的基础设施、教练员团队、人才培养方案等优势具体操控体育后备人才的培养工作。行政主管部门为其提供相应政策、资金等支持。行政主管部门与私有投资主体兴办的体育运动学校、青少年体育俱乐部等机构是一种平行的关系。这种人才培养模式符合我国体育体制改革的发展趋势，能够充分整合行政主管部门与私有投资主体兴办的体育运动学校、青少年体育俱乐部等机构的有形资源与无形资源，使其共同服务于青少年体育后备人才培养工作。

三、温州市体育后备人才民营独资培养模式

随着我国社会体制与体育体制变革的不断推进，体育事业的发展对体育后备人才数量与质量的需求不断提升，传统的体育后备人才培养模式的弊端不断显现，高质量的体育后备人才供不应求，体育后备人才培养模式成为体育后备人才培养与梯队建设的重要因素。因此，只有通过对体育后备人才培养模式的不断优化与完善，创新与优化体育后备人才的培养模式，才能培养出综合素质较高的体育后备人才，满足体育事业发展对体育后备人才的需求。温州市体育后备人才民营独资培养模式是私有投资主体独自出资兴办的体育运动学校、青少年体育俱乐部等机构具体操作体育后备人才培养与梯队建设，是市场化程度较高的一种体育后备人才培养模式。

（一）温州市体育后备人才民营独资培养模式的内涵

温州市体育后备人才民营独资培养模式是我国社会主义市场经济体制改革背景下产生的一种新型体育后备人才培养模式，是市场化程度相对较高的体育后备人才培养模式。目前学术界与相关法律尚未对体育后备人才民营独资培养模式做出科学的界定与阐释。民营是一种与国营、官营相对应而言的概念。“民”在《辞海》中有“人民”“公民”“市民”的基本含义。[1]“民”在法律层面是与“政府”“官”相对的一个

[1] 辞海第六版缩印本［M］. 上海：上海辞书出版社，2009：1308.

词语，是指具有法律人格的个体或者社会组织。因而，与“民”含义基本相同的词是“私”。民营是相对于国营、官营而言的，民营并非代表所有制的性质，同时民营也不等于私立。民营是经济学中最为常见的一种经营方式，强调的是产权的组成，以及产权带来的经营效益及收入效益等。事实上，“民营”是一个比“私有”更为宽泛的概念，如一个以股份制为基础的、股份合作制、合伙制等形式的企业，我们不能简单地将其归纳为“私有”，但可以将其归属于“民营”的基本范畴部分。尽管在一定范围内，“私有”与“民营”的内涵有一定的相通性，但是“私有”只是“民营”的一种意识形态，“民营”包含“私有”，且“民营”的范围要比“私有”更为宽泛，“民营”的本质内容虽然与“私有”有着不可分割的联系，但两者之间却不能等同，即“民营”不等同于“私有”。

民营独资是国际上较为通用的一种直接投资方式，是指民营投资者为了追求一定的经济利益，由个人或社会团体向某个特定领域内投入一定的人力、财力、物力等生产资料，并归个人所有和控制、个人承担经营风险和享有全部的经营收益，民营独资有别于国有独资。随着我国社会主义市场经济体制与体育体制变革的不断推进，尤其是近年来我国职业体育的发展，民营独资培养体育后备人才模式成为我国培养体育后备人才的发展趋势。本研究所指的民营独资培养体育后备人才模式特指温州市体育后备人才民营独资培养模式，即以民营体育运动学校为代表的体育机构以市场为导向，独自出资承担体育后备人才培养所需的费用，独自享有其收益，并独自承担其风险。

（二）温州市体育后备人才民营独资培养模式的特点

温州市体育后备人才民营独资培养模式的最大特点是民营投资者成为体育后备人才培养工作的唯一主导者，私有投资主体依据市场机制，独自承担并具体操控体育后备人才培养的工作。温州市体育后备人才民营独资培养模式作为一种新型体育后备人才培养模式，在体育后备人才培养的过程中与传统的体育后备人才培养模式有着截然不同的特点，集中表现在以下五个方面。

1. 目标更为明确且效率更高

温州市体育后备人才民营独资培养模式的人才培养目标更加明确，民营投资者依据市场需求来具体操作并把控体育后备人才培养与梯队建设的工作，从而有的放矢地开展体育后备人才的培养工作，避免体育后备人才培养工作的盲目性，及时摒弃陈旧的体育后备人才培养方案，更新优化体育后备人才的训练方式与方法，逐步从原有的重训练、轻文化的体育后备人才培养模式中解放出来，培养出社会需求的高素质的体育后备人才。

2. 市场化程度更高

温州市体育后备人才民营独资培养模式是市场化程度相对较高的一种体育后备人才培养新模式。民营独资培养体育后备人才虽然是一种提供公共服务的手段与形式，但从本质上来讲是一种社会投资的手段，体育后备人才的“投入”与“产出”均由民营资本承担或享有。私有投资主体作为温州市体育后备人才民营独资培养模式的投资主体，他们会更加注重体育后备人才培养所带来的经济效益，通过市场化机制实现体育后备人才价值，有利于我国体育后备人才培养模式适应市场化发展的大环境。

3. 人才培养目标的市场导向性

温州市体育后备人才民营独资培养模式是我国社会体制与体育体制改革的产物，体育事业的发展对体育后备人才数量与质量的需求不断提升，传统的体育后备人才培养模式已经不能满足我国体育事业发展对体育后备人才的需求，提高体育后备人才的质量与数量成为温州市体育后备人才民营独资培养模式的发展目标。从运动项目的选择来看，民营投资者通过深度调查社会对运动项目的需求程度，依据体育行业前沿动态适时地删减或摒弃社会需求量较小的运动项目，适时地增加社会化程度相对较高的运动项目。由此可以看出，温州市体育后备人才民营独资培养模式的人才培养目标更能体现市场需求的导向性。

4. 人才培养过程的开放性

我国体育体制改革逐步改变计划经济体制背景下单纯依靠国家和行政命令手段办体育的高度集中的体育体制，建立与社会主义市场经济体制相适应的国家与社会共同办体育的综合型体制，不断加大鼓励与引导社会力量参与体育事业发展，虽然说在一定程度上使得民营资本投资者与体育事业的发展关系更为紧密，但在体育后备人才培养的过程中始终保持着一种相对封闭的状态，从体育后备人才的选拔、培养、参赛等诸多环节的实施无疑都是在国家封闭的管理系统内完成的。而温州市体育后备人才民营独资培养模式使体育后备人才的培养过程由封闭走向开放，允许国家以外的社会力量介入体育后备人才培养的过程，以及参与体育后备人才选拔、培养、参赛等各个环节，民营投资者可单独主导体育后备人才培养工作，把社会主义市场经济体制发展的最新动态引入体育后备人才培养工作，不仅提高了体育后备人才培养工作的效率，也提高了体育后备人才培养工作的开放性，使体育事业发展与民营资本投资者在体育后备人才培养工作的交流与联系更加密切。

5. 人才资源的共享性

温州市体育后备人才民营独资培养模式培养的体育后备人才最终走向社会为我国体育事业的发展服务。在体育后备人才培养的整个过程中，私有投资主体充分利用自身现有资源优势具体操作与把控体育后备人才培养的各个环节，行政主管部门将先进的体育后备人才培养理念、训练方法共享给民营独资培养模式下的体育后备人才培养机构，使行政主管部门与私有投资主体之间形成无缝衔接，为提升体育后备人才综合能力服务。

（三）温州市体育后备人才民营独资培养模式的个案研究

在温州市体育后备人才民营独资培养模式中，私有投资主体独自出资并具体操控青少年体育后备人才培养与梯队建设。私有投资主体通过利用自身优势，组织青少年体育后备人才进行专项技能训练，温州市体育后备人才民营独资培养模式有别于传统的青少年体育后备人才培养模式，是一种市场化程度相对较高的青少年体育后备人才培养的新模式。

1. 民营独资人才培养模式的个案介绍

温州市体育后备人才民营独资培养模式有别于传统的青少年体育后备人才培养模式，这种人才培养模式是在社会主义市场经济体制背景下，由私有投资主体主导的一种市场化程度相对较高的青少年体育后备人才培养模式。

（1）平阳育英体校

平阳育英体校坐落于全国武术之乡——浙南古城平阳县的水头镇鹤溪社区，学校背靠雁荡山麓，面临鳌江碧水，毗邻数学泰斗苏步青的故居，具有突出的生态人文特色。平阳育英体校由谢孝才先生创办于1988年，现有鹤溪与鳌江两个校区，学校占地总面积约160余亩，建筑总面积接近3万平方米，现可容纳2000名学生，累计投资高达2亿元。平阳育英体校始终遵循："学文为主，武术特色，保证基础，发展个性"的办学理念，"让每一个孩子都获得成功"的办学目标，"低起点，小步子、培优辅差"的教学原则，"军事化全封闭式"的管理模式。平阳育英体校经历了三十余个春秋，受到了社会各界人士的密切关怀，先后荣获了"全国先进武术学校" "中国十大名牌武术学校""2010—2013年度全国十杰武术学校""中国武术训练基地""浙江省高水平体育后备人才基地""中国武术培训基地"等荣誉称号。

平阳育英体校为适应素质教育的需求，积极进行转型改革，将其发展方向一分为二，即以武术教学为主的文武部和以传统武术教学为特色的英才教学部。前者是以文化教学为基础，实行学前到高中一贯制教育模式，保持原先的武术教学优良传统，不落后于现阶段的文化教育；后者是以文化课教学为主，与其他义务教育学校的模式基本相同，学生全部寄宿在学校，学校对学生进行独立的管理，学生有早自习与晚自习，在严格开设国家课程外，增加本校的特色活动课程，高薪聘请名师进行执教。学校在课程设置上不仅进行文武教学而且还不断开拓一系列创新型教学的方式，如快乐英语、趣味语文、思维拓智、传统武术、艺术特长、社会实践、珠心算等。平阳育英体校的学生鲁思桐、钟陈希两位学生代表国家队参赛，在第 19 届国际珠心算小学组低段比赛中分别荣获了一等奖和三等奖。平阳育英体校为学生开设的专业课有武术散打（市队校办）、武术套路、摔跤（市队校办）、跆拳道、拳击（市队校办）、女子武术散打，在校生有 1600 余人，办学至今共培养学生 15000 多人，其中向体工队及各类高等院校输送优秀毕业生 2800 多人，向部队输送优秀人才 3000 多人，参加国内外武术比赛获前六名者有 1700 多人。

（2）兴华羽毛球会所

兴华羽毛球会所是温州民办羽毛球后备人才培养模式的代表，是由温州苍南羽毛球领军人物赵兴华先生以自己名字命名的羽毛球馆。早在 2000 年赵兴华先生开始租赁龙港一中的场地开办羽毛球培训班，到 2003 年底由于学校政策的改变——学校羽毛球场地不再对其租赁，赵兴华开始带着学生四处租赁场地。2003 年赵兴华在朋友与家人的帮助下，在苍南县龙港四中建立了属于自己的第一家羽毛球馆，拥有十年的使用权，从此告别了四处租赁场地的尴尬局面。2007 年赵兴华在苍南县新区建起了以自己名字命名的球馆，同年 6 月，该球馆被正式挂牌成立苍南县少儿羽毛球培训中心。2008 年 7 月，苍南龙港一小正式挂牌成立温州市少儿羽毛球训练基地。至此，苍南县少儿羽毛球灵溪和龙港两大训练基地正式落成，苍南县少儿羽毛球项目的发展步入全新的发展轨道。

赵兴华先生毕业于上海体育学院（运动训练系网羽专业），系国家中级羽毛球教练员和国家一级羽毛球运动员。学成归来的他全身心地投入家乡羽毛球运动项目的推广与普及工作。兴华羽毛球会所招生对象主要为浙闽边界各县市的中小学生。兴华羽毛球会所利用中小学生的课余时间对其进行专项技能训练，对于一些特殊情况如有相关赛事，则训练时间和次数会依据情况进行调整。对于具有发展潜力的困难家庭学员，球馆会对其予以资助，包括免费授课、无偿提供体育用品等，以此来支持家庭困难学员的学习与训练。现招收的寒暑假羽毛球特色培训班，可为学员提供住宿及餐饮等服务。兴华羽毛球会所经历了十余年的发展，先后为国家队、浙江省队、福建省队输送了王适娴（世界冠军）、刘孔行（全国冠军）、林桂埔（亚洲冠军）、郑斌斌（省冠军）等一大批学生。赵兴华是位名副其实的羽毛球金牌启蒙教练。他凭借着对少儿羽毛球人才培养的突出贡献和著名羽毛球国手李矛、夏煊泽等共登温州羽坛30位风云人物榜，被媒体誉为“苍南县羽毛球事业领军人”。

2. 民营独资人才培养模式的运行机制

（1）民营投资主体自主管理机制

温州市体育后备人才民营独资培养模式是由民营投资主体为主导的一种新型人才培养模式，民营投资主体在利用自身优势基础上组建青少年体育运动学校或俱乐部，通过让参与体育运动的青少年以学校文化知识学习为基础，和青少年体育运动学校或俱乐部组织专项技能训练，来进行青少年体育后备人才培养与梯队建设。民营投资主体通过组建青少年体育运动学校或俱乐部的方式，以市场需求为导向制定青少年体育后备人才培养方案，自主负责青少年体育后备人才培养与梯队建设。温州市体育后备人才民营独资培养模式的民营投资主体自主管理机制集中表现在以下两个方面。

①私有投资主体兴办的体校或俱乐部整体运营的自主。青少年体育运动学校与俱乐部是商业化运作的民营投资主体投资兴办竞技体育的实

体，民营投资主体在政策法规的允许范围内对其投资兴办的体育运动学校或俱乐部的整体运营拥有绝对的自主权。

②青少年体育后备人才培养与梯队建设的自主。民营投资主体兴办的青少年体育运动学校与俱乐部是脱离政府主导体育后备人才培养的主体，民营投资主体可依据市场需求对青少年体育后备人才培养方案的制定与实施、体育后备人才的选拔与培养等方面拥有自主权。

（2）民营投资主体自筹资金机制

温州市体育局把创新驱动作为体育后备人才培养体系改革创新的动能，实施创新驱动战略，鼓励与引导私有投资主体将目光集中在市场化程度相对较高的运动项目上，激发私有投资主体投资青少年体育后备人才培养与梯队建设的积极性与主动性，大力鼓励与引导私有投资主体投资青少年体育后备人才培养与梯队建设。温州市体育后备人才民营独资培养模式是一种市场化程度相对较高的、适合市场经济发展规律的后备人才培养模式。私有投资主体主导青少年体育后备人才培养与梯队建设的整个环节，是青少年体育后备人才培养与梯队建设经费投入的主体。这种人才培养模式的经费来源有如下两个方面。

①私有投资主体的资金投入。温州市体育后备人才民营独资培养模式是由私有投资主体主导的一种市场化程度相对较高的青少年体育后备人才培养模式，私有投资主体独自承担青少年体育后备人才培养与梯队建设整个环节的经费投入，并对经费的使用享有绝对的支配权。

②私有投资主体的经营性收入。第一，青少年体育后备人才缴纳的费用。温州市体育后备人才民营独资培养模式与传统的由国家主导的后备人才培养模式有着较为显著的区别，这种人才培养模式是由私有投资主体主导，私有投资主体依据市场发展的基本规律对青少年体育后备人才进行有偿训练。第二，民营体育运动学校与俱乐部的经营性收入。民营体育运动学校与俱乐部通过青少年体育后备人才培养与梯队建设使其知名度不断提升，吸引更多的社会人士参与该运动项目，可以通过运动

场地的对外运营、体育技能培训等多种经营方式实现盈利。

（3）体育与教育齐抓共管训练方式

温州市体育后备人才民营独资培养模式是一种市场化程度相对较高的青少年体育后备人才培养模式，是以市场需求为导向，以价格机制、竞争机制、供求机制自动调节青少年体育后备人才培养的资源配置。温州市体育后备人才民营独资培养模式进一步理顺了体育与教育的关系，通过采用科学的学训方法提高青少年体育后备人才的文化知识学习与专项技能训练效率，提出体育与教育齐抓共管的训练方式。温州市民营投资主体在体育与教育齐抓共管的训练方式实施过程中积极开展科学化、系统化的专项技能训练，使得青少年体育后备人才整体训练日趋专业化，最大限度地解决了文化知识学习与专项技能训练之间的矛盾。温州市体育后备人才民营独资培养模式通过以下四个方面落实体育与教育齐抓共管的训练方式。

①从自身现有场地器材、训练水平、教学水平等实际情况出发，通过合理地安排文化知识学习与专项技能训练的时间，建立系统化、科学化的训练制度。

②将学员参加体育赛事获得的竞赛奖励与学业成绩作为学员学期末或年终评比的重要指标，构建具有针对性的评价体系。

③重视学员的思想教育。教练员与文化课教师通过在日常生活中不断向青少年体育后备人才灌输文化知识学习与专项技能训练同样重要的思想，让学员能够正确处理文化知识学习与专项技能训练的关系。

④加大对体育后备人才文化知识的辅导力度，通过辅导补课的方式大力支持青少年体育后备人才文化知识的学习，促使其文化知识学习与专项技能训练的协同发展。

民营投资主体在体育与教育齐抓共管的训练方式实施过程中积极开展科学化、系统化的专项技能训练，使得青少年体育后备人才整体训练日趋专业化，最大限度地解决了文化知识学习与专项技能训练之间的矛盾。

（4）多元融合成才模式

温州市体育后备人才民营独资培养模式是一种依托市场，以市场需求为导向，由民营投资主体具体操控的市场化程度相对较高的青少年体育后备人才培养新模式。民营投资主体剖析了体育后备人才高淘汰率、文化知识缺失及计划生育政策等诸多内外因素，大胆尝试体育与教育的深层次融合，革除青少年体育后备人才在文化知识学习与专项技能训练之间的矛盾，建立起大中小学相连接的人才输送机制，大致可分为以下三点。

①学业发展道路。民营投资主体兴办的青少年体育运动学校与俱乐部依托自身专项技能训练优势资源，与周边中小学校无缝衔接，实现青少年体育后备人才文化知识学习与专项技能训练协同发展。青少年体育后备人才可通过中小学相连接的人才输送机制进行系统性的文化知识的学习，并充分利用高校的特招与高考体育生等政策，朝着学业发展道路迈进。

②专业体育发展道路。民营投资主体兴办的青少年体育运动学校与俱乐部针对不同年龄阶段的青少年体育后备人才组织实施不同的专项技能训练计划，充分运用运动技能的迁移规律提高青少年体育后备人才专业运动技能水平，充分挖掘青少年体育后备人才的运动潜能，使其发展符合当今专业体育发展潮流与趋势，走专业体育发展道路。

③专业教练员发展道路。民营投资主体兴办的青少年体育运动学校与俱乐部依据青少年体育后备人才的个体差异充分挖掘其个人潜能，针对在专业体育发展道路上遇到困难的青少年体育后备人才在专业运动技能提高的基础上，更多地注重对其进行专项运动理论知识与先进的教学和训练方法的培养，全面提升其思想、身体、技术、战术和道德意志品质等综合素质，进而使其走上专业教练员发展道路。

（四）温州市体育后备人才民营独资培养模式的价值

温州市体育后备人才民营独资培养模式在我国体育体制改革与体育后备人才培养体制改革中起着重要的作用。体育后备人才培养正在朝着市场化方向迈进，体育后备人才市场化培养已经成为我国体育后备人才培养的发展趋势。温州市体育后备人才民营独资培养模式是我国体育体制改革制度创新的重要实践。温州市体育后备人才民营独资培养模式不仅能够提高社会力量投资体育后备人才培养工作的积极性，还能加速我国体育体制改革的进程。

1. 温州市体育后备人才民营独资培养模式弥补政府财政投入的不足

体育后备人才的培养是一项长期而艰巨的系统工程，同时也是一个高投入、高风险、市场准入门槛较高的行业。要实现体育后备人才培养工作的有序推进则必须有充裕资金作支撑，以此为打造一支素质较高的教练员、管理人员等人才队伍与相关基础设施建设的更新作保障，这也是体育后备人才培养行业市场准入门槛较高的重要影响因素。而体育后备人才的培养过程又是复杂多变的，体育后备人才培养受投资主体发展规划、教练员执教水平、后备人才的参训动机等诸多因素影响，因而该人才培养模式的人才风险由私有投资主体独自承担。

体育后备人才的培养与梯队建设在体育事业可持续发展中的重要性是毋庸置疑的，为何举国体制式的人才培养模式成为我国体育后备人才培养与梯队建设的发展瓶颈，并制约我国体育后备人才培养与梯队建设工作的有序进行？原因是行政主管部门对体育后备人才培养与梯队建设工作的财政投入不足，而财政投入不足的根源在于我国体育后备人才的投融资渠道不通畅。长期以来我国体育后备人才培养经费的投入均由国家财政承担，随着我国体育事业发展规模的不断扩大与人民群众对体育需求的激增，单一的国家财政投入无法满足体育后备人才培养与梯队建设工作对财政投入的需求，因此必须对我国体育后备人才培养体制进行适时的调整与变革，鼓励与引导社会力量参与体育后备人才培养与梯队建设。温州市作为我国市场化改革的前沿阵地，经过长时间的积累与沉淀，其民间资本的总量不断攀升，成为我国民间资本最活跃的地区，温州市民营独资体育后备人才培养模式极大地缓解了行政主管部门对体育后备人才培养与梯队建设财政投入的压力，同时在一定程度上推进了体育后备人才培养向市场化迈进的步伐，加快了行政主管部门职能的转变，为我国体育事业的发展提供了新的发展动力。

2. 温州市体育后备人才民营独资培养模式满足了民营资本的投资需求

温州市体育后备人才民营独资培养模式实质上是民营资本的一种新型商业投资模式，民营资本对体育后备人才培养与梯队建设进行资金投入，其终极目标是获得最大化的经济效益。民营资本投资体育后备人才培养与梯队建设要想获得长久的发展，则必须依托市场，紧追市场的步伐，通过市场机制进行适时的调整与优化，实现资源的最佳配置。

随着我国市场化经济体制的不断发展与完善，民间资本的综合实力得到了显著提升，现已发展成为促进我国经济发展和产业结构调整、扩大就业等的重要力量。社会转型期各种体制还不是很完善，民营资本在发展中遇到了一定困难，主要是民营资本投资渠道的不通畅，导致大量民营资本不能正常而有效地进行流通，严重影响了我国经济的健康发展。随着我国社会主义市场经济体制改革的深入，民间资本逐渐活跃，投融资渠道呈多元化发展态势。但当前民营资本参与风险投资有着一定的产业准入壁垒限制，中介服务机构不健全，退出机制、法律法规制度不完善，导致经营风险也正随着民营资本对风险控制的降低而累加，严重影响到地方经济安全。民营资本虽然拥有大量的流动资金，但是由于把控不准市场发展的最新态势而盲目进行投资，收益较低，且风险较大，严重影响了我国经济的有序发展。民营资本的发展遇到了极大障碍，原有的投资领域已不能满足民间资本的进一步发展。因此，民营资本开始转变发展思路，向社会公共服务性行业进军，希望能找到新的增长空间。随着我国社会体制与体育体制的不断推进，体育后备人才培养市场的投融资渠道也必将会进一步拓展，民营资本在投资体育后备人才培养工作中将会获得更大的生存空间。

3. 温州市体育后备人才民营独资培养模式满足我国体育事业可持续发展的需求

在新的时代背景下，我国体育事业要获得进一步发展，则必须走可持续化发展道路，不断加大对民营资本投资体育后备人才培养的力度，保障体育后备人才培养与梯队建设的资金需求，进而满足体育事业可持续发展的客观需求。新中国成立初期，为了在短时间内提升我国的国际地位，国家集中全国的人力、物力、财力等资源大力发展体育事业，实施了由国家独自主导的体育后备人才培养体系，经过几十年的发展，使我国体育的综合实力不断攀升，使我国的国际地位不断提升，增强了民族的自豪感和凝聚力，推动了我国社会主义各项事业建设的步伐。这种人才培养体系为我国体育事业的发展取得阶段性的成功做出了贡献，然而其存在的弊端越发不可调和，集中表现在如下几个方面：

（1）运动项目结构发展不平衡，优势运动项目提升的空间有限；

（2）以三大球为主的群众健身运动项目发展滞后，不能满足大众群体的体育健身需求；

（3）过度强调运动员的竞技成绩，忽视了运动员的身体健康和退役后的生活保障等问题，阻碍了我国竞技体育职业化发展的进程；

（4）社会影响力正在不断下降，造成我国竞技体育后备人才培养机制上的断层，使我国竞技体育后备人才严重短缺；

（5）管理机制落后，大量场馆设施利用率不高，经济效益较低，资源浪费严重。

由此可见，这种体育后备人才培养模式已经不能满足我国体育事业可持续发展的需求，因此必须对体育后备人才培养体制进行适时的调整与优化，鼓励与引导民营资本投入体育后备人才培养与梯队建设。温州市体育后备人才民营独资培养模式是社会主义市场经济体制变革的阶段性产物，是我国较为成熟的体育后备人才民营资本投资模式，无论是在资金来源和管理模式上都要比单一的国家投资更为合理，有利于体育后备人才培养与梯队建设工作的有序推进，对实现我国体育事业的可持续发展具有重要意义。民营资本独自投资体育后备人才培养可以依靠自身雄厚的资金与先进的管理经验，弥补我国原有体育后备人才培养模式发展的不足，保证我国体育事业的可持续发展。

四、温州市网球后备人才培养模式的案例分析

随着我国体育体制改革的不断推进，青少年体育人才培养主体呈多元化发展态势。温州市网球运动近年来得到了迅猛发展，形成了良好的群众基础。温州市体育局从温州市青少年网球运动发展的实际出发，在2003年尝试针对青少年网球后备人才培养体系的变革，将青少年网球后备人才队伍建设从传统体育运动学校中分离出来。温州市体育局将具有一定资质的温州国际网球中心与温州冶金青少年体育俱乐部挂牌为温州市青少年网球训练基地，并委托温州市青少年网球训练基地具体操作青少年网球后备人才培养工作。

（一）温州市青少年网球训练基地人力资源研究

人力资源是指在一定时间与空间范围内，社会组织内具有智力与体力劳动能力及推动社会发展的全部人口总和。人力资源数量是推动社会向前发展的前提与基础，而人力资源的质量主导着社会发展的速度与方向。因此，温州市青少年网球训练基地应将人力资源要素建设放在其发展的首位，充分发挥人力资源的主观能动性，实现人力资源数量与质量

的协同发展。本研究将温州市青少年网球训练基地人力资源要素分为管理人员、教练员、青少年网球后备人才三大主体。

1. 温州市青少年网球训练基地管理人员结构研究

俱乐部发展离不开科学化的管理，管理科学化水平直接关乎俱乐部的社会效益与经济效益，而俱乐部管理科学化水平取决于管理团队的综合管理水平，管理团队的综合管理水平是由具有专业管理知识和管理经验的管理人才所决定的。

（1）温州市青少年网球训练基地管理人员年龄结构分析

由表4－1可知，温州市青少年网球训练基地管理人员包括温州冶金青少年体育俱乐部管理人员6人与温州国际网球中心管理人员5人，共计11人。通过对温州市青少年网球训练基地管理人员年龄结构调查可知，温州冶金青少年体育俱乐部管理人员在20～29岁年龄阶段有2人，占俱乐部管理人员比例为33.3%；在30～39岁年龄阶段有3人，占俱乐部管理人员比例为50%；在40岁及以上年龄阶段有1人，占俱乐部管理人员比例为16.7%。而温州国际网球中心管理人员在20～29岁年龄阶段有1人，占中心管理人员比例为20%；在30～39岁年龄阶段有2人，占中心管理人员比例为40%；在40岁及以上年龄阶段有2人，占中心管理人员比例为40%。从对温州市青少年网球训练基地管理人员年龄结构调查结果可以看出，20～29岁年龄阶段的年轻化管理人员所占比例较少，30～39岁年龄阶段的青年管理人员所占比例较高，而40岁及以上年龄阶段的中年管理人员所占比例也较少，温州市青少年网球训练基地管理人才年龄结构更为倾向于30～39岁人群，一定程度上表明温州市青少年网球训练基地在管理上注重启用具有一定阅历及管理经验的人才，并认为他们能够更好地“掌舵”基地发展方向。

表4-1 温州市青少年网球训练基地管理人员年龄结构统计表

年龄结构	温州冶金青少年体育俱乐部	温州国际网球中心
20~29岁	2人	1人
30~39岁	3人	2人
40岁及以上	1人	2人

（2）温州市青少年网球训练基地管理人员学历结构分析

由表4-2可知，笔者通过对温州市青少年网球训练基地管理人员学历结构进行划分，发现在被调查的温州冶金青少年体育俱乐部与温州国际网球中心管理人员中，温州冶金青少年体育俱乐部6名管理人员中具有专科及以下学历的有2人，占俱乐部管理人员比例为33.3%；本科学历的有3人，占俱乐部管理人员比例为50%；研究生学历的有1人，占俱乐部管理人员比例为16.7%。而温州国际网球中心5名管理人员中具有专科及以下学历的有2人，占中心管理人员比例为40%；本科学历的有2人，占中心管理人员比例为40%；研究生学历的有1人，占中心管理人员比例为20%。通过对温州市青少年网球训练基地管理人员学历结构调查研究可知，温州市青少年网球训练基地管理人员大多具有本科及以上学历，基地管理团队有着较高的知识储备，能够更好地为基地未来发展提供保障。

表4-2 温州市青少年网球训练基地管理人员学历统计表

学历情况	温州冶金青少年体育俱乐部	温州国际网球中心
专科及以下	2人	2人
本科	3人	2人
研究生	1人	1人

（3）温州市青少年网球训练基地管理人员相关管理经验分析

由表4-3可知，笔者通过对温州市青少年网球训练基地管理人员相关管理经验进行划分，发现在被调查的温州冶金青少年体育俱乐部与温州国际网球中心管理人员中，温州冶金青少年体育俱乐部6名管理人员中拥有体育俱乐部管理经验的有3人，占俱乐部管理人员比例为50%；拥有企业管理经验的有2人，占俱乐部管理人员比例为33.3%；拥有其他管理经验的有1人，占俱乐部管理人员比例为16.7%。而温州国际网球中心5名管理人员中拥有体育俱乐部管理经验的有2人，占中心管理人员比例为40%；拥有企业管理经验的有2人，占中心管理人员比例为40%；拥有其他管理经验的有1人，占中心管理人员比例为20%。通过对基地管理人员相关管理经验调查研究可知，温州市青少年网球训练基地11名管理人员中，拥有体育俱乐部管理经验的共有5人，占调查总人数的45.5%。这表明温州市青少年网球训练基地管理人员对基地运营与管理有着一定的经验，能够在基地实际管理工作中充分发挥自身管理经验来处理工作中相关事宜；而拥有企业管理经验的共有4人，占调查总人数的36.4%，他们虽然对基地的管理缺乏一定的实际操控经验，但是其不同的知识储备与从业经历能够有利于基地管理层综合能力的提升。

表4-3 温州市青少年网球训练基地管理人员从业经历统计表

从业经历	温州冶金青少年体育俱乐部	温州国际网球中心
体育俱乐部管理	3人	2人
企业管理	2人	2人
其他	1人	1人

笔者通过对温州市青少年网球训练基地管理人员的年龄结构、学历结构及相关管理经验调查发现，他们大多拥有较多的知识储备量、从业经验等，而基地管理层存在的最为重要的问题是他们大多由基地教练员兼任，在负责管理与运营基地的同时还须履行教练员的职责，对于基地的运营与管理不能全力以赴，这势必会成为基地长久发展的症结所在。

2. 温州市青少年网球训练基地教练员结构研究

教练员团队建设在青少年网球人才培养过程中起着十分重要的作用。教练员是青少年网球人才参加运动训练的组织者及管理者，并担负着培养青少年网球人才的重担。教练员执教能力对青少年网球人才潜能的开发与综合能力的提高起着至关重要的作用。因而，教练员自身能力及执教能力将直接影响青少年网球人才的培养效率。

（1）温州市青少年网球训练基地教练员数量分析

由表4－4可知，温州市青少年网球训练基地教练员共计16人，其中男教练员13人，女教练员3人，并不配有外籍教练员与专门体能教练员。温州冶金青少年体育俱乐部教练员共计8人，其中男教练员6人，女教练员2人。温州冶金青少年体育俱乐部目前在训青少年网球后备人才共96人，依据在训青少年网球后备人数计算，每名教练员平均管理12名青少年网球后备人才。而温州国际网球中心教练员共计8人，其中男教练员7人，女教练员1人。温州国际网球中心目前在训青少年网球后备人才共51人，依据在训青少年网球后备人才数计算，每名教练员平均管理7名青少年网球后备人才，而兼职青少年网球教练员只对青少年网球后备人才进行技术指导与训练，不带队参加比赛，这样排除兼职教练员，每名教练员需管理8名青少年网球后备人才。温州市青少年网球后备人才的年龄阶段大多为5～12岁，这个年龄阶段是网球运动训练的关键阶段，该阶段应侧重于基本的网球技能训练，以集体训练为主。因此，1:8的教练员与青少年网球后备人才比例相对合理。12～15岁是青少年网球后备人才网球技能提高的黄金发展阶段，主要培养青少年网球后备人才对基本技战术运用及对比赛的解读能力，并使青少年网球后备人才在比赛中能最大限度地发挥个人潜能。12～15岁的青少年网球后备人才在网球运动训练中应逐步加强个体的个性化训练，如果不对教练员与青少年网球后备人才配备比例进行相应调整，则会降低青少年网球后备人才训练的效率，不利于青少年网球后备人才队伍整体实力的提升。

表 4－4 温州市青少年网球训练基地教练员数量统计表

基地名称	男教练员（人数）		女教练员（人数）		合计
	全职（人数）	兼职（人数）	全职（人数）	兼职（人数）	
温州冶金青少年体育俱乐部	6	0	2	0	8
温州国际网球中心	6	1	1	0	8

（2）温州市青少年网球训练基地教练员学历结构分析

我国传统教练员大多是从专业运动员里选拔出的即将退役或者由于自身伤病等因素无法继续参加比赛的运动员，他们大多在专项竞技能力方面具有优势，有着较为丰富的比赛解读能力，同时也接受了相应的网球理论培训课程。但是，由于他们过早地从事职业网球运动，其文化知识储备较为薄弱，理论结构较为单一，文化素质不高，他们在执教青少年网球后备人才时往往停留在经验训练层面，使得青少年网球后备人才的训练缺乏科学性与系统性。由表 4－5 可知，温州市青少年网球教练员均具有专科及以上文化程度。其中，专科学历 4 人，占调查总数的 25%；本科学历 9 人，占调查总数的 56.3%；研究生学历 3 人，占调查总数的 18.8%。

教练员文化背景在很大程度上影响着执教培训理念。教练员只有接受了较为系统的文化素质教育，才能更为准确地把握不同年龄阶段运动员生理、心理等特点从而对其进行针对性培养，进而使青少年网球后备人才在德、智、体等方面协调发展。温州市青少年网球后备人才培养与欧美等网球资源强国的先进理念接轨。教练员在青少年网球后备人才培养中针对年龄较小的青少年网球后备人才，重点培养其对网球运动的兴趣及爱好，并未过多地传授复杂的网球技术及战术。在青少年网球人才的培养中，教练员大多不是充当教练员的角色，而更多是充当“引导者”的角色。

表4－5　温州市青少年网球训练基地教练员学历情况统计表

学历情况	温州冶金青少年体育俱乐部	温州国际网球中心
研究生	2人	1人
本科	5人	4人
专科	1人	3人
专科以下	0人	0人

（3）温州市青少年网球训练基地教练员运动经历分析

由表4－6可知，笔者通过对温州市青少年网球训练基地教练员运动经历进行划分，发现在被调查的温州冶金青少年体育俱乐部与温州国际网球中心的教练员中，有国家队经历的为0人；有省市专业队经历的有9人，占调查总数的56.3%；有高等体育院校经历的有6人，占调查总数的37.5%；有其他运动经历的有1人，占调查总数的6.3%。通过对温州市青少年网球训练基地教练员专业运动经历调查分析，可知温州市青少年网球训练基地教练员大多有着专业网球运动经历，能够在青少年网球后备人才培养方面充分发挥自身运动经历的优势。

表4－6　温州市青少年网球训练基地教练员运动经历统计表

运动经历	温州冶金青少年体育俱乐部	温州国际网球中心
国家队	0人	0人
省市专业队	4人	5人
高等体育院校	4人	2人
其他	0人	1人

（4）温州市青少年网球训练基地教练员运动等级分析

由表4－7可知，笔者通过对温州市青少年网球训练基地教练员运动等级进行划分，发现在被调查的温州冶金青少年体育俱乐部与温州国际网球中心的教练员中，运动等级达到国际级运动健将与运动健将标准的为0人；达到一级运动员标准的有7人，占调查总数的43.8%；达到二级运动员标准的有5人，占调查总数的31.3%；达到三级运动员级标准的有3人，占调查总数的18.8%；其他运动级别的人数为1人，占调查总数的6.3%。通过对温州市青少年网球训练基地教练员运动等级调查分析，可知温州市青少年网球训练基地教练员有着较强的专业网球技能水平，能充分发挥自身运动经历的优势培养青少年网球后备人才。

表4-7 温州市青少年网球训练基地教练员运动等级统计表

教练员运动等级	温州冶金青少年体育俱乐部	温州国际网球中心
国际级运动健将	0人	0人
运动健将	0人	0人
一级运动员	4人	3人
二级运动员	3人	2人
三级运动员	1人	2人
其他	0人	1人

（5）温州市青少年网球训练基地教练员等级分析

由表4-8可知，笔者通过对温州市青少年网球训练基地教练员等级进行划分，发现在被调查的温州冶金青少年体育俱乐部与温州国际网球中心教练员中，教练员等级达到ITF特级标准的有0人；达到ITF高级标准的有3人，占调查总数的18.8%；达到ITF中级标准的有5人，占调查总数的31.3%；达到ITF初级标准的有5人，占调查总数的31.3%；其他教练员级别的人数为3人，占调查总数的18.8%。通过对温州市青少年网球训练基地教练员等级的调查分析，可知温州市青少年网球训练基地教练员等级呈现出“铁锤”形（中间多，两端少）结构，即ITF特级教练员与其他教练员级别所占比例较少，青少年网球训练基地教练员等级集中在ITF高级与ITF中级、初级。温州市青少年网球训练基地教练员等级结构符合青少年网球人才发展需求，能更好地培养青少年网球后备人才。

表4-8　温州市青少年网球训练基地教练员等级统计表

教练员级别	温州冶金青少年体育俱乐部	温州国际网球中心
ITF 特级	0	0
ITF 高级	2	1
ITF 中级	3	2
ITF 初级	2	3
其他	1	2

（6）温州市青少年网球训练基地教练员执教年限分析

由表4-9可知，笔者通过对温州市青少年网球教练员执教年限进行划分，发现在被调查的温州冶金青少年体育俱乐部与温州国际网球中心教练员中，执教年限在10年及以上的有2人，占调查总数的12.5%；执教在年限5～10年的有9人，占调查总数的56.3%；执教在年限1～5年的有5人，占调查总数的31.3%。教练员执教年限能直接反映出教练员的执教经验。通过对温州市青少年网球训练基地教练员执教年限调查分析，可知青少年网球教练员的执教经验较为丰富。在教练员队伍建设中，执教经验丰富的教练员可以引导年轻教练员，使其提高自身执教能力，从而有利于整个青少年网球教练员团队建设。

表4-9　温州市青少年网球训练基地教练员执教年限统计表

执教年限	温州冶金青少年体育俱乐部	温州国际网球中心
1～5年	2人	3人
5～10年	5人	4人
10年及以上	1人	1人

3. 温州市青少年网球后备人才结构研究

青少年网球后备人才是温州市青少年网球训练基地培养的对象，青少年网球后备人才的数量与质量直接影响青少年网球后备人才培养效率。

（1）温州市青少年网球后备人才生源结构分析

由表4－10可知，笔者通过对温州市青少年网球训练基地119名在训青少年网球后备人才的生源情况进行调查分析，发现温州市生源数量为115名，占总调查人数的96.6%；浙江省其他地区生源数量为3名，占总调查人数的2.5%；浙江省外生源数量为1人，占总调查人数的0.8%。温州市青少年网球训练基地招收的青少年网球后备人才大多来自温州市，来自其他地市的甚少。青少年网球后备人才在地域上的优势表现在青少年网球后备人才在日常训练时易于沟通与交流，能更好地融为一体并构建良好的集体氛围。

表4－10 温州市青少年网球后备人才生源结构统计表

生源结构分类	人数	百分比
温州市生源	115	96.6%
浙江省其他地区生源	3	2.5%
浙江省外生源	1	0.8%

（2）温州市青少年网球后备人才来源结构分析

由表4－11可知，笔者通过对温州市青少年网球训练基地119名在训青少年网球后备人才的来源结构进行调查分析，发现温州市青少年网球后备人才均来自网球特色俱乐部与普通中小学校，其中招收网球特色俱乐部学生34人，占总人数的28.6%；招收普通中小学校学生85人，占总人数的71.4%。温州市青少年网球后备人才大多对网球项目较为喜爱并具有一定网球天赋，这些从网球特色俱乐部与普通中小学校选拔的青少年网球后备人才大多没有受过专业化、系统化的网球训练，只是由于自身的天赋与对网球项目的喜爱而被青少年网球教练员选拔加入温州市青少年网球训练基地，一些从普通中小学校中选拔的具有网球天赋的青少年甚至是零基础。温州市青少年网球训练基地选拔青少年网球后备人才的网球技能水平普遍不高，但是他们大多来自普通中小学校，其文化知识水平相对较高。通过温州市青少年网球训练基地的长期培养，青少年网球后备人才自身潜能被开发，其网球技能水平不断得到提高。然而，青少年网球后备人才的培养是一项长期、系统的工程。在温州市青少年网球训练基地招收的网球特色俱乐部与普通中小学校运动员中，部分运动员是自主选择参加网球技能训练的，而有一部分运动员则是被训练基地以免训练费、补助等奖励手段“撬”过来的，这种只重视当下利益的短视行为，不应被提倡。因此，温州市青少年网球训练基地在青少年网球后备人才来源方面仍需运用高科技手段对其进行科学、合理的选拔。

表4－11　温州市青少年网球后备人才来源结构统计表

运动员来源结构分类	人数	百分比
网球特色俱乐部	34	28.6%
普通中小学校	85	71.4%

（3）温州市青少年网球后备人才参训动机分析

温州市在青少年网球后备人才培养中融合了“体教结合”“家庭培养”“举国体制”等人才培养优势，形成了政府、社会力量多元主体参与的“委托订单式”人才培养新模式。温州市青少年网球训练基地始终坚持以青少年网球后备人才文化学习为基础、思想品德教育为主要内容，同时加强青少年网球后备人才专项技能三者兼顾协同发展。通过对温州市青少年网球后备人才训练动机进行调查统计分析，由表4－12可知，参训后备人才将网球当作兴趣爱好的有38人，占调查总数的

31.9%；目的是强身健体的有11人，占调查总数的9.2%；想走职业化道路的有44人，占调查总数的37.0%；想走大学捷径的有18人，占调查总数的15.1%；被家长强迫的有8人，占调查总数的6.7%。排在首位的动机是成为职业网球运动员，其次是归于兴趣与爱好，这在一定程度上表明温州市青少年网球后备人才对网球运动具有浓厚的兴趣，并在一定程度上想成为职业网球运动员，实现为国家争光的愿望。其中有较少一部分参加网球训练的动机是寻求升学的捷径，而具有此动机的青少年网球后备人才的年龄大多在15～18岁，说明该年龄阶段的青少年网球后备人才能正视自身优势与劣势，能够主动重整人生规划。根据对温州市青少年网球后备人才参训动机调查与分析，可以看出大多数青少年网球后备人才参加网球训练都有着自己的“航线”，这样才不会使青少年网球后备人才偏离目标，并直接促使青少年网球后备人才更加顺利与快速地驶向成功的彼岸。

表4-12 温州市青少年网球后备人才参训动机统计表

参训动机分类	人数	百分比
兴趣爱好	38	31.9%
强身健体	11	9.2%
职业化	44	37.0%
大学捷径	18	15.1%
家长强迫	8	6.7%

（二）温州市青少年网球训练基地训练因素研究

网球训练是提高青少年网球后备人才技能水平的重要手段与方法，是提高青少年网球后备人才综合水平的核心。青少年网球教练员通过组织青少年网球后备人才的训练实现提高其网球技能水平的目标，是对青少年网球后备人才生物学、社会学、心理学改造的过程。因而，只有通过科学、合理的网球训练才能充分挖掘青少年网球后备人才的潜能，进而取得最佳的训练效果。

1. 温州市青少年网球训练基地教练制订训练计划与执行分析

训练计划是对训练活动预先做出的一种理论性假设，是完成训练目标的必然通道。训练计划主导运动训练的“风向标”，是整个运动训练的重要组成部分。因此，训练计划制订的科学性、系统性直接影响运动训练的效果与成效。而依据训练计划时间跨度长短又可将其分为课训练计划、周训练计划、阶段训练计划、年度训练计划、多年训练计划。

由表4－13可知，笔者通过深入访谈与发放问卷等方法对温州市青少年网球训练基地教练员训练计划制订与执行情况进行统计分析，发现在被访谈与调查的16名教练员中有14名会依据训练任务制订课训练计划，占调查总数的87.5%；有12名会制订周训练计划，占调查总数的75%；有8名会制订阶段训练计划，占调查总数的50%；有2名会制订年度训练计划，占调查总数的12.5%；无教练员会制订多年训练计划。从温州市青少年网球训练基地教练员制订训练计划的整体情况来看，温州市青少年网球训练基地对温州市青少年网球人才培养工作缺乏长远规划，只重视短期效益，从而制约了青少年网球人才综合能力的提高，为温州市青少年网球训练基地的持续发展埋下“祸根”。笔者对温州市青少年网球训练基地教练员训练计划执行情况的调查表明，有10名教练员会完全执行训练计划，占调查总数的62.5%；有6名教练员会基本执行训练计划，占调查总数的37.5%；无教练员不执行训练计划。从教练员训练计划执行整体情况可以看出，教练员大多可以按照训练计划进行针对性的网球技能训练，保障青少年网球人才训练的系统性。值得一提的是，通过对温州市青少年网球训练基地教练员的访谈可知，他们会执行课训练计划、周训练计划、阶段训练计划、年度训练计划，同时配有相应课、周、阶段、年度训练计划总结。他们在执行训练计划时并非盲目“顺从”，而是依据不同青少年网球后备人才需求对训练计划进行适时调整，以提高运动训练的科学性。

表 4－13 温州市青少年网球训练基地教练员制订训练计划与执行情况统计表

训练计划制订情况	人数	百分比	训练计划执行情况	人数	百分比
制订课训练计划	14	87.5%	不执行	0	0
制订周训练计划	12	75%	基本执行	6	37.5%
制订阶段训练计划	8	50%	完全执行	10	62.5%
制订年度训练计划	2	12.5%			
制订多年训练计划	0	0			

2. 温州市青少年网球训练基地训练时数分析

训练时数是单次训练时间与训练次数的统称，是评判训练计划科学性的重要指标。青少年网球后备人才的训练时数是提升网球技能的前提，而训练时数的把握直接影响训练效果，训练时数过长会导致身体机能过度疲劳，训练时数过短则达不到训练效果。因此，教练员对训练时数的把控直接关系到青少年网球后备人才的训练效果。笔者通过对温州市青少年网球后备人才训练时数进行统计分析，发现温州市青少年网球训练基地充分利用节假日等时间进行专业化的网球技能训练，在寒暑假与赛前会统一组织青少年网球后备人才开展集中训练，进行科学化、系统化的训练，以此来实现短时间内提高青少年网球后备人才综合技能的发展目标。温州市青少年网球后备人才的训练时间大多集中在每周六、日与寒暑假等时间，除寒暑假外每周训练次数由表 4－14 可知，大多保持在 3～6 次，每次训练时间在 1.5～2.5 小时。温州市青少年网球后备人才参加网球训练的时数基本能够得到保障，在此前提下，必须提高青少年网球教练员执教水平，使其能够对学员进行科学化、系统化的网球训练。

表4－14　温州市青少年网球后备人才训练时数统计表

每周训练次数	人数	每次训练时间	人数
1～2次	0	1～1.5小时	0
3～4次	63	1.5～2小时	72
5～6次	84	2～2.5小时	75
7次及以上	0	2.5小时以上	0

（三）温州市青少年网球后备人才文化教育情况研究

温州市青少年网球后备人才接受文化课学习的方式与传统体育运动学校青少年体育人才不同，温州市青少年网球后备人才大多在中小学校进行文化课的学习，再充分利用节假日时间在温州市青少年网球训练基地进行网球专项技能训练。而中小学阶段不仅是青少年网球后备人才学习文化知识的黄金阶段，也是他们接受系统化专业网球训练的关键阶段。因此，青少年网球后备人才应充分协调文化教育与网球专项技能之间的关系，进而提高自身综合能力。随着年龄的增长，青少年网球后备人才学业负担的不断加重，如何协调文化教育与网球专项技能之间的关系成为青少年网球后备人才、教练员、家长共同关注的焦点。而检验青少年网球后备人才文化知识水平最直接的表现形式则是青少年网球后备人才文化课成绩的班级排名，见表4－15。

表4－15　温州市青少年网球后备人才文化课成绩的班级排名统计表

文化课级别	人数	百分比
上游	38	31.9%
中上游	42	35.3%
中游	21	17.6%
中下游	13	10.9%
下游	5	4.2%

由表4－15可见，笔者通过对温州市青少年网球后备人才进行问卷调查，以及对问卷调查数据进行统计分析，发现温州市青少年网球后备人才文化课成绩的班级排名大多处于中游及以上水平，他们接受文化教育的整体效果较好。在被调查的119名青少年网球后备人才中，有38名处于班级上游水平，占调查总数的31.9%；有42名处于班级中上游水平，占调查总数的35.3%；有21名处于班级中游水平，占调查总数的17.6%；有13名处于班级中下游水平，占调查总数的10.9%；有5名处于班级下游水平，占调查总数的4.2%。从温州市青少年网球后备人才文化课成绩的班级排名中可以看出，温州市青少年网球后备人才在接受专项网球技能训练的同时，还能够保障充裕的时间与精力接受文化教育。值得一提的是，温州市青少年网球训练基地在对青少年网球后备人才进行选拔时将文化课成绩作为一条重要的考核标准，因为文化课学习与网球专项技能存在一种相互促进、相互融合的关系。

（四）温州市青少年网球后备人才培养模式的发展困境研究

温州市青少年网球后备人才“委托订单式”培养模式是我国体育体制改革背景下形成的一种社会化、市场化的人才培养模式，符合我国体育体制改革的发展趋势，是一种节约政府投资体育成本、创新青少年网球后备人才培养主体多元化发展的新模式，是深化体育改革的一项创举，更是一项改革探索。经过几十年大胆探索和实践，这种模式为培养温州市网球后备人才发挥了积极作用。无论是从深化体育改革，突破体育发展体制和机制障碍，完善政府和社会合作培养、促进体育行政部门推行的“委托订单式”模式来看，还是保持网球后备人才可持续发展来看，温州市青少年网球后备人才“委托订单式”培养模式都面临困境，其发展遇到瓶颈。这主要体现为如下几点。

1. 生源总量少，培养输送人才数量较少，人才质量欠佳

截至2015年底，温州市青少年网球训练基地在训人数共计147人。

而温州有着较为活跃的网球发展氛围，全国业余网球赛事、浙江省业余网球赛事时常在温州市举办，温州市几乎每月都会举办业余赛事。温州市青少年网球训练基地生源数与温州市的网球人口不相符。温州冶金俱乐部自成立网球训练基地以来共向省队输送网球人才 6 名，温州国际网球中心向省队输送人才 8 名，温州市青少年网球训练基地输送人才的数量与温州市游泳、羽毛球等项目人才输送的数量相比，相对较少，这主要是网球培训基地招生规模小、训练水平不高及参赛机会少等原因所致。

2. 教练员训练理念滞后，执教水平有待提高

温州市青少年网球训练基地教练员大多由省队退役与从专业体育院校毕业，有着较高的网球技能水平，但缺乏相应的外出学习与交流的机会，致使教练员训练理念滞后，不能适应网球运动的发展速度，直接影响温州市青少年网球训练基地的训练水平和人才培养质量与效率。

3. 网球场地设施扩大、教练员队伍建设、发展战略定位等缺乏前瞻性规划，基地可持续发展后劲不足

温州市青少年网球训练基地经历近十年（截至2015 年底）的发展，在训青少年网球后备人才仅百余人，青少年网球后备人才的人口基数较少，制约了青少年网球后备人才科学化选拔工作。网球场地设施扩大、教练员队伍建设、发展战略定位等缺乏前瞻性规划，使得温州市青少年网球训练基地处于不利境地。若不改变这种局面，温州其他网球训练培养机构，如瓯海区青少年网球训练中心等的崛起会直接威胁温州市青少年网球训练基地的发展。

4. 竞赛体系不完善，青少年网球后备人才参赛经验较缺乏，技术水平提高缓慢

笔者调查了解到，温州市青少年网球后备人才大多以参加浙江省运动会与浙江省中小学生网球排名赛为主，参加全国网球赛事的机会较少。温州市青少年网球后备人才缺乏参赛经验。这在一定程度上影响了温州市青少年网球后备人才竞技能力的提高。

（五）温州市青少年网球后备人才培养模式创新策略研究

笔者通过走访温州市体育局、温州市网球协会及温州市青少年网球训练基地，认为针对当前温州市青少年网球后备人才培养困境，如果要进一步完善与创新温州市青少年网球后备人才“委托订单式”培养模式，提高青少年网球后备人才培养效率，实现温州市青少年网球运动健康可持续发展，则应从以下几个方面入手。

1. 制定网球人才发展战略规划，完善“委托订单式”培养模式

温州市体育局在总结青少年网球后备人才培养工作经验基础上，结合当前温州市青少年网球后备人才培养发展现状与发展困境，以及国内外青少年网球后备人才培养发展动态，制定温州市青少年网球后备人才培养工作的发展战略规划，细化青少年网球后备人才“委托订单”的操作流程与需求，进而完善温州市青少年网球后备人才“委托订单式”培养模式。

笔者通过对温州市体育局与温州市青少年网球训练基地相关负责人的走访调查，发现温州市体育局针对青少年网球后备人才培养的发展战略规划、资金投入监管评价机制、训练质量考核工作等缺乏相应的具体操作细则，致使温州市青少年网球后备人才培养良续发展遇到瓶颈。因此，温州市体育局应制定青少年网球后备人才培养的整体发展战略，细化青少年网球后备人才“委托订单”的操作流程，营造有利于青少年网球后备人才培养的整体环境。首先，温州市体育局应加大对政府政策法规的宣传与落实力度，推进青少年网球后备人才培养制度的更新与完善，细化青少年网球后备人才“委托订单”的操作流程与需求，对青少年网球后备人才培养工作的评价与考核指标进行量化，并对温州市青少年网球训练基地在青少年网球后备人才培养工作方面作出公正、客观且有效的评价；其次，温州市体育局应从温州市青少年网球训练基地发展现状与青少年网球后备人才培养工作具体实践出发，结合国内外青少年网球后备人才培养发展动态，制定温州市青少年网球后备人才培养工作的发展战略规划，以推进温州市青少年网球后备人才培养工作的可持续发展。

2. 加大指导和扶持力度，推动网球教练员梯队建设

温州市体育局应加大对温州市青少年网球训练基地教练员队伍建设的指导和扶持力度，优化青少年网球训练基地教练员队伍，推动温州市青少年网球训练基地教练员梯队建设，进而提高温州市青少年网球后备人才培养效率。

笔者通过对温州市青少年网球训练基地教练员队伍建设调查分析，发现在温州市青少年网球训练基地教练员队伍建设中人才结构配置不合理，且高学历、高层次教练员人才匮乏，这种状况制约了温州市青少年网球训练基地教练员执教水平，不利于温州市青少年网球后备人才培养工作的有序开展。因此，温州市体育局应从温州市青少年网球后备人才培养长远发展的角度出发，加大对温州市青少年网球训练基地教练员队伍建设的指导和扶持力度，推动网球教练员梯队建设。温州市体育局具体应从以下几点出发。首先，为青少年网球教练员提供参加岗位培训与外出交流的平台，设立青少年网球教练员参加岗位培训与外出交流的专项资金，鼓励与引导青少年网球教练员参加岗位培训与外出交流，更新青少年网球教练员执教理念；其次，建立健全青少年网球训练基地教练员流动机制，加大温州冶金青少年体育俱乐部与温州国际网球中心之间青少年网球教练员的合理流动，实现青少年网球教练员效益最大化；最后，加大对高学历、高层次青少年网球教练员的引进力度，不断提高高学历、高层次青少年网球教练员的福利待遇，并不断向青少年网球教练员队伍中填充新鲜“血液”，进而实现温州市青少年网球教练员队伍建设的新发展。

3. 加强基地内部管理，健全选拔、培养制度，全面提升训练水平

科学选材是青少年网球后备人才的第一步，选材直接影响青少年网球后备人才发展道路。青少年网球后备人才的成功是建立在科学选材基础上的。要使其结合科学化、专业化的专项训练，最大限度地发挥个人潜能，实现自身新突破。

（1）扩大招生规模，推动选材科学化发展

青少年网球后备人才选拔体系是提高青少年网球后备人才选拔科学性的关键所在，而招生规模又制约着青少年网球后备人才选拔科学化发展，只有扩大青少年网球后备人才招生规模才能保证青少年网球后备人才的选拔质量。因此，扩大青少年网球后备人才的招生规模是提高青少年网球后备人才科学选拔的第一步。

笔者通过对温州市青少年网球训练基地相关负责人与青少年网球教练员调查与访谈，发现温州市青少年网球后备人才选拔科学化程度较低，选材手段较为单一与落后。教练员大多凭借主观经验对有天赋的青少年网球后备人才，进行简单的身体测试与专业技能测试。目前，温州市青少年网球后备人才选拔工作缺乏科学性与严谨性，这不利于温州市青少年网球后备人才培养。因此，温州市体育局与温州市青少年网球训练基地相关负责人应对青少年网球后备人才选拔工作予以高度重视，充分运用先进医疗与科研资源，逐步建立与完善青少年网球后备人才选拔体系，提高温州市青少年网球训练基地选材科学性。具体应从以下两方面入手。第一，温州市体育局应多布点，加强与网球培训机构的合作，使温州市青少年网球后备人才形成团队成才发展态势。温州市体育局应借鉴温州市羽毛球、游泳等项目在青少年后备人才培养方面的思路与做法，通过与具有一定资质的俱乐部进行深度合作，进行青少年网球后备人才的培养。第二，温州市青少年网球训练基地应加强与中小学校的联合协作。通过免费向中小学校学生开放网球兴趣培养课程的方式，青少年网球教练员从中挑选具有天赋的运动员进行系统化的培养，进一步扩

大青少年网球后备人才的招生规模，从而推动青少年网球后备人才的选材科学化发展。

（2）科学制订训练计划，提高科学化训练水平

训练计划是对青少年网球后备人才训练过程的整体规划，而运动训练则是提高青少年网球后备人才运动技能与完成训练计划的途径。科学的训练方法能够充分挖掘青少年网球后备人才的潜能。因此，制订科学训练计划和提高科学化训练水平有助于青少年网球后备人才综合能力的提升。

笔者通过对温州市青少年网球训练基地教练员训练计划制订与执行情况调查分析，发现他们在青少年网球后备人才培养中大多依据后备人才的年龄阶段与竞技能力水平有针对性地制订训练计划。在训练计划执行过程中，文化教育与运动训练的冲突是影响教练员训练计划执行的重大难题。因此，教练员在制订训练计划时应依据青少年网球后备人才成长、成才规律，制订不同时期、不同阶段的训练计划；教练员在训练计划执行过程中应从实际出发，面对不可控因素，适时调整训练计划；基地应加强与高校科研机构及其他科研单位合作，为其提供相关研究对象，科研机构依据训练现状为基地提供优化方案，以提高基地训练水平的科学化程度。

（3）建立健全青少年网球后备人才流动机制，拓宽人才发展空间

青少年网球后备人才的合理流动是青少年网球人才“出口”的关键，只有保障青少年网球后备人才的“出口”，才能不断拓展青少年网球后备人才的发展空间。因此，温州市体育局应加强与教育部门的合作，将网球项目逐步推向中小学校，促使中小学校开设网球兴趣课程，不断扩大网球运动在青少年群体中的普及面，从而让学生在基础阶段就掌握网球基本技能。温州市体育局通过完善的青少年网球后备人才选拔体系从中小学校中挑选出具有发展潜力的青少年，使其能够进入温州市青少年网球训练基地接受更专业的训练。青少年网球教练员应妥善处理

文化教育与网球训练之间的矛盾，合理安排训练时间与训练强度，使青少年网球后备人才在接受文化教育的同时能长期、稳定地接受专业化网球训练，实现文化教育与网球技能的协同发展，并切实保证青少年网球人才小升初、高考及专业化网球人才输送等环节顺利衔接，为青少年网球后备人才提供更多“出路”选择，这种方式有利于培养多层次、全方位的青少年网球后备人才，有利于拓宽青少年网球后备人才发展空间。

4. 拓宽投融资渠道，促进投融资主体多元化，提高自身“造血”能力

政府在降低行业门槛、放宽相关政策法规、建立资源共享平台等公共服务职能基础上，逐步加大青少年网球后备人才培养投入力度，改善投资环境，建立多元主体联合培养青少年网球后备人才的体系，进而实现温州市青少年网球后备人才“委托订单式”培养模式的有序运行。

笔者通过实地调查与访谈温州市青少年网球训练基地经费来源情况，发现政府财政拨款与学员缴纳训练费用是温州市青少年网球后备人才培养经费的主要来源，而温州市青少年网球训练基地过分依赖政府财政拨款与学员缴纳训练费用很难维持自身正常运转，经费不足仍是制约温州市青少年网球后备人才培养的重要因素。因此，温州市青少年网球训练基地不仅要依靠政府财政拨款，还应充分发挥自身优势，加强与其他企事业单位合作，通过企业赞助、赛事冠名、社会捐赠等方式拓宽其经费来源渠道。同时温州市青少年网球训练基地应在充分保证自身功能特性前提下，走社会化、市场化发展道路，充分利用其场地设施资源，以增加自身创收能力，提高自身“造血”能力，实现自身经费来源结构多元化发展。

5. 加强基础设施建设，改善训练条件

网球基础设施建设是青少年网球后备人才获取网球技能、提高综合技能的基本条件。笔者通过实地调查温州市青少年网球后备人才训练基地基础设施现状与基础设施建设专项资金情况，发现其经费主要来自政府部门的财政拨款和训练基地自身的盈利，基础设施建设经费的不足直接导致了温州市青少年网球训练基地基础设施更新换代滞后，不能满足训练基地发展的需要。因此，政府部门应打破传统模式束缚，改变原有模式，本着“谁投资，谁受益”的基本原则，鼓励与引导社会力量投资建设基础设施，在温州市青少年网球后备人才训练基地通过财政拨款、企业赞助、个人和慈善机构捐助等方式获得资金支持后，政府部门应当支持温州市青少年网球后备人才训练基地进行基础设施建设，并在网球场扩建等土地使用方面予以审批支持和优惠政策，同时在税收等方面给予支持。

第五章 温州市体育后备人才市场化培养模式的困境研究

体育后备人才培养工作是我国体育事业可持续发展的基石，体育事业能否长盛不衰、持续发展，体育后备人才培养工作是关键的一环。温州市作为我国社会主义市场经济体制改革的前沿阵地，其体育事业整体水平位居全国前列，其体育后备人才培养模式具有显著的地域特色。人才培养模式是指在一定的教育思想理念的指导下，对人才培养目标、培养规格、培养方案、培养过程进行有机整合而形成的育人方式。体育后备人才培养模式的形成不仅需要长时间的实践与沉淀，更需要一个符合社会发展需要、符合人才培养目标并且与时俱进的人才培养方案。温州市体育后备人才市场化培养模式是在我国社会主义市场经济体制改革与体育体制改革大背景下的产物，它的形成是对传统体育后备人才培养体制的创新与优化，更是对传统体育后备人才培养方案的完善与补充。这种人才培养模式更加符合市场经济发展与我国体育事业发展的需求。

温州市体育后备人才市场化培养模式是我国社会转型与体育体制改革的先驱与实践者，是我国体育后备人才市场化培养模式的新典范。温州市体育后备人才市场化培养模式与传统的体育后备人才培养模式有着显著的区别。温州市体育后备人才市场化培养模式是以市场为主体，依据市场经济的基本规律与规则对现有资源进行有效的优化与调配，实现资源的最佳配置状态；而传统的体育后备人才培养模式是以行政主管部门为主体，依据行政主管部门的需求制定体育事业的中长期发展规划。国家单一培养的体育后备人才培养模式在一定程度上造成了体育事业发展资源的浪费，使得体育后备人才培养的投入成本远远高于产出效益，制约了我国体育事业的可持续发展。因此，要实现我国体育事业的可持续发展，则必须以市场需求为导向，加强鼓励与引进社会力量参与体育后备人才培养的力度，拓宽体育后备人才培养的投融资渠道。这对我国体育事业的可持续发展具有积极的现实意义。

随着我国社会体制的转型，以及社会主义市场经济体制的不断发展与完善，传统体育体制的发展弊端不断显现，这在一定程度上制约了我国体育事业的可持续发展态势。加之现阶段我国正由体育大国向体育强国迈进，体育事业发展对体育后备人才数量与质量的需求不断提高，体育后备人才培养主体呈多元化发展，体育后备人才培养的社会化、市场化发展思路不断清晰，这些推动了我国体育后备人才培养工作的有序进行，为我国体育事业的可持续发展提供了保障。因而，本研究通过调查温州市体育后备人才市场化培养模式的发展，解析该人才培养模式的发展窘境，结合国外体育后备人才培养的发展动向与我国体育后备人才发展的动态，提出相应的创新策略，寻求最佳的发展路径，以期为社会力量投资体育后备人才培养提供理论支撑。

一、温州市体育后备人才市场化培养模式形成的基础

体育事业综合实力的竞争不仅是一个国家科学技术水平与综合经济实力的竞争，更是体育后备人才的竞争。体育事业的可持续发展需要合理的体育后备人才培养模式与梯队建设。因此，体育后备人才培养在体育事业健康可持续发展中的重要性不断提升。随着我国社会体制逐步由计划经济体制向社会主义市场经济体制的转型与升级，传统的体育后备人才培养模式面临着新的挑战与机遇。

（一）社会主义市场经济体制的发展与完善

1978 年 12 月，中国共产党第十一届中央委员会第三次全体会议明

确指出，实行改革开放的政策，在系统总结我国农村体制改革的基础上，开始对我国经济体制进行全方位的改革，将全党工作重点转移到经济建设上来。1984 年 10 月，中国共产党第十二届中央委员会第三次全体会议一致通过《关于经济体制改革的决定》，该决定明确提出，进一步贯彻执行对内搞活经济、对外实行开放的方针，改革的基本任务是建立起具有中国特色的、充满生机和活力的社会主义经济体制，促进社会生产力的发展。[1] 1986 年 6 月，邓小平再次提出了进行政治体制改革的问题，并指出，不搞政治体制改革不能适应形势。[2] 这在一定程度上表明，我国政治体制改革是社会主义政治制度的自我发展与完善，是我国改革向前推进的重要标志。依据邓小平同志重要讲话的精神，中共中央成立了中央政治体制改革研讨小组，经过系统的研究与论证，形成了《政治体制改革的总体设想》（初步方案）。1987 年 10 月，中国共产党第十二届中央委员会第七次全体会议通过了《政治体制改革的总体设想》并将其写入中国共产党第十三次全国代表大会报告。随后召开的中国共产党第十三次全国代表大会对我国政治、经济等体制的改革制定了整体的框架，对政治体制改革党政分开、权力下放、加强社会法治建设等七个方面进行了具体部署。中国共产党第十三次全国代表大会的胜利召开拉开了我国政治体制全方位改革的序幕。20 世纪 80 年代末 90 年代初，我国正处于一个体制改革的关键时期。1992 年邓小平同志发表南方谈话。在科学总结中国共产党第十一届中央委员会第三次全体会议以来的基本经验和基本实践的基础上指出，坚定不移地贯彻执行党的“一个中心、两个基本点”的基本路线，基本路线要管一百年，动摇不得；要解放思想、勇于探索，以“三个有利于”为基本标准，大胆地试验；

---

[1] 中共中央关于经济体制改革的决定 [EB/OL].（1984 - 10 - 20）[2008 - 06 - 26]. http://www.gov.cn/test/2008 - 06/26/content_1028140.htm.

[2] 推进政治体制改革 [EB/OL].（1986 - 06 - 10）[2003 - 06]. http://www.npc.gov.cn/zgrdw/npc/xinwen/2003 - 07/03/content_316492.htm.

计划多一点还是市场多一点，不是社会主义与资本主义的本质区别，计划和市场都是经济手段；社会主义的本质，是解放生产力，发展生产力，消灭剥削，消除两极分化，最终达到共同富裕；经济发展快一点，必须坚持两手抓，两手都要硬。邓小平的南方谈话为我国改革开放和现代化建设进一步扫清了思想上的障碍，同时为中国共产党第十四次全国代表大会的胜利召开做了最有力的铺垫。1992 年 10 月，为总结中国共产党第十一届中央委员会第三次全体会议以来的改革发展经验，明确今后的工作安排与部署，以及进一步加快改革开放的步伐，在中国共产党第十四次全国代表大会上，江泽民同志代表第十三届中央委员会向大会作了题为《加快改革开放和现代化建设步伐，夺取有中国特色社会主义事业的更大胜利》的报告，报告指出，进一步解放思想，把握有利时机，加快改革开放和现代化建设步伐，夺取有中国特色社会主义事业的更大胜利。1997 年 9 月，中国共产党第十五次全国代表大会在我国改革开放和社会主义现代化建设发展的关键时刻召开，大会召开在世纪之交，具有承前启后、继往开来的作用，是保证全党继承邓小平同志的遗志，坚定不移地沿着中国共产党第十一届中央委员会第三次全体会议以来正确路线胜利前进的大会，进一步把“形成比较完善的社会主义市场经济体制”作为我国经济体制改革跨世纪发展战略的目标，对建设中国特色社会主义事业的跨世纪发展作出了全面部署。2001 年我国顺利加入世界贸易组织（WTO），这不仅标志着我国社会主义市场经济体制发展进入一个全新的发展阶段，而且标志着我国经济体制从计划经济体制向社会主义市场经济体制改革取得巨大成就。由此，我国市场经济纳入全球化市场经济发展的轨道与体系中。2002 年 11 月，江泽民同志在中国共产党第十六次全国代表大会作了题为《全面建设小康社会，开创中国特色社会主义事业新局面》的专题报告，报告在全面建成小康社会的奋斗目标、经济建设和经济体制改革，以及政治建设和政治体制改革等方面作了全面部署。2003 年 10 月，中国共产党第十六届中央委员会第三次全体会议通过了《中共中央关于完善社会主义市场经济体制若干问题的决定》，全面系统地阐述了社会主义市场经济体制的基本框架与推进市场化改革的具体部署。同时，中共中央还阐述了科学发展观和构建社会主义和谐社会的重大战略思想，为我国构建完善的社会主义市场经济体制提供了坚实的理论基础。2013 年 11 月，中国共产党在改革开放的重要关头召开了第十八届中央委员会第三次全体会议，此会议通过了《中共中央关于全面深化改革若干重大问题的决定》，该决定明确指出，更加注重改革的系统性、整体性、协同性，加快发展社会主义市场经济、民主政治、先进文化、和谐社会、生态文明，让一切劳动、知识、技术、管理、资本的活力竞相迸发，让一切创造社会财富的源泉充分涌流，让发展成果更多更公平惠及全体人民。[1] 该决定对全面深化改革进行了整体部署，提出了新思想、新论断、新举措，进一步明确了经济体制改革必须是全面深化的改革，对进一步推进全面深化经济体制改革进行了整体部署。

我国社会主义市场经济体制改革目标的进一步确立，改革开放的步伐进一步加快、领域逐步拓宽，以及以社会主义市场经济体制改革为核心的，包含政治体制、体育体制等众多领域体制改革的同步推进，把我国社会主义市场经济体制改革推向一个全新的历史发展阶段。我国社会主义市场经济体制改革的全面推进与发展，为我国体育事业的发展奠定了坚实的物质基础与制度保障，为我国体育体制改革创建了良好的外部基础。

（二）体育体制改革的深化

经济基础决定上层建筑。随着我国社会主义市场经济体制的发展与

[1] 审议通过《中共中央关于全面深化改革若干重大问题的决定》[EB/OL].(2013－11－12)[2019－11－30].https://baijiahao.baidu.com/s?id=165160375060 9673022&wfr=spider&for=pc.

完善，多种所有制经济共存的经济制度一定程度上影响着我国体育事业投融资主体的多元化发展。我国在计划经济体制背景下形成的由国家主导的一元化主体参与的体育后备人才培养模式，逐步被政府、企业、学校、个人等多元主体参与的体育后备人才培养模式所取代。我国社会主义市场经济体制的发展与完善为我国体育事业健康可持续发展提供了良好的发展环境。随着我国政治经济体制改革的不断推进，传统体育体制弊端日益暴露，所以必然要进行相应的体制改革，以实现对体育运行体系的控制与优化，体育后备人才培养体系的变革随即展开。

随着“文化大革命”的终结，从 1977 年开始国家体委、全国体育总会、各单项运动协会与地方体育机构陆续得以恢复，由此我国体育体制的恢复与重建工作正式拉开帷幕。1978 年至 1980 年国家体委连续举行三届全国体育工作会议，对我国体育事业的恢复与发展起到了巨大的推动作用。1979 年 10 月，在日本名古屋召开的国际奥委会执委会议一致通过了恢复中国在国际奥委会合法席位的决议，结束了我国与国际奥委会之间的“冰冻”关系。我国通向奥林匹克运动会赛场的大门在关闭多年之后得以重新打开，全面参与奥林匹克运动会成为我国体育事业发展的核心。1980 年 1 月，在北京举行的全国体育工作会议全面系统地总结了我国体育事业发展三十年的经验与教训，进一步研究了如何适应市场经济调整时期和参加奥林匹克运动会后的新形势，并提出要加速发展体育事业，提高人民健康水平和运动技术水平，更多更快地培养体育后备人才，争取在世界舞台上创造优异成绩。1981 年 4 月，国家体委在北京举行了省、自治区、直辖市体委主任会议，会议指出，要在调整中前进，要使体育在建设社会主义精神文明中发挥更大作用。1983 年全国体育工作会议肯定了体育事业在当时的新发展和重大突破，提出体育战线开始出现新局面，讨论了 21 世纪的奋斗目标：普及城乡体育运动，达到世界第一流的运动技术水平，建设现代化的体育设施，拥有一支又红又专的体育队伍，使中国成为世界体育强国。1986 年 4 月，国家体委颁布实施了《关于体育体制改革的决定（草案）》，对我国体育体制改革进行了系统阐述和全面部署。该草案的中心是转变国家体委等行政机构的职能、理顺国家体委与国家教委等部门的关系。该草案指出要坚持以学校体育为战略重点，对竞赛体制、训练体制等进行一系列变革，由此拉开了我国体育体制改革的序幕，为我国竞技体育在特定历史条件下的发展提供了坚实的制度保障。1992 年邓小平同志发表“南方谈话”，这在一定程度上为我国社会主义市场经济体制改革的新突破奠定了思想基础。同年 10 月，中国共产党第十四次全国代表大会正式提出了“建设有中国特色的社会主义市场经济体制”的宏伟目标，进一步为我国社会各项体制改革指明了发展方向，同时也为我国体育体制改革明确了方向。1992 年国家体委在广东中山举行了对我国体育体制改革具有重大影响的会议——中山会议，确立了“以足球改革为突破口、改革体制为关键、转变机制为核心，加快体育改革的步伐，建立与社会主义市场经济体制相适应的体育新体制”的体育整体改革的思路。此次会议加快了我国体育体制改革的步伐，建立了与社会主义市场经济体制相适应、符合现代体育运动规律的国家控制、依托社会、自我发展、充满生机与活力的体育管理体制和良性循环的运行机制，形成了国家办与社会办相结合、以社会办为主的新格局。1993 年 5 月，国家体委颁布实施《关于深化体育改革的意见》，该意见的出台确立了 20 世纪 90 年代体育体制改革的基本框架：实现与计划经济体制相适应的体育体制向与社会主义市场经济体制相适应的体育体制转变，逐步建立起与社会主义市场经济体制相适应，符合现代体育运动发展规律的国家调控、依托社会、自我发展、充满生机与活力的体育体制和良性循环的运行机制，形成国家办与社会办相结合、集中与分散相结合的格局。

自 1992 年国家提出社会主义市场经济体制改革目标，我国社会体制改革便朝着这一目标前进。在与社会主义市场经济体制改革相适应的竞技体育体制改革过程中，2001 年北京成功获得第 29 届夏季奥林匹克运动会的举办权，这对我国体育体制改革的发展进程与未来走向产生了重要影响。2008 年北京奥运会成为进入 21 世纪以来包括我国各项体育工作与竞技体育体制改革工作在内的一切工作的核心，同时也是竞技体育体制改革面临的一个重要变化。2000 年 12 月，国家体育总局颁布实施《2001—2010 年体育改革与发展纲要》，文件指出，加快训练体制改革，建立适应社会主义市场经济体制的后备人才培养体系，鼓励和支持社会及个人资助、兴办业余训练。[1] 2006 年 7 月，国家体育总局颁布《体育事业发展“十一五”规划》，该规划指出，充分利用体育系统外的教育资源，鼓励、支持运动队与地方教育部门及各级各类学校通过各种形式合作办学或开展共建。[2] 2008 年 1 月，国家体育总局人事司司长史康成指出，以政府主导、社会参与、全面覆盖、分级负责为工作原则，探索建立与我国社会主义市场经济和竞技体育发展相适应，与国家保障制度相衔接，以社会保障为基础，以事业保障为激励，以自我保障和商业保险为补充，以及资金来源多渠道、保障方式多层次、保障内容全方位、权利义务相对应、管理和服务社会化的运动员保障制度，初步搭建由国家、社会、行业、地方和个人共同承担的多层面、全方位的立体保障平台。[3] 2011 年 4 月，国家体育总局颁布实施《体育事业发展“十二五”规划》，该规划明确指出，建成符合体育人才成长规律和教育规律，以培养具有较高运动技术水平、全面发展的后备人才为主要任务，以政府主导下的体教结合为资源整合机制，以基础教育阶段为重点，以国家高水平体育后备人才基地和公办体育运动学校为骨干，以少年儿童体校、青少年体育俱乐部、体育传统项目学校、体育特色学校和

---

〔1〕 2001—2010 年体育改革与发展纲要 [EB/OL].（2000 - 10 - 15）[2019 - 04 - 29]. https://wenku. baidu. com/view/64d0cb73185f312b3169a45177232f60dccce720. html.

〔2〕 国家体育总局发布体育事业发展“十一五”规划 [EB/OL].（2006 - 07 - 25）[2006 - 07 - 27]. http://www. gov. cn/gzdt/2006 - 07/27/content_347002. htm.

〔3〕 关于进一步做好全国优秀运动员保障工作的意见 [EB/OL].（2007 - 08 - 21）[2007 - 08 - 21]. http://www. sport. gov. cn/n315/n331/n403/n1958/c574003/content. html.

社会力量兴办的后备人才培养机构为基础，规模、布局、结构合理的后备人才培养体系，加强和巩固业余训练基础。[1] 2012 年 8 月，国家体育总局颁布实施《关于鼓励和引导民间资本投资体育产业的实施意见》，文件指出，支持民间资本进入体育用品生产及销售领域，鼓励和引导民间资本进入体育场馆建设运营领域、体育健身休闲领域和体育竞赛表演领域，加大对民间资本投资体育产业的支持力度。[2] 2014 年 10 月，国务院颁布实施《国务院关于加快发展体育产业促进体育消费的若干意见》，文件指出，鼓励社会资本进入体育产业领域，建设体育设施，开发体育产品，提供体育服务，推广和运用政府和社会资本合作等多种模式，吸引社会资本参与体育产业发展。[3] 进入 21 世纪以来，我国社会主义市场经济体制逐步建立，社会总体改革已经由建立社会主义市场经济体制向着完善与优化社会主义市场经济体制逐步深化。在社会总体改革的影响和推动下，政府也提出，在坚持和完善举国体制的同时，进一步深化我国体育体制改革，最终完善与社会主义市场经济体制相适应的竞技体育体制和运行机制，尤其应建立与社会主义市场经济体制相适应的体育后备人才培养体制与运行机制。中国共产党第十八届中央委员会第三次全体会议的胜利召开，体现了以习近平同志为核心的党中央从实现“中国梦”的伟大构想出发对体育后备人才培养工作提出的新要求和新期望，为我国体育后备人才市场化培养模式的优化与创新奠定了基础。

---

[1] 体育事业发展“十二五”规划 [EB/OL]. (2004 - 04 - 01) [2011 - 04 - 11]. http://www.sport.gov.cn/zfs/n4977/c660451/content.html.

[2] 关于鼓励和引导民间资本投资体育产业的实施意见的通知 [EB/OL]. (2012 - 05 - 31) [2017 - 01 - 11]. http://www.sport.gov.cn/n315/n331/n403/n1957/c785122/content.html.

[3] 国务院关于加快发展体育产业促进体育消费的若干意见 [EB/OL]. (2014 - 10 - 02) [2014 - 10 - 20]. http://www.gov.cn/zhengce/content/2014 - 10/20/content_9152.htm.

二、温州市体育后备人才市场化培养模式的发展动力

随着我国社会主义市场经济体制的发展与完善，传统的由国家主导的体育后备人才培养模式已经不能满足我国体育事业发展的需求，举国体制式的人才培养模式在体育后备人才培养方面的弊端逐渐凸显。为了建立与社会主义市场经济体制相适应的体育后备人才培养体制与运行机制，我国政府不断加大对体育体制改革的力度，从而为温州市体育后备人才市场化培养模式的持续发展增添动力。

（一）国家方针政策的导向

2014 年 5 月，国务院总理李克强在《关于深化经济体制改革的若干问题》报告中指出，全面深化改革的重点是经济体制改革，核心问题是如何处理好政府与市场的关系，以使市场在资源配置中起决定性作用，以及更好地发挥政府的指引作用。同时报告指出，继续创新投融资体制机制，推动投资主体多元化，加快实行统一的市场准入制度，进一步释放民间投资潜力，促进固定资产合理增长。2014 年 10 月，国务院颁布实施《国务院关于加快发展体育产业促进体育消费的若干意见》，文件指出，遵循产业发展规律，完善市场机制，积极培育多元市场主体，吸引社会资本参与，充分调动全社会积极性与创造力；把体育产业作为绿色产业、朝阳产业培育扶持，破除行业壁垒、扫清政策障碍，形成有利于体育产业快速发展的政策体系；全面清理不利于体育产业发展的有关规定，取消不合理的行政审批事项，凡是法律法规没有明令禁入的领域都要向全社会开放；推行政社分开、政企分开、管办分离，加快推进体育行业协会与行政机关脱钩，将适合由体育社会组织提供的公共服务和解决的事项交由体育社会组织承担；推广和运用政府和社会资本合作等多种模式，吸引社会资本参与体育产业发展，政府引导，设立由

社会资本筹资的体育产业投资基金，有条件的地方可设立体育发展专项资金，对符合条件的企业、社会组织给予项目补助、贷款贴息和奖励。[1] 这些举措不仅拓宽了体育后备人才培养与梯队建设的投融资渠道，更为温州市体育后备人才市场化培养模式的发展提供了机遇。随着我国体育事业的不断发展，以及体育后备人才需求的不断增加，传统由国家主导的体育后备人才培养模式已经不能满足我国体育事业发展对体育后备人才的需求，这为多元化体育后备人才培养模式的形成创造了机遇，更为温州市体育后备人才市场化培养模式的发展增添了动力。

（二）未来发展前景的诱惑

1978 年 12 月，中国共产党第十一届中央委员会第三次全体会议提出了我国经济体制由计划经济体制向社会主义市场经济体制的转型，由此我国体育体制在 20 世纪 80 年代开始了一场深刻的、与社会主义市场经济体制相适应的变革。我国体育体制的变革加速了我国体育事业的发展，竞技体育事业不断取得新成就，中国体育国际地位稳步提升，这一切昭示着我国体育体制改革取得的伟大成就，为中华民族的伟大复兴谱写了一曲迈向新世纪的华美乐章。然而，在辉煌成就的背后，出现了一系列发展问题，并成为我国体育体制改革发展与完善的瓶颈。随着我国社会主义市场经济体制改革的不断推进，这些矛盾与问题呈现出进一步加剧的趋势，引发了我国对体育体制改革的反思潮。为了进一步巩固我国推进体育体制改革以来取得的历史成就，保证我国体育事业的持续、健康、快速发展，党和国家认真分析与总结我国体育体制改革的历史，坚定不移地走持续、深化改革发展道路不动摇，进一步推进我国体育体制改革的深化与发展。为此，行政主管部门对我国体育体制进行了全面深化的改革，如加快我国由计划经济体制向社会主义市场经济体制转型

[1] 国务院关于加快发展体育产业促进体育消费的若干意见[EB/OL].(2014-10-02)[2014-10-20]. http://www.gov.cn/zhengce/content/2014-10/20/content_9152.htm.

的步伐，鼓励与引导私有投资主体参与发展体育事业，拓宽体育事业发展的投融资渠道，实现投融资主体的多元化发展，推进体育后备人才培养朝着社会化、市场化方向发展，构建新型的运动员退役安置保障工作新机制，等等。随着社会主义市场经济在资源配置中所起的作用越来越明显，行政主管部门正在从微观烦琐的事物中抽身出来，逐步摆脱对体育事务直接的、行政的、参与式的管理，适时地转向间接的、以经济手段为主导的、法治式的管理，在市场上所扮演的角色也逐渐由“严审批”向“严监管”转变，而将更多的权力下放给各级各类社会体育组织和管理机构，将体育行政主管部门的公共服务职能推向市场化，实现管理职能朝着社会化、市场化方向发展。随着我国体育体制市场化的进一步发展完善，以及投融资渠道的多元化发展，私有投资主体投资体育后备人才培养拥有的巨大市场潜力将被逐步挖掘，这也将成为温州市体育后备人才市场化培养模式发展不竭的动力源泉。

（三）投资者对体育事业的无限追求

兴趣是一种无形的推动力，每个人都会对他所感兴趣的事物或领域给予优先注意和积极探索，并表现得心驰神往。兴趣不只是对事物表面的关心，更是获得了这方面的知识或参与了这种活动而使人体验到情绪上的满足，如果一个人对某项事物没有足够深刻的认识，也就不会对此产生情感，更不会产生兴趣。兴趣是爱好的前提，爱好是兴趣发展和行动的“指挥官”，为此，人们需要集中精力去获得所需要的知识。只有拥有了一定兴趣和爱好时，才会创造性地完成当前的活动。美国著名华人学者丁肇中说：“任何科学研究，最重要的是要看对于自己所从事的工作有没有兴趣。”换句话说就是如果对某一事物没有兴趣，是不可能在这个领域有所造诣的。温州市体育后备人才市场化培养模式的形成与发展，正是由于温州市的私有投资主体对体育事业发展有着一种独特的思想情怀，他们通过参加体育锻炼而达到情感上的升华。尤其是从事体育后备人才培养与梯队建设的私有投资主体，他们大多怀揣着对体育运动的兴趣与爱好，并投入巨资开设各类体育运动学校、青少年体育俱乐部等私有机构，希望通过自身的努力实现自我精神层面的满足，为我国体育事业的可持续发展贡献出一己之力。正是这样一些私有投资主体对体育运动的喜爱与对体育事业的无限追求，才使得温州市体育后备人才市场化培养模式不断优化与完善。

三、温州市体育后备人才市场化培养模式改革的必要性分析

温州市是我国社会主义市场经济体育改革的前沿阵地，温州人在地少人多、资源少、交通闭塞的情况下，紧追社会主义市场经济体制改革的步伐，使得温州经济呈现出迅猛发展之势，并缔造了广为流传的温州经济发展模式即“温州模式”。“温州模式”作为我国市场经济发展的一种具有地域特色的经济发展模式，其内涵不是一成不变的，而是随着市场化经济发展而不断丰富与完善的。温州市体育后备人才市场化培养模式作为我国体育后备人才培养模式的一种新常态，是温州活跃的市场经济与温州人大胆创新、开拓进取精神的完美诠释，更是对“温州模式”内涵的进一步丰富与完善。

（一）体育后备人才市场化培养模式改革的可行性分析

体育后备人才培养工作是实现我国体育事业健康可持续发展的重大战略发展问题，只有适时地对我国体育后备人才培养的运营体系与机制进行调整与优化，才能为我国体育事业的可持续发展注入源源不断的动力。我国社会体制的转型与体育体制改革的不断推进，使温州市体育后备人才市场化培养模式的发展成为可能。

1. 原始资本的积累为体育后备人才市场化培养模式的发展提供了资金保障

温州市以其独特的地理位置成为我国首批改革开放的城市之一。受改革开放政策的影响并在温州人顽强不屈的拼搏精神、强烈的致富欲望、与生俱来的创业精神，以及一切从实际出发、实事求是、敢为人先的精神鼓舞下，温州人以市场需求为主导，发展多种所有制的市场经济结构，为温州的原始资本积累奠定了基础，缔造了具有地域特色的市场经济发展新模式，即“温州模式”。

私有投资主体是温州市体育后备人才市场化培养模式发展的有效推动者，极大地刺激了温州市体育后备人才培养模式在社会主义市场经济体制的外部竞争力，一定程度上满足了温州市体育事业可持续发展的需求。但是私有投资主体投资体育后备人才实质是一种商业投资行为，在后备人才培养过程中更多地依赖私有投资主体本身，而并非行政主管部门。体育后备人才培养的周期相对较为漫长，其培养过程中需要大量的人力、物力、财力等资源，因而温州市体育后备人才市场化培养模式的首要前提就是保证资金的充裕，而温州地区高度发展的市场经济原始资本积累为温州市体育后备人才市场化培养模式的发展提供了资金保障。温州市场经济的原始资本积累为体育后备人才市场化培养模式的发展提供了强大的资金保障，在一定程度上缓解了温州市发展体育事业给行政主管部门的财政压力，使温州市体育后备人才培养投融资渠道进一步拓宽，为温州市体育后备人才市场化培养模式的发展与完善提供了可能。

温州市体育后备人才市场化培养模式是我国社会体制改革与体育体制改革的产物，区别于传统的体育后备人才培养模式。温州市体育后备人才市场化培养模式既要追求特定的体育发展目标，也要实现基本的经济目标，其本质是通过体育后备人才培养来实现私有投资主体利益的最大化。

2. “温州模式”发展的基本经验为体育后备人才市场化培养模式的发展提供借鉴

“温州模式”是温州人民在国家改革开放方针政策的指引下，通过率先改革和建立社会主义市场经济体制来促进区域经济迅速发展的一种社会经济发展模式。温州人民经过不断的努力和探索缔造了“温州模式”，建立了具有地域特色的市场经济管理模式，在市场经济发展中更为注重时代需求，并依据我国社会主义初级阶段生产力、商品经济发展的要求，适时调节个体经济、私营经济在社会主义市场经济中的比重，使得温州地域经济得到迅猛发展。温州市场经济的发展得益于“温州模式”发展的基本经验，并指导着市场经济的发展，实现了温州地域经济的跨越式发展。温州市体育后备人才市场化培养模式的形成与完善得益于私有投资主体，而这种培养模式的本质是一种社会经济活动，其发展可以借鉴“温州模式”发展的基本经验。这样既有利于温州市体育后备人才市场化培养模式的优化与创新，又为温州市体育后备人才市场化培养模式的可持续发展提供可能。

3. 行政主管部门对私有投资主体的引导与政策支持

体育后备人才的培养不仅能够实现体育事业的可持续发展，更能够提高温州地区的社会知名度，进而带动相关产业的良性发展。温州市体育后备人才市场化培养模式是“温州模式”的一种创新，既符合温州市体育事业地域发展的需求，也是促进体育事业可持续发展的重大举措。温州市体育后备人才市场化培养模式的发展与完善不仅需要大量的市场运作资本，以加强温州市体育后备人才培养资金的保障，而且需要政府对私有投资主体投资体育后备人才市场化培养模式给予引导与政策支持。只有这样才能为温州市体育后备人才市场化培养模式提供良好的外部发展环境，加快温州市体育事业发展的步伐。

2002 年 7 月，中共中央、国务院颁布实施《关于进一步加强和改进新时期体育工作的意见》，文件指出，研究、制定有关政策措施，鼓励社会力量对体育赛事、公益性体育机构和公共体育设施建设的支持，加强对赞助活动的管理和监督，充分调动企事业单位和个人的积极性，保障和维护其正当权益。[1] 2005 年 2 月，国务院颁布实施《关于鼓励支持和引导个体私营等非公有制经济发展的若干意见》，文件明确指出，支持、引导和规范非公有资本投资教育、科研、卫生、文化、体育等社会事业的非营利性和营利性领域，在放开市场准入的同时加强政府和社会监管、维护公众利益，支持非公有制经济参与公有制社会事业单位的改组改制，通过税收等相关政策鼓励非公有制经济捐赠社会事业。[2] 2010 年 5 月，国务院颁布实施《关于鼓励和引导民间投资健康发展的若干意见》，文件指出，深入贯彻落实《国务院关于鼓励支持和引导个体私营等非公有制经济发展的若干意见》等一系列政策措施，鼓励和引导民间资本进入法律法规未明确禁止准入的行业和领域，规范设置投资准入门槛，创造公平竞争、平等准入的市场环境，使市场准入标准和优惠扶持政策公开透明，对各类投资主体同等对待，不得单对民间资本设置附加条件。[3] 2014 年 10 月，国务院颁布实施《国务院关于加快发展体育产业促进体育消费的若干意见》，文件明确指出，鼓励社会资本进入体育产业领域、建设体育设施、开发体育产品、提供体育服务，进一步拓宽体育产业投融资渠道，推广和运用政府和社会资本合作等多种模式，吸引社会资本参与体育产业发展。[4] 行政主管部门运用多种手段

---

〔1〕 中共中央 国务院关于进一步加强和改进新时期体育工作的意见 [EB/OL].（2002-07-22）[2018-11-08]. http://www.sport.org.cn/search/system/xgwj/2018/1108/191968.html.

〔2〕 国务院关于鼓励支持和引导个体私营等非公有制经济发展的若干意见 [EB/OL].（2005-02-19）[2008-03-28]. http://www.gov.cn/zhengce/content/2008-03/28/content_1647.htm.

〔3〕 国务院关于鼓励和引导民间投资健康发展的若干意见 [EB/OL].（2010-05-07）[2010-05-10]. http://www.gov.cn/zwgk/2010-05/13/content_1605218.htm.

〔4〕 国务院关于加快发展体育产业促进体育消费的若干意见 [EB/OL].（2014-10-02）[2014-10-20]. http://www.gov.cn/zhengce/content/2014-10/20/content_9152.htm.

鼓励、引导、支持私有投资主体参与发展体育事业，对于我国体育事业的可持续发展具有重要意义。随着我国社会主义市场经济体制的完善与体育体制改革的不断深入发展，有关温州市体育事业发展政策不断出台，如《浙江开放体育产业投资民间资本可多形式介入》《温州市五项并举加快发展体育产业》《贯彻全省体育局局长会议——温州加大对民办体育的探索与实践》《浙江省以优惠政策吸引民间资本投资体育》《浙江省人民政府关于加快发展体育产业促进体育消费的实施意见》等政策的陆续颁布实施，以及各种优惠政策引导私有投资主体参与体育事业发展与体育后备人才培养，这在一定程度上使得温州市体育后备人才市场化培养模式成为可能。

4. “温商回归”为体育后备人才市场化培养模式的发展注入新动力

“温商回归”工程无论是在经济层面还是在文化层面都对温州市的发展具有重大的战略意义。首先，温州商人的“回流”为温州市场经济的发展提供了大量的资金支持；其次，温州商人的“回流”不仅带来了丰裕的资金，更重要的是为温州市场经济的发展带来了科学合理的管理模式与先进的管理经验。温州市人民政府较为重视“温商回归”工程的发展策略，对温州商人回归后投资的行业限制较小，这在一定程度上消除了温州商人回归的后顾之忧。温州市人民政府进一步加大对“温商回归”的政策扶持力度，制定出台了进一步加强重点产业招商实施意见，加之以往的意见和规划等，形成了系列配套政策。有关数据表明，截至 2013 年 10 月，“温商回归”引进到位资金 358.7 亿元。2013 年前 10 个月，新引进项目共 365 个，其中温商回归新项目 321 个，总投资 536.06 亿元。[1] 而温州市体育后备人才市场化培养模式的正常运行亟须高素质的管理人才与先进的管理经验，以提高体育后备人才培养

---

[1] 评论：呼唤“温商回归”唤一声“亲”是不够的 [EB/OL].（2014－01－16）[2014－07－29]. http://www.lwnews.net/system/2014/07/29/011734131.shtml.

的科学化、系统化水平。为此，温州市人民政府大力倡导“温商回归”工程的发展策略，为温州市体育后备人才市场化培养模式的发展与完善带来了高素质的管理人才与先进的管理经验。另外，温州商人的“回流”带来了充裕的发展资金，为温州市体育后备人才市场化培养模式的运行提供了雄厚的资金保障。“温商回归”工程为温州市体育后备人才市场化培养模式的发展带来了机遇。

（二）体育后备人才市场化培养模式改革的必要性分析

近年来，我国传统举国体制式的体育后备人才培养模式遭遇到前所未有的冲击，国家主导的体育后备人才培养模式的投入与产出比例严重失调，从而造成我国体育事业发展的后备人才“赤字”。加之体育后备人才选拔困难、退役运动员的无处安置等问题，迫切需要我国建立适应市场经济发展的新型体育后备人才培养模式。

温州市作为我国改革开放的前沿阵地，市场经济发展位居全国前列，是我国社会主义市场经济体育改革成功的典范，民营经济发达是其显著经济特征和突出优势。这在一定程度上造就了具有温州地域特色的民办公共服务体系，即民办医疗、民办养老、民办教育等公共服务体系。民办公共服务体系的构建和发展与温州市特定的地域环境、经济发展环境和地域文化发展背景紧密相连，但经济发展因素起着决定性的作用。随着我国社会体制的转型与体育体制改革的不断发展与完善，建立与社会主义市场经济体制相配套的体育后备人才培养体制是当前我国发展体育事业的首要任务。

1. 温州市体育事业可持续发展的需要

温州市要实现体育事业的可持续发展必须从“自身”实际情况出发，运用多种手段鼓励与引导优势产业的发展以弥补现阶段体育事业发展的后劲不足，以运用循序渐进的投资和科学化的管理方式完善公共体育服务体系、促进体育事业协调发展、推动体育后备人才培养与梯队建设等为发展目标，逐步实现温州市体育事业的可持续发展。在体育后备人才培养过程中不能充分发挥社会力量，则体育事业的发展将面临资金短缺、人才匮乏等发展瓶颈。从可持续发展的角度出发，体育事业能够长久持续地发展，关键在于其适应市场经济发展规律，将自身的发展推向市场，最终在体育后备人才培养方面形成以国家宏观调控为主导、依托社会的市场化培养模式。长期以来我国体育后备人才的培养是在国家的主导下脱离市场经济发展的，其投入完全依赖行政主管部门，没有充分调动社会力量办体育的积极性，致使行政主管部门对发展体育事业的财政投入不断增加，政府财政负担不断加重，使得体育事业发展财政投入不足、体育事业难以健康可持续发展。体育事业的可持续发展必须充分发挥社会力量，运用自身优势将市场经济发展的一般规律融入体育事业发展工作，形成体育事业发展的社会化、市场化。温州市体育后备人才市场化培养模式作为温州地区独具特色的体育后备人才培养模式，实现了体育后备人才培养与市场的有效融合，是体育后备人才培养模式在满足新时期体育事业发展需求的大胆创新，也是温州市体育事业可持续发展的原动力。

2. 温州市社会力量投资领域拓宽的需求

民间资本是发展私营经济的一种非政府所有的资本。在改革开放政策实施前，由于计划经济占主导地位，国家统筹安排整个国民经济的发展，所以无论是在理论上还是在政策上，非公有制经济作为市场经济的一部分都是社会主义经济所排斥的力量。改革开放政策实施以来，非公有制经济发展异常迅猛，为我国国民经济的飞速增长作出了巨大贡献。可以说四十余年来我国经济的快速增长，很大程度上得益于非公有制经济的不断发展壮大。非公有制经济已经成为社会主义市场经济的重要组成部分和促进社会生产力发展的重要力量。然而，受计划经济时代的影响，我国公有制经济和非公有制经济之间的政策仍然存在着不公平的对待，民间资本进入市场仍然面临着诸多贸易壁垒，不能享受与公有制经济平等的待遇。这种情况严重影响了我国非公有制经济的发展和社会主义市场经济的公平竞争，不利于充分发挥民间资本的潜力。因而，政府在鼓励与引导社会力量参与体育后备人才培养的过程中，应坚持以拓展民间资本投资领域为原则，允许民间资本进入法律未明确禁止的体育领域，创造公平、公正的体育市场竞争环境，激发民间资本投资发展体育事业的积极性，为民间资本顺利进入体育后备人才培养领域提供政策支持。

3. 体育产业的发展刺激了温州市经济的新一轮增长

“温州模式”是在社会主义市场经济体制背景下被创造出的一种民营经济发展模式。温州市民营经济在我国金融市场开放、国际金融危机等因素的影响下，又面临着新一轮的挑战。随着我国社会体制的转型，温州民间资本的发展遇到了障碍，其主要原因就是投资模式单一。民间资本大量集中投入传统制造产业，导致投入资金的饱和及利润率降低，这极大地影响了温州地区民间资本的可持续增长。伴随着国家不断加大力度支持民间资本投资进入原本主要由国家投资的领域，民间资本开始向这些领域进军。民间资本逐步加大对发展体育事业的投入力度，为我国体育事业的可持续发展提供了充裕的发展资金。温州市体育后备人才市场化培养模式能够有效地优化经济发展的投资结构，这在一定程度上解决了民间资本投资的路径问题。随着我国体育体制改革的不断推进，体育产业作为我国市场经济中的一种新兴的产业，在其发展的过程中同样注重投入与产出的比例关系。这样不仅能够实现体育事业市场化、社会化的发展需求，还能满足私有投资主体对新投资领域的需求。2014年国家体育总局把《民间投资竞技体育的温州模式研究》列入体育哲学社会科学研究课题，这充分反映了国家对温州地区社会力量投资竞技体育成果的肯定。在此情况下大量的民间资本涌入发展体育产业的浪潮，而体育后备人才培养作为民间资本投资体育行业的主导产业，同样备受温州市民间资本的关注。温州市民间资本投资体育后备人才培养不仅是响应国家政策的号召，而更多的是注重我国社会主义市场经济发展趋势与未来体育行业的发展前景。温州市体育后备人才市场化培养模式是我国社会主义市场经济体制改革与体育体制改革的产物，为体育后备人才培养提供了充裕的发展资金，加快了我国体育事业持续、快速发展，同时为温州市民营经济带来了新一轮的发展机遇。

四、温州市体育后备人才市场化培养模式存在问题的研究

温州市体育后备人才市场化培养模式是我国社会体制转型与体育体制变革的阶段性产物，为温州市体育事业的健康可持续发展取得了良好的效果，但温州市体育后备人才市场化培养模式在其发展的过程中出现了一系列发展问题。

（一）缺乏系统的顶层设计

实践是认识的来源，是认识发展的有效推动力，但同时，认识对实践又有反作用。温州市体育后备人才市场化培养模式来源于私有投资主体对体育后备人才培养的具体实践，而私有投资主体对青少年体育后备人才培养的投入又指导着温州市体育后备人才市场化培养模式的发展与完善。温州市有关鼓励与引导私有投资主体参与体育后备人才培养工作的政策滞后于私有投资主体投资体育后备人才工作的步伐，且相关政策的制定与出台出现了“落地生根难”的尴尬境遇，这在一定程度上影响了温州市私有投资主体投资体育后备人才培养工作的积极性，进而阻碍了温州市体育事业可持续发展的顺利进行。更为严重的是相关行政主管部门在私有投资主体参与体育后备人才培养工作的实际操作过程中，与投资相关的法律、税收、土地等方面政策体系的缺失，同样制约了温州市体育后备人才市场化培养模式的发展与完善。

（二）“身体教育”与“素质教育”结合的困境

温州市体育后备人才市场化培养模式在体育后备人才培养的具体操作中缺乏体育系统与教育系统合作的制度保障。一方面，体育系统组织的相关赛事得不到教育系统的认可，极大地挫伤了私有投资主体选派优秀教练员与体育后备人才参加相关赛事的积极性；另一方面，温州市体育后备人才市场化培养模式对体育后备人才文化知识学习的重视力度不够、监管不力，加之体育后备人才主动学习文化知识的意识欠缺，造成体育后备人才文化教育的缺失。此外，温州市私有投资主体对优秀体育后备人才的名额有着严格的限制，致使一些不能继续参加训练的运动员面临被淘汰的危险，那么文化知识的学习将是他们在接受普通教育及步入社会时面临的严峻考验。

（三）人才选拔难的困境

我国是竞技体育强国，运动员练体育就是为了参加各个级别的体育竞赛、获得世界冠军，这是人们对运动员参加体育运动项目理解与认识的偏差。青少年群体参加体育运动就是通过长时间的体育锻炼达到提高综合竞技能力的目的，这也是人们对青少年参加体育运动理解的偏差。正是因为个人或媒体等对青少年参与体育运动的过大宣传，导致了人们对青少年群体参与体育运动项目训练认识的偏差，为我国体育事业发展带来了负面的宣传信息，导致了体育事业在体育后备人才选材方面遇到障碍。青少年群体的监护人正是由于对青少年参与体育运动项目认识上存在偏差与被误导，才有意识地让青少年群体远离体育运动项目，随着时间的推移形成恶性循环，致使在温州市体育后备人才市场化培养模式中体育后备人才的储备量越发减少。

五、温州市体育后备人才市场化培养的困境因素分析

我国社会体制的转型、体育体制的改革，以及温州市体育后备人才市场化培养模式的发展探索，均为私有投资主体投资体育后备人才培养与梯队建设提供了前所未有的发展机遇。但是，温州市体育后备人才市场化培养模式发展的首要问题，是社会体育组织的实际操作能力与公众期待存在差距，笔者深入剖析温州市体育后备人才市场化培养模式的发展困境，将其原因归结如下。

（一）没有彻底脱离计划经济的体育发展形式

随着我国社会体制逐步由计划经济体制向社会主义市场经济体制转型与升级，我国体育体制在结构与运行方式等方面的变革也随之进行。社会主义市场经济体制作为一种有别于计划经济体制的发展模式，在其形成与发展的过程中受计划经济体制的影响与制约。我国社会主义市场经济体制已经经历了将近四十年的发展历程，但是政府办事形式和方式对计划经济体制仍有一定的依赖并延续原有方式。温州市体育后备人才市场化培养模式是一种新兴的投资活动，其形成与发展符合我国社会主义市场经济体制与体育事业改革的客观需求及发展趋势。然而，现阶段温州市私有投资主体在投资体育后备人才培养与梯队建设过程中，受传统体育后备人才培养模式的制约，使得私有投资主体对体育后备人才培养与梯队建设工作的资金投入有着一定顾虑，从而严重影响了温州市体育后备人才市场化培养模式的发展与完善。

（二）体育体制社会化、市场化改革滞后

体育体制的社会化、市场化既是我国体育事业健康可持续发展的紧迫任务，也是深化我国体育体制改革、建立与社会主义市场经济相适应

的体育体制的首要条件。目前，我国体育体制的社会化、市场化改革相对滞后制约了我国体育事业可持续发展，同时也是制约私有投资主体投资发展体育事业的重要因素之一。“政企不分、政资不分”是影响我国体育体制与社会主义市场经济体制关系的重要因素，社会力量投资发展体育事业的自主权难以保障与落实。政府部门主导体育后备人才培养与梯队建设的全过程，行政权力过大，极易造成腐败现象的滋生，导致体育后备人才培养的“投入”与“产出”不成比例。在许多体育事业发展领域中私有投资主体进入存在障碍，难以形成多元主体的体育后备人才培养模式，严重影响了体育后备人才培养与梯队建设。在体育后备人才资源配置领域应充分发挥政府与市场两大主体的优势，实现“有形的手”与“无形的手”的有机融合，应以市场为主体，充分发挥政府的辅助作用，使两者各司其职，相互配合，共同促进体育后备人才培养模式的市场化、社会化发展。如果不能有效地对体育体制社会化、市场化进行适时的调整与变革，将严重制约我国体育事业的可持续发展。

第六章　温州市体育后备人才市场化培养模式创新条件研究

1978年12月，中国共产党第十一届中央委员会第三次全体会议在北京胜利召开，把全党工作的重点转移到社会主义现代化建设上来，作出了实行改革开放的重大战略决策，为我国市场经济的发展创造了条件。1992年，邓小平的南方谈话与中国共产党第十四次全国代表大会的胜利召开，进一步明确了我国经济体制改革的发展目标，即建立社会主义市场经济体制。我国经济体制改革发展目标的提出为我国经济的发展指明了方向，开拓了更广阔的发展空间。经历四十余年，我国市场经济得到了长足的发展，社会主义市场经济的实践充分证明了我国建立社会主义市场经济体制的必要性与正确性。我国建立社会主义市场经济体制有利于国民经济的快速发展，以及进一步适应世界经济全球化发展这一历史发展潮流，有利于我国市场经济与世界市场经济的无缝衔接，有利于我国运用全球市场经济对资源配置的基础调节作用，吸收和借鉴社会主义市场经济体制改革的经验与教训，促进我国社会主义市场经济的发展，最终实现提高我国综合国力的发展目标。我国经济体制的不断发展与完善，逐步构建了一个具有中国特色的市场化经济体制改革体系，体制变革涉足经济、政治、体育、文化等多个发展领域，社会主义市场经济体制已逐渐成为主导，使得我国社会体制发生了巨大的改革。

随着我国社会体制的转型，我国体育体制改革也随之展开。近年来，我国体育体制改革越来越强调市场的基本作用，体育后备人才培养体制与运行机制正朝着多元化、市场化、社会化方向发展。温州市作为我国社会主义市场经济体制改革的前沿阵地，具有良好的政治、经济、文化等领域的社会环境，是我国体育后备人才培养体制机制改革与创新的前沿阵地。自改革开放以来，温州市有关行政主管部门依据国家大政方针，结合温州市体育事业发展的具体实际，先后颁布实施了关于鼓励与引导社会力量参与体育后备人才培养与梯队建设的政策法规，对我国体育后备人才培养体制与运行机制进行了优化与创新，完善了相关政策法规，进一步理顺了行政主管部门与社会力量的关系，逐步形成了多元化的投资主体，为我国体育后备人才培养体制与运行机制优化与创新积累了宝贵的实践经验。然而，现阶段温州市体育后备人才市场化培养模式还处于初级发展阶段，体育后备人才市场化培养体制与运行机制并不完善与健全。该人才培养模式在实施过程中遭遇诸多发展瓶颈，这些瓶颈是温州市体育后备人才市场化培养模式不完善的重要体现，制约了体育后备人才培养与梯队建设工作的有序推进，阻碍了我国体育体制改革的发展进程。因此，必须从温州市体育后备人才市场化培养模式发展的历史阶段，以及社会体制、体育体制改革的阶段性成果出发，对温州市体育后备人才市场化培养模式进行适时的优化与创新。

一、温州市体育后备人才市场化培养模式创新动因分析

温州市体育后备人才市场化培养模式对我国体育后备人才培养体系来说，还是一个新生事物，无论是在理论层面上还是在具体实践操作层面上均处于探索与发展完善阶段。在中国共产党的领导下我国体育事业经历了半个多世纪的发展历程，体育后备人才市场化培养模式是我国体育事业发展到一定阶段的历史必然产物。随着我国社会主义市场经济体制的发展与完善，社会生产力得到不断提升，我国体育事业正朝着社会化、市场化方向发展。体育后备人才是体育事业发展的重要人力资源，体育事业的发展是我国社会主义现代化建设的重要组成部分。因此，温

州市体育后备人才市场化培养模式的创新必然成为体育事业健康可持续发展的核心环节。

（一）创新的理论依据

温州市体育后备人才市场化培养模式作为我国体育体制改革的先驱与实践者，在体育后备人才培养与梯队建设方面已经建立相对成熟的发展模式与运作程序。然而，任何发展模式能否在一定的社会环境与框架内产生相应的效益，则完全取决于该发展模式与社会发展的契合度。温州市体育后备人才市场化培养模式为温州市体育事业的发展作出了突出贡献，并彰显出巨大的生机与活力。然而，随着社会体制的转型与体育体制改革的不断推进，必须结合温州市体育事业发展的具体实际对温州市体育后备人才市场化培养模式进行适时的优化与创新，才能使温州市体育后备人才市场化培养模式永葆生机与活力。

1. 社会主义市场经济理论

社会主义市场经济理论既是马克思主义经济学在我国的继承与发展，也是中国特色社会主义理论与实践创新的发展成果。社会主义市场经济是指在社会主义条件下市场对资源配置发挥基础性作用的经济，除公有制经济外，非公有制经济即私有制经济也是市场配置资源的重要组成部分。[1] 1978 年 12 月，中国共产党第十一届中央委员会第三次全体会议拉开了我国社会主义市场经济体制改革序幕，极大地推动了我国社会主义市场经济的发展。社会主义市场经济体制改革主要从资源配置的市场化、企业行为的自主化、宏观调控的间接化、市场管理的法治化等诸多方面展开经济体制转型与创新。1992 年邓小平南方谈话正式提出社会主义市场经济体制改革，建立与完善我国社会主义市场经济体制是

---

〔1〕 赵坤．中国特色社会主义经济理论体系对马克思主义政治经济学的发展与创新［J］．学理论，2013（09）：116－117.

进一步深化经济体制改革的一项重要内容。现阶段我国正处于新时代深化改革的关键时期，在传统的计划经济体制背景下建立的体育后备人才培养体制与运行机制不能适应深化改革新时代体育事业发展的需求，成为制约我国体育健康可持续发展的瓶颈。社会体制改革与体育体制改革的对象不同，但两者在其体制改革的方向与路径上却极为相似，社会体制改革的诸多经验对我国体育体制改革具有重要的借鉴价值与指导意义。社会体制的改革可以实现资源的最优配置与利益的最大化，其最显著的特点是能在充分发挥市场机制的前提下，实现资源的合理流动并创造出最大的价值。基于此，本研究将市场化基本理论引入体育后备人才培养模式，对新时期社会主义市场经济体制下的温州市体育后备人才培养模式进行深入探讨。

2. 人力资源成本理论

人力资源成本是指，企业在为取得人力资源的有效使用权，提高人力资源的使用价值，保障人力资源暂时或长期丧失使用价值时的生存权，以及为获取、开发和培训人力资源所付出的总代价，既包含企业支付的实际成本，也包含企业应承担的机会成本。[1] 探讨体育后备人才培养问题的前提是把体育后备人才当成一种人力资源成本，体育后备人才的体能、技能、战术能力、心理能力、智能是人力资源成本的一种形态。体育后备人才的培养无论是国家、社会，还是家庭、个人等都付出了巨大的资本投入，因而体育后备人才的培养过程是多种资本消耗的过程。在社会主义市场经济体制背景下，人力资源成本与其他意识形态的资源成本一样，均具有商品的一般价值属性，可以在商品市场中自由地流通，人力资源成本可以定位为人力资源市场。基于人力资源成本理论，通过对市场化经济体制背景下温州市体育后备人才培养的意识形态进行分析，我国提出了基于社会主义市场经济体制的体育后备人才市场

[1] 冯业辉. 企业人力资源成本控制研究［D］. 济南：山东财经大学，2013.

化培养模式的新构想。

（二）创新的实践动因

新中国成立初期，面对体育事业百废待兴的局面，我国从具体实际出发，充分借鉴苏联体育事业发展的方式，建立了具有中国特色的举国体制式体育后备人才培养模式。我国体育事业经过了半个多世纪的发展历程，从基础差、底子薄的尴尬境遇一跃迈进世界体育强国的发展行列，举国体制式体育后备人才培养模式为我国体育事业发展作出了无可替代的贡献。然而，随着我国社会体制的转型，举国体制式体育后备人才培养模式由于其运营体系与机制的发展滞后，不能适应新时期体育事业发展对体育后备人才的需求，加之该人才培养模式是以行政主管部门为主导，束缚了体育后备人才朝多元化方向迈进的步伐，延缓了体育后备人才多元化培养模式的发展，也不利于社会力量进入体育后备人才培养领域，所以严重抹杀了人力资源成本的市场流动能力。

随着我国社会体制转型与体育体制改革的不断发展与完善，传统的举国体制式体育后备人才培养模式赖以生存的社会大环境发生了巨大的改变，举国体制式体育后备人才培养模式已经不能适应在社会主义市场经济体制背景下市场经济发展与体育事业健康可持续发展的需求，成为我国体育事业发展的瓶颈。因而，建立与社会主义市场经济体制相适应的体育后备人才培养模式成为我国体育体制改革的当务之急。尤其是2012 年 11 月习近平总书记在参观中国国家博物馆“复兴之路”展览现场时提出“中国梦”的伟大构想，其实质是要实现国家富强、民族复兴、人民幸福。中国体育事业的健康可持续发展是对“中国梦”的有力诠释。同时，中国体育事业的健康可持续发展又会促进我国体育体制改革的全面展开，这必将对我国体育后备人才培养模式与运营机制的变革起到重要的引导作用，也必将有力地促进我国“体育梦”的实现，进而实现中华民族伟大复兴的“中国梦”。

二、温州市体育后备人才市场化培养模式创新基础分析

在我国由体育大国向体育强国迈进的进程中，体育后备人才培养与梯队建设的意义与作用更为凸显，而体育后备人才资源的开发需要体育后备人才培养模式作支撑。我国社会体制的转型与体育体制社会化、市场化改革的不断推进为我国体育后备人才培养多元化发展注入发展动力，同时也为温州市体育后备人才市场化培养模式的创新奠定了基础。

（一）社会体制的转型与发展

现阶段，我国正处于新时代深化改革的关键阶段，我国各项事业正朝着社会化、市场化目标迈进。在我国社会主义市场经济体制中，多种所有制经济主体共同发展的基本经济制度决定了我国体育体制结构的多样化，社会主义市场经济体制主体的多元化同样决定了体育后备人才投资主体的多元化。我国社会体制的转型与发展为我国体育后备人才投资主体多元化发展提供了成长的土壤，体育后备人才培养模式的多元化尤其是温州市体育后备人才市场化培养模式作为我国体育后备人才培养模式的新事物蓬勃发展起来，政府、企业、家庭、俱乐部逐渐介入青少年体育后备人才培养，体育后备人才培养正朝着多元化方向发展。民营资本投资主体的社会功能得以完善，促使我国体育后备人才培养市场逐渐活跃，促进了温州市体育后备人才市场化培养模式的发展与完善。为适应新时期我国社会主义市场经济体制发展的需求，传统的体育后备人才培养模式无论是管理体制还是运行机制均存在瓶颈，亟须通过管理体制与运行机制的革新，加快我国体育体制改革的发展进程，促使我国体育后备人才培养朝着市场化方向发展，形成在社会主义市场经济体制背景下的新型体育后备人才培养模式。温州市体育后备人才市场化培养模式长期以来受计划经济体制的影响与制约，行政主管部门在体育后备人才

培养方面的权力过于集中，这就影响了私有投资主体投资体育后备人才培养的积极性。体育后备人才培养发展动力不足，投融资主体体系的不合理，致使体育后备人才培养经费的欠缺、投资效益较差等瓶颈限制着温州市体育后备人才市场化培养模式对体育后备人才的培养效率。随着我国社会体制的转型，市场经济成为整个国民经济的主导，行政主管部门意识到传统的体育后备人才培养模式已经不能满足现阶段我国体育事业发展对体育后备人才的需求，亟须对我国体育后备人才培养体系进行适时的调整与优化，加大鼓励与引导社会力量投资体育后备人才培养力度，加快体育后备人才培养体系的转型与升级，促进体育后备人才培养体系多元化发展。我国经济体制向社会主义市场经济体制改革迈出了实质性步伐，为温州市体育后备人才市场化培养模式新一轮的改革与创新创建了良好的社会环境。

（二）体育体制社会化、市场化改革的推进

从我国体育体制改革的发展进程可以看出，我国体育事业的发展长期以来由行政主管部门主导。近年来我国体育体制的改革相继展开，然而，我国体育体制改革的力度与举措尚未动摇行政主管部门在体育事业发展中的主导地位。我国社会主义市场经济的发展促进了体育体制改革向市场化、商业化方向发展，由行政主管部门主导的体育后备人才培养模式逐渐过渡到行政主管部门与社会力量联合培养的新模式，国家采取最大尺度的简政放权，使得体育市场向民营资本全面开放，社会力量投资体育后备人才培养的热情不断高涨。2014 年 10 月，国务院颁布实施了《国务院关于加快发展体育产业促进体育消费的若干意见》（以下简称《意见》），《意见》明确指出，坚持改革创新，加快政府职能转变，进一步简政放权，减少微观事务管理，遵循产业发展规律，完善市场机制，积极培育多元市场主体，吸引社会资本参与，充分调动全社会积极

性与创造力。[1]《意见》的颁布实施有利于我国体育后备人才培养模式市场化改革的进一步推进。2015 年 8 月，国家体育总局足球改革发展会议颁布实施《中国足球协会调整改革方案》，该方案指出，中国足协与国家体育总局脱钩，适时撤销足球运动管理中心，理顺中国足协与国务院体育行政部门的关系，改革完善中国足协人事管理制度和财务资产管理制度等。[2] 这进一步明确了我国体育体制改革社会化、市场化、商业化发展的大趋势。行政主管部门通过对体育后备人才培养体制与运行机制的改革与优化，充分发挥了社会力量的公共服务能力，为社会力量参与体育后备人才培养提供了良好的外部环境，充分整合了市场资源的优化与配置。《意见》与《中国足球协会调整改革方案》的出台为温州市体育后备人才市场化培养模式的创新提供了一个千载难逢的发展机遇。

三、温州市体育后备人才市场化培养模式创新的必要性分析

体育强国目标的实现与体育后备人才培养工作投入主体的资源开发力度密切相关。在我国体育体制改革向深层次推进的发展进程中，温州市体育后备人才市场化培养模式在其发展的过程中遭遇发展困境。温州市体育后备人才市场化培养模式的创新是温州市体育事业可持续发展的必然要求，是行政主管部门与私有投资主体联合培养体育后备人才的最佳发展路径，符合我国社会主义市场经济体制改革的方向。

（一）社会体制的转型，建立市场化人才培养体制的要求

自 1978 年 12 月中国共产党第十一届中央委员会第三次全体会议胜

---

〔1〕 国务院关于加快发展体育产业促进体育消费的若干意见［EB/OL］.（2014－10－02）［2014－10－20］. http://www. gov. cn/zhengce/content/2014－10/20/content_9152. htm.

〔2〕 国务院办公厅关于印发中国足球改革发展总体方案的通知［EB/OL］.（2015－03－08）［2015－03－16］. http://www. gov. cn/zhengce/content/2015－03/16/content_9537. htm.

利召开以来，我国在政治、经济、文化、体育等领域开展了广泛而深刻的系列变革，打破了计划经济体制以公有制经济为主导的经济结构，进而形成了以公有制为主体、多种所有制经济共同发展的新态势，以及由行政主管部门“一家独大”向政府、社会、市场“三足鼎立”的社会体制转变。政府、社会、市场在发展的过程中相辅相成，共同促进经济社会健康、快速发展。传统的社会体制是以行政主管部门为主导，严重脱离了市场，造成了行政主管部门与市场相脱节。经济领域出现了国有与私有两大经济主体，拓宽了两大经济主体涉足的领域与范围，新的经济发展态势正在形成与发展。我国社会体制与经济体制的转型，使得私有主体日益发展壮大，对行政主管部门主导的公共服务领域提出了挑战。私有投资主体在一定程度上弥补了行政主管部门在公共服务领域投入资金发展方面的不足，减轻了行政主管部门在公共服务领域资金、人力、物力等方面的投入负担，提高了行政主管部门的公共服务水平。因而，行政主管部门应明确发展定位，积极培育私有主体参与公共服务领域，调动社会力量的投资积极性，形成行政主管部门与市场、行政主管部门与社会之间的友好互动。

国家通过打破传统体育发展的理念，采取最大尺度的简政放权，将体育市场融入社会经济发展的大潮，鼓励与引导私有投资主体进入体育市场，大力推进民办体育发展。体育后备人才培养体制与运行机制的改革，走社会化、市场化发展的道路，允许企业、社会组织、个人等私有投资主体投资体育后备人才培养与梯队建设等工作，均需打破在传统的计划经济体制下由行政主管部门主导的体育管理体制，从而构建适合新时期体育事业发展的体育后备人才市场化、社会化培养模式。体育后备人才培养作为我国体育事业发展的重要环节，多年来一直由行政主管部门所主导，在经过了系列变革后，仍未完全脱离行政主管部门的管理范围。应该说，我国体育体制改革严重滞后于体育后备人才培养体制变革的节奏，但我国社会体制的转型与体育体制改革的不断推进，为我国体育后备人才培养体制与运行机制的改革指明了未来发展的方向，并提供了坚实的制度保障。

（二）我国体育体制改革与发展的需求

我国传统的体育后备人才培养模式是在行政主管部门主导下的举国体制式人才培养模式，该人才培养模式为我国体育事业的发展与腾飞作出了突出贡献。然而，随着我国社会主义市场经济体制的发展与完善，在计划经济体制背景下形成的体育后备人才培养模式在社会转型期遭受到了社会主义市场经济体制的严重冲击。举国体制式人才培养模式是受国家主导的、相对封闭的体育后备人才培养系统，由国家统一动员和调配体育后备人才培养过程中所需的人力、财力、物力等资源。这种指导性过强的政府行为，不利于我国体育后备人才培养与梯队建设工作的有序推进，造成了体育后备人才培养投入与产出的严重不协调。举国体制式体育后备人才培养模式产生这些矛盾与问题的根本原因在于社会大环境发生了本质的变化，而传统的举国体制式体育后备人才培养模式已经不能满足新时代市场经济发展与体育体制改革的需求，严重制约了我国体育事业的可持续发展。因而，要实现我国体育事业的可持续发展必须不失时机、与时俱进地推进我国体育后备人才培养体制与运行机制的改革，使之能够主动适应市场经济发展的新环境。行政主管部门在认真反思与总结举国体制式体育后备人才培养模式发展瓶颈与制约因素基础上，展开了对我国体育后备人才培养模式与运行机制的改革。2005 年 2 月，国务院颁布实施《关于鼓励支持和引导个体私营等非公有制经济发展的若干意见》，文件指出，要让非公有制资本进入社会事业领域，支持、引导和规范非公有资本投资教育、科研、卫生、文化、体育等社会事业。[1] 这是行政主管部门首次明确指出鼓励与引导社会力量投资兴办体育事业。2006 年 7 月，国家体育总局印发了《体育事业发展“十一五”规划》，该规划明确指出，增强我国竞技体育的总体实力，深化体育改革，大力发展体育产业，努力创建各种社会力量竞相参与、充满活力的体育体制和运行机制。[2] 2010 年 5 月，国务院颁布实施《关于鼓励和引导民间投资健康发展的若干意见》，文件的出台拓宽了民间资本投资的领域和范围，鼓励和引导民间资本进入法律法规未明确禁止准入的行业和领域，规范了民间资本投资准入门槛，为民间资本能够平等进入市场、创造公平竞争的市场发展环境提供了法律保障。同时文件指出，积极推进医疗、教育等社会事业领域的改革，加快形成政府投入为主导、民间投资为辅的公共服务体系。[3] 2013 年 9 月，李克强总理在召开国务院常务会议时指出，中央要出台政策，为民间资本参与市场竞争“松绑开路”，多设“路标”、少设“路障”，让社会资本充分释放潜力。[4] 2014 年 10 月，国务院颁布实施《国务院关于加快发展体育产业促进体育消费的若干意见》，文件指出，鼓励社会资本进入体育产业领域，建设体育设施，开发体育产品，提供体育服务。推广和运用政府和社会资本合作等多种模式，吸引社会资本参与体育产业发展。政府引导，设立由社会资本筹资的体育产业投资基金。[5] 以上一系列文件的

---

[1] 国务院关于鼓励支持和引导个体私营等非公有制经济发展的若干意见 [EB/OL]. (2005 - 02 - 19) [2008 - 03 - 28]. http://www. gov. cn/zhengce/content/2008 - 03/28/content_1647. htm.

[2] 国家体育总局发布体育事业发展“十一五”规划 [EB/OL]. (2006 - 07 - 25) [2006 - 07 - 27]. http://www. gov. cn/gzdt/2006 - 07/27/content_347002. htm.

[3] 国务院关于鼓励和引导民间投资健康发展的若干意见 [EB/OL]. (2010 - 05 - 07) [2010 - 05 - 10]. http://www. gov. cn/zwgk/2010 - 05/13/content_1605218. htm.

[4] 李克强主持召开国务院常务会议 [EB/OL]. (2013 - 09 - 25) [2013 - 09 - 20]. http://www. xinhuanet. com/politics/2019 - 03/20/c_1124261053. htm.

[5] 国务院关于加快发展体育产业促进体育消费的若干意见 [EB/OL]. (2014 - 10 - 02) [2014 - 10 - 20]. http://www. gov. cn/zhengce/content/2014 - 10/20/content_9152. htm.

颁布实施为我国体育后备人才培养体制的改革指明了方向，同时也为我国体育后备培养模式与运行机制的改革发展在制度上提供了重要依据和保障。体育后备人才的培养作为我国体育事业可持续发展的核心环节，其模式与运行机制必须与我国体育体制的改革与发展趋势相适应。

四、温州市体育后备人才市场化培养模式创新目标

不断提高温州市体育后备人才市场化培养模式人才资源的开发效率，不仅是解决温州市体育后备人才培养过程中各种问题的需要，也是促进温州市体育事业可持续发展的需要。体育后备人才培养市场化、社会化是温州市体育事业长期发展的方向。从市场角度出发，温州市体育后备人才市场化培养模式创新必须明确以下发展目标。

（一）私有投资主体主观能动性的调动

私有投资主体作为温州市体育后备人才市场化培养模式的具体操作者与实施者，充分发挥自身主观能动性能够最大限度地调动其积极性与创造力，充分发挥其最大发展潜力。可见，充分发挥私有投资主体的主观能动性是温州市体育后备人才市场化培养模式的首要目标。而私有投资主体主观能动性的发挥又受以下两方面因素的影响。第一，激励因素。激励是通过一定的内部刺激或外部刺激以满足被激励者的需要，增强其内在行为动力，使其行为朝向组织所期望的目标而努力。[1] 温州市体育后备人才市场化培养模式在实施过程中通过对私有投资主体的激励可以最大限度地调动私有投资主体在体育后备人才培养方面的积极性，提高体育后备人才的培养效率，并充分挖掘私有投资主体在体育后备人才培养方面的潜能。行政主管部门通过运用政策激励、物质激励、

〔1〕 于天宝．基于激励理论的数字化教育游戏设计［D］．济南：山东师范大学，2013.

精神激励、人才激励等多种激励体系鼓励与引导私有投资主体。行政主管部门改变传统发展体育事业的思维模式，把激励的手段与目的相结合，实现私有投资主体与行政主管部门在利益方面的高度一致，才能真正建立与温州市体育后备人才市场化培养模式相适应的私有投资主体的激励体系，调动私有投资主体的主观能动性，最终实现温州市体育后备人才市场化培养模式的可持续发展。第二，价值观。价值观是基于人的一定思维感官而作出的认知、理解、判断或抉择，也就是人认定事物、辨定是非的一种思维或取向，从而体现出人、事、物一定的价值或作用。众所周知价值观对动机具有导向作用，价值观反映人们对特定事物的认知和需求。价值观属于社会意识形态的范畴，具有一定的稳定性与持久性，通过动机对人们的行为产生持久性的影响。在温州市体育后备人才市场化培养模式中私有投资主体应树立正确的价值观，充分发挥自身的主观能动性，通过不断更新人才培养理念与观念，充分发挥私有投资主体的潜能，进一步提高体育后备人才的“产出”效率，实现私有投资主体投资体育后备人才培养利益的最大化。因此，应该加强私有投资主体正确价值观的培养。

（二）实现体育后备人才全面发展

人的全面发展理论是马克思主义人才理论最核心、最基本的要义，同时也是马克思主义理论的出发点与归宿。人的全面发展理论是在论述人的本质发展过程中形成并提出的，把社会发展与人的发展紧密结合，将实现人的自由而全面的发展作为社会与人类发展的终极目标，是社会主义本质属性的基本需求。人的全面发展是人与人的全面发展，是人与人交往的平等而全面的发展，是人的需求和能力的全面发展。人的全面发展既是人的个性、能力和实践、经验的协调发展，也是人的自然素质、社会素质和心理素质的共同提高，同时还是人的政治权利、经济权利、社会权利等权利的充分实现。也正是实现了人的全面发展，人的自由个性才能得以实现。[1] 马克思主义的人才理论不仅阐明了人的全面发展的基本内涵，并指出人的全面发展既是社会主义市场经济发展的本质需求，同时也是市场经济发展与社会发展的根本目的。随着我国社会体制的转型与体育体制改革的不断推进，可持续发展成为我国体育事业发展的终极目标，而体育事业可持续发展的核心则是体育后备人才的全面发展，体育后备人才培养与梯队建设是我国体育事业发展的基石。在可持续发展与人才全面发展观念的指导下，温州市应在体育后备才培养中，本着以人为本的基本原则，把体育后备人才的全面发展作为出发点与落脚点，克服体育后备人才培养中片面的、追求短期利益的做法，使体育后备人才资源开发符合人的全面发展理念，促进温州市体育后备人才市场化培养模式的创新。

（三）实现私有投资主体利益最大化

私有投资主体参与温州市体育后备人才培养的终极目标是实现其投资利益的最大化，而投资利益最大化的取得就是体育后备人才资源的开发效率与体育后备人才资源使用价值的最大化。私有投资主体通过对体育后备人才进行系统化、专业化的运动训练，运用多种激励举措最大限度地发挥体育后备人才个人潜能，以达到体育后备人才综合运动技能全面提高的目的，并通过各级体育赛事来实现私有投资主体利益的最大化。因此，要实现私有投资主体利益的最大化，则必须对温州市体育后备人才市场化培养模式进行适时的优化与创新，提高私有投资主体在体育后备人才资源开发方面的积极性，进而实现温州市体育后备人才市场化培养模式的可持续发展。

[1] 刘昕欢．马克思人的全面发展理论及中国化问题的研究［D］．锦州：辽宁工业大学，2014.

五、温州市体育后备人才市场化培养模式体制的创新

中国共产党第十一届中央委员会第三次全体会议的胜利召开，使社会主义市场经济体制的改革成为可能，由此开启了在经济、文化等领域内的改革步伐。随着我国社会体制的转型，体育事业的改革逐渐朝着社会化、市场化方向发展，温州市率先在体育后备人才培养体制与运行机制中引入私有投资主体，使得温州市体育后备人才培养体制与运行机制的调整紧追社会主义市场经济体制改革步伐，并形成了独具地域特色的体育后备人才培养模式——温州市体育后备人才市场化培养模式。温州市体育后备人才市场化培养模式的实施在一定程度上减轻了国家行政部门在体育后备人才管理和运行方面的成本。私有投资主体为了提高体育后备人才的培养效率，每年均会投入庞大的资金。这为私有投资主体造成了一定的财政负担。然而，有关私有投资主体投资体育后备人才培养的政策法规尚未形成一套完整的发展体系，加上国内体育后备人才流动机制的不完善，制约了体育后备人才市场化、商业化的发展。因而，温州市体育后备人才市场化培养模式并未给私有投资主体带来其所期望的社会机制与市场价值。

（一）完善私有投资的法律制度，使私有投资走向法律化

俗话说：无规矩，不成方圆。私有投资主体投资发展体育事业必须在国家有关政策、法律法规允许的范围内进行，同时私有投资主体的投资行为应得到国家有关政策、法律法规的保障。只有完善相关法律法规与规章制度才能使私有投资主体投资发展体育事业形成有法可依、有法必依的良好发展态势。我国政府在鼓励与引导私有投资主体投资发展体育事业方面，制定与出台相关政策法规应本着互惠互利的原则，以在行政主管部门与私有投资主体之间形成一种互利共赢的发展新格局。

温州市作为我国社会主义市场经济体制改革的前沿阵地，凭借敏锐的市场洞察力与冒险精神大力发展民营经济，缔造了具有温州地域特色的民营经济发展新模式——“温州模式”。温州人在捕捉到市场商机时，并非不考察市场需求而盲目投资，而是经过多方考察论证的理性投资。因此，要提高体育后备人才培养与梯队建设工作对私有投资主体的吸引力，必须通过制定与完善相关法律法规，以实现私有投资主体投资体育后备人才培养与梯队建设行为的合法性，并使其合法权益的保障有法可依，这样才能吸引更多的私有投资主体投资体育后备人才培养与梯队建设，进而实现体育后备人才培养与梯队建设的投资主体多元化发展。然而，现阶段国家大多通过出台相应的意见、规划、发展纲要等重大举措来鼓励与引导私有投资主体投资体育后备人才培养与梯队建设的工作，如2002年中共中央、国务院颁布实施《关于进一步加强和改进新时期体育工作的意见》，2005年国务院颁布实施《关于鼓励支持和引导个体私营等非公有制经济发展的若干意见》，2010年国务院颁布实施《关于鼓励和引导民间投资健康发展的若干意见》，2012年国家体育总局颁布实施《关于鼓励和引导民间资本投资体育产业的实施意见》，2014年国务院颁布实施《关于加快发展体育产业促进体育消费的若干意见》，等等。这些系列文件的颁布实施，为私有投资主体投资发展体育事业扫清了障碍，然而并未出台私有投资主体投资体育后备人才培养的具体法律法规与政策，致使基层行政主管部门在与私有投资主体在合作过程中产生较大的顾虑，同时也在一定程度上削弱了私有投资主体投资体育后备人才培养工作的积极性与热情，最终致使私有投资主体投资体育后备人才培养工作的力度不大。因此，在当今社会转型与体育体制改革的关键时期，行政主管部门制定出台私有投资主体投资体育后备人才培养与梯队建设工作的法律法规显得尤为重要。

在体育后备人才培养体制创新过程中，行政主管部门应逐步完善私有投资主体投资体育后备人才培养与梯队建设的法律法规，使私有投资主体投资体育后备人才培养与梯队建设工作走入法治化发展轨道，为私有投资主体投资体育后备人才培养与梯队建设提供一定的法律保障。行政主管部门应加大对私有投资主体投资体育后备人才培养与梯队建设工作的扶持力度，为私有投资主体投资体育后备人才培养与梯队建设工作举措立法，将其纳入完善我国法律法规的总体规划范畴，加强统筹协调与科学引导，运用更多市场经济发展的法律法规来促进私有投资主体投资体育后备人才培养与梯队建设工作的法治化进程，调控与支持私有投资主体投资体育后备人才培养与梯队建设工作。行政主管部门应进一步优化与完善我国《体育法》，构建有利于私有投资主体投资体育后备人才培养与梯队建设的法律体系，形成鼓励私有投资主体进入体育后备人才培养市场的政策和金融支持体系，广泛吸纳私有投资主体的介入，使体育后备人才培养工作在市场经济条件下得以有序运行，从而实现温州市体育后备人才市场化培养模式走入法治化发展轨道。

（二）构建新型私有投资主体投资体育后备人才培养的投融资体系

私有投资主体是相对于公有投资主体而言的，在我国社会主义市场经济体制下私有投资主体是一个独特的行为主体，私有投资主体最显著的特征就是追求投资利益的最大化。然而私有投资全体追求利益最大化的首要前提就是与公有投资主体有着公平发展的投融资环境，而公平投融资环境的构建必须通过完善公有投资主体与私有投资主体公平的投融资体制。私有投资主体与公有投资主体在其投资运营方式与目的等因素上存在不同，这就亟须行政主管部门为私有投资主体构建宽松的市场投资环境，在不违背市场经济发展规律的前提下充分挖掘私有投资主体的市场发展潜力，鼓励与引导私有投资主体投资体育后备人才培养与梯队建设领域，建立与私有投资主体相适应的投融资体制，进一步解决私有投资主体进入体育后备人才培养与梯队建设的发展困境，为私有投资主体投资体育后备人才培养与梯队建设打开绿色通道，完善私有投资主体投资体育后备人才培养与梯队建设的投融资体系。

随着我国社会体制的转型，我国体育体制的变革也随之展开。然而，体育体制的变革严重滞后于我国社会体制变革的步伐，在体育后备人才培养投融资渠道构建方面受投融资体制因素的制约，致使私有投资主体投资体育后备人才培养与梯队建设的主观能动性并未完全发挥，从而制约了我国体育后备人才培养市场化发展的进程。投融资体制因素集中表现在以下三个方面。首先，行政主管部门服务意识淡薄与引导力度的欠缺。各级行政主管部门对私有投资主体投资体育后备人才与后备人才梯队建设的服务意识淡薄与引导力度的欠缺，致使私有投资主体缺乏有效的指导和相关配套政策的保障。其次，投资阈值较高，提高了私有投资主体介入的门槛。尽管我国政府出台了有关私有投资主体投资体育后备人才培养工作的有关规定，然而，私有投资主体在投资过程中仍遭遇到与公有投资主体不同等的待遇，在运营过程中处于明显的劣势。最后，私有投资主体的融资渠道窄，融资成本高且风险大。私有投资主体资金必定有限，在投资体育后备人才培养工作中需要消耗大量的资金来保障人才培养工作的有序进行。然而，由于受到私有投资主体的经济实力水平与信用度等因素的影响，私有投资主体通过正规渠道融资较为困难，只能通过民间借贷的方式来达到融资的目的。民间借贷并不受相关法律法规的保护，这在一定程度上存在着较高的融资风险。

针对当前私有投资主体投资体育后备人才培养工作存在的瓶颈，行政主管部门应构建新型私有投资主体投资体育后备人才培养的投融资体系，并从以下四个方面出发。首先，加大对私有投资主体投资体育后备人才培养与梯队建设的引导力度，完善相应的投融资信息服务体系。在私有投资主体投资体育后备人才培养与梯队建设工作过程中，应充分发挥行政主管部门的引导与服务功能，加强对私有投资主体投资体育后备人才培养与梯队建设工作发展动态的检测与分析，及时向社会公布有关投资的中长期发展规划与市场需求，使私有投资主体在投资过程中能够及时了解与掌握国家最新政策导向，保障私有投资主体的利益。行政主管部门应完善相应的投融资信息服务体系，建立私有投资主体投资体育后备人才专题服务网站，定期发布相关反映最前沿的私有投资主体投资体育后备人才培养与梯队建设工作的政策法规与运行新机制，为私有投资主体投资体育后备人才培养与梯队建设提供良好的公共服务职能。其次，加大政策支持与扶持力度，优化私有投资主体的投资环境，激发私有投资主体的积极性与主观能动性。行政主管部门应制定有关私有投资主体投资体育后备人才培养与梯队建设工作的相关政策法规，在社会主义市场经济体制背景下积极推进与探索行政主管部门与私有投资主体之间的新模式，积极鼓励与支持体育后备人才市场化培养新模式。再次，构建新型融资机制，降低私有投资主体正规融资的资质门槛。行政主管部门应建立新型的私有投资主体与公有银行、民营银行之间的合作体系，制定适合私有投资主体的贷款政策与管理办法，完善私有投资主体投资体育后备人才培养与梯队建设的担保体系，推动国有银行与民营银行为私有投资主体建立专项投资体育后备人才培养与梯队建设的信贷款项，逐步建立以服务私有投资主体投资体育后备人才培养的融资体系，并降低私有投资主体融资的资质门槛，使更多私有投资主体能通过正规渠道融资。最后，规范政府行政审批管理系统。行政主管部门应进一步优化与规范行政审批流程，削减烦琐的审批环节，提高办事效率，为私有投资主体投资体育后备人才培养工作创造一个良好的发展环境。

（三）树立私有投资主体投资体育后备人才培养的核心投资理念

投资理念是体现投资者投资个性特征，促使投资者开展正常分析、评判、决策，指导投资者的投资行为，反映投资者投资目的和意愿的价值观。因而，行政主管部门应在私有投资主体投资体育后备人才培养与梯队建设工作中，积极引导私有投资主体投资体育后备人才培养与梯队建设，打破其传统的思维定式与思想枷锁，挖掘其巨大的潜力，使其树立新型核心投资理念，为温州市体育后备人才市场化培养模式体制创新增添发展动力。

1992 年邓小平同志南方谈话对我国社会主义市场经济体制改革与私有经济的发展起到了巨大的推动作用，大大推进了中国特色社会主义理论与实践建设。随着我国社会主义市场经济体制变革的不断深入，我国进入了产业结构升级与市场主体重组的重要发展时期，私有投资主体的投资领域也随之发生重大变革。与此同时，我国体育体制改革朝着市场化、社会化方向发展，国家颁布实施了关于引导社会力量投资体育后备人才培养的政策法规，进一步为私有投资主体投资发展体育事业扫清了障碍，使得私有投资主体洞察到体育后备人才培养工作的商机与巨大的市场发展空间。私有投资主体是我国社会主义市场经济发展与中国特色社会主义事业建设的重要组成部分，因而，充分挖掘与发挥私有投资主体的市场潜力对我国社会主义事业的发展与保持经济稳步发展具有重要的战略意义。私有投资主体投资体育后备人才培养具有体制活、效率高、潜力大、可持续性强的优势，是增强经济增长内生动力的有效方式。现阶段，私有投资主体投资体育后备人才市场化培养尚处于初步发展阶段，在其发展与运营过程中出现诸多瓶颈，制约了私有投资主体对体育后备人才资源的开发力度，如私有投资主体在市场准入方面仍会遭遇体制性和政策性障碍，个别细则过于笼统、不全面，操作性很小或门槛设置太高，具体实施操作过程困难重重，加之对政策实施的监督和评价体系不完善，法律法规的更新滞后，这些都严重制约了私有投资主体市场潜力的挖掘。因而，私有投资主体投资体育后备人才培养的核心投资理念构建显得尤为重要。

私有投资主体是我国体育事业发展的新生力量，温州市体育后备人才市场化培养模式尚处于发展的初级阶段。私有投资主体在投资体育后备人才培养工作中首先应树立核心的投资理念，解放思想，转变传统的投资理念，树立正确的私有投资主体核心投资理念。行政主管部门应为私有投资主体投资体育后备人才培养工作减少“路障”，营造宽松、公平有效的投融资环境，促进私有投资主体投资体育后备人才。

六、温州市体育后备人才市场化培养模式的机制创新

随着我国社会体制的转型，我国社会主义市场经济体系日趋完善。私有投资主体在市场和政府的资源配置中发挥了重要作用，在社会主义市场经济发展中的地位逐步提高，逐渐成为推进我国社会主义市场经济发展的重要力量。推进私有投资主体的机制创新是有效激活和运用私有投资主体、完善社会主义市场经济体制、实现经济社会健康可持续发展的现实需求。

温州市体育后备人才市场化培养模式是我国社会体制转型与体育体制变革的历史性产物。要实现温州市体育后备人才市场化培养模式的良好运营，则必须适时对温州市体育后备人才市场化培养模式的机制进行优化与创新。

（一）构建与市场化培养模式机制创新相适应的政策体系

改革开放以来，我国不断深化经济体制的改革，逐步理顺了政府与市场两者之间的关系，私有投资主体得到了较快的发展，现已发展成为我国社会主义市场经济的重要组成部分与社会生产力发展的重要推动力量。2005 年 8 月，国务院颁布实施《关于鼓励支持和引导个体私营等非公有制经济发展的若干意见》，文件明确指出，进一步解放思想，深化改革，消除影响非公有制经济发展的体制性障碍，确立平等的市场主体地位，实现公平竞争；进一步完善国家法律法规和政策，依法保护非公有制企业和职工的合法权益；进一步加强和改进政府监督管理和服

务，为非公有制经济发展创造良好环境。[1] 2010 年 5 月，国务院颁布实施《关于鼓励和引导民间投资健康发展的若干意见》，文件指出，鼓励和引导民间资本进入法律法规未明确禁止准入的行业和领域，规范设置投资准入门槛，创造公平竞争、平等准入的市场环境，市场准入标准和优惠扶持政策要公开透明，对各类投资主体同等对待，不得单对民间资本设置附加条件。[2] 2012 年 3 月，温家宝总理在国务院常务会议上决定将温州市作为我国金融综合改革的试验区，开展金融综合改革，切实解决温州市经济发展中存在的突出问题，引导民间融资规范发展，提升金融服务实体经济的能力。[3] 2013 年 9 月，李克强总理在国务院常务会议上听取了民间资本投资政策落实情况的第三方评估汇报，研究部署有效落实引导民间投资激发活力健康发展的措施。[4] 近年来，行政主管部门在政策上对私有投资主体投资领域、投资环境等给予支持，对私有投资主体的投资起到了积极的导向作用。

温州市作为我国社会主义市场经济体制改革的前沿阵地，其市场经济的发展程度位居全国前列，然而金融风暴对其市场经济的投资环境造成一定的影响。我国体育体制改革步伐的加快与改革力度的不断加大，极大地促进了我国体育事业的发展，使温州市私有投资主体投资发展体育事业成为可能，同时也为我国体育后备人才培养主体的多元化发展增添了新的发展动力。私有投资主体在投资体育后备人才培养方面需要与

〔1〕 国务院关于鼓励支持和引导个体私营等非公有制经济发展的若干意见［EB/OL］.(2005 - 02 - 19)[2008 - 03 - 28]. http://www.gov.cn/zhengce/content/2008 - 03/28/content_1647.htm.

〔2〕 国务院关于鼓励和引导民间投资健康发展的若干意见[EB/OL].(2010 - 05 - 07)[2010 - 05 - 10]. http://www.gov.cn/zwgk/2010 - 05/13/content_1605218.htm.

〔3〕 温州金融改革须与产业政策齐头并进（1）［EB/OL].(2012 - 03 - 28)[2012 - 04 - 24]. http://roll.sohu.com/20120424/n341460651.shtml.

〔4〕 李克强主持召开国务院常务会议 听取民间投资政策落实情况第三方评估汇报研究部署有效落实引导民间投资激发活力健康发展的措施[EB/OL].(2013 - 09 - 06)[2013 - 09 - 06]. http://www.gov.cn/ldhd/2013 - 09/06/content_2482827.htm.

之相匹配的政策体系，政策体系是与温州市体育后备人才市场化培养模式发展相匹配的指向标，因而构建与私有投资主体投资体育发展相匹配的政策体系则成为温州市体育后备人才市场化培养模式创新的基础。

为全面推进温州市体育事业的健康可持续发展，则必须对温州市体育后备人才市场化培养模式的运行机制进行优化与创新，积极构建与温州市体育后备人才市场化培养模式运行机制优化与创新相匹配的政策体系，行政主管部门应做到以下几个方面。首先，转变政府职能，推动体育管理体制变革，加大在体育后备人才培养中对私有投资主体的扶持与引导力度，鼓励社会团体、个人、俱乐部等社会团体运用多种形式或方式参与体育后备人才的培养工作，实现体育后备人才培养主体的多元化发展，为私有投资主体投资体育后备人才培养与梯队建设工作提供一个良好的市场竞争环境。其次，政府应积极建立有利于激活和利用私有投资主体投资体育后备人才培养的税费调节机制，调整无益于私有投资主体投资发展体育事业的税费、税种政策，规范私有投资主体投资体育后备人才培养的税收优惠等政策。最后，政府还应建立与之相匹配的投融资体系。银行等金融机构应降低私有投资主体投资体育后备人才培养工作的资金借贷门槛，通过一系列政策与举措构建与温州市体育后备人才市场化培养模式机制创新相匹配的政策体系，促进温州市体育事业的可持续发展，减少私有投资主体投资道路的障碍。

（二）深化私有投资体制改革，构建新型私有投资新秩序

市场经济建立在生产资料私有化基础之上。私有经济主体是我国市场经济发展的基础，同时也是我国市场经济发展的推动力之一。私有投资主体投资体育后备人才培养尚处于初级阶段。行政主管部门应加快私有投资体系的改革，构建新型私有投资新秩序，具体做法有：首先，优化投资环境，提高私有投资主体投资体育后备人才培养与梯队建设工作的积极性。行政主管部门应通过制定私有投资主体投资体育后备人才培

养与梯队建设工作的政策法规，优化与完善政策法规体系，使私有投资主体投资体育后备人才培养实现有法可依，构建促进私有投资的法律环境；通过运用多种金融与货币手段，维持国家对经济的宏观调控，出台政策提高民间企业、团体、个人、私营等私有投资主体的信心。在良好的经济发展时期，行政主管部门应实行比较稳妥的财政支出政策，以平衡财政为目标，避免过度赤字对私有投资主体产生“排挤效应”；在经济下滑期，行政主管部门应采用积极的财政政策和货币政策，在金融方面施行增大支出与减税的政策，在货币政策上则实施低利率等刺激融资和投资的措施，以保持和刺激经济的发展，从而维护私有投资主体的愿望和信心。其次，降低私有投资主体进入体育后备人才培养与梯队建设工作的门槛，为私有投资主体创造良好的外部发展环境。行政主管部门应适当降低体育后备人才培养的准入门槛，使私有投资主体成为体育后备人才培养与梯队建设的主体。在保持行政主管部门对私有投资主体投资管理与控制的前提下，行政主管部门应鼓励更多的私有投资主体投资体育后备人才资源的开发，充分放权，实现资本的合理运转与流通，将体育后备人才资源的开发与使用权放归市场。再次，拓宽投融资体系，增强私有投资主体的投融资能力。行政主管部门应推进我国金融体系改革，建立私有投资主体投资体育后备人才资源开发专项资金，在政策方面给予私有投资主体合法的贷款担保、贷款优惠政策、施行直接融资等支持。最后，构建新型服务机构，满足私有投资主体投资需求。行政主管部门应通过建立新型的服务机构，为私有投资主体投资体育后备人才培养与梯队建设宣传与解读国家最新政策法规，实现国家政策与私有投资主体之间的无缝衔接，针对私有投资主体在体育后备人才培养与梯队建设工作中遇到的瓶颈，在政策允许的范围内给予支持与帮助。加快私有投资体系的改革，构建新型私有投资新秩序是实现私有投资主体投资体育后备人才培养与梯队建设有效开发的需求，是温州市体育后备人才市场化培养模式机制创新的具体体现。

（三）转变政府部门公共服务理念，为私有投资主体提供优质服务

理念对社会实践具有一定的指导作用，任何社会的变革皆以理念的变革为前提。提高行政主管部门对私有投资主体投资体育后备人才培养与梯队建设的服务理念，从本质上来说是转变行政主管部门的公共服务理念。因而，要实现温州市体育后备人才市场化培养模式的机制创新，则必须转变行政主管部门传统的公共服务理念，改变陈旧的公共服务体系，构建与市场经济发展相适应的新型公共服务体系，提高行政主管部门的公共服务能力，为私有投资主体提供更加优质的公共服务。这也是温州市体育后备人才市场化培养模式机制创新的需求。

行政主管部门要构建新型的公共服务体系，提高行政主管部门的公共服务能力水平，为私有投资主体投资体育后备人才培养与梯队建设工作提供更加优质的服务，应做到以下三个方面。首先，完善行政主管部门公共服务体系，构建新型行政主管部门服务体系。行政主管部门应从思想上破除“官本位”的意识，树立“民本位”的意识，改变传统的管理理念，树立以人为本的服务理念，创建服务型政府，提高自身的公共服务能力水平。其次，采取最大尺度的简政放权，充分发挥市场的导向作用。行政主管部门应通过进一步简政放权，鼓励和引导私有投资主体投资体育后备人才培养与梯队建设工作，降低私有投资主体投资体育后备人才培养与梯队建设工作的门槛，充分发挥市场的主体作用，实现市场经济中优胜劣汰。行政主管部门应以市场为导向，处理好行政主管部门与市场的关系，充分发挥市场在资源配置中的导向作用，在市场能发挥作用的地方不要过分干预。最后，树立行政主管部门有法可依、有法必依的公共服务理念。行政主管部门应规范自身的行政行为，防止权力的滥用，保障私有投资主体的合法权益。行政主管部门应通过构建新型公共服务理念，提高公共服务能力水平，降低私有投资主体的投资风险，应本着“多方投入，风险共担，利益共享”的市场化运作基本原

则，充分发挥市场的调节作用，充分挖掘私有投资主体的积极性，实现体育后备人才培养投融资渠道的多元化发展，在政策上给予支持、资金上给予保障，降低私有投资主体投资风险，提升私有投资主体的投资信心。行政主管部门应优化投资环境，降低私有投资主体的投资成本，切实解决私有投资主体投资体育后备人才培养与梯队建设工作中的瓶颈，坚持统筹发展，通过运用相关政策引导私有投资主体投资体育后备人才培养朝着市场化方向发展，保障私有投资主体投资体育后备人才培养工作的有序开展，推进温州市体育后备人才市场化培养模式的机制创新，切实为私有投资主体提供更加优质的服务。

第七章 温州市体育后备人才市场化培养模式的创新路径研究

体育体制是一定历史时期的政治体制、经济体制与体育发展内在规律相互作用的产物，它的形成、发展、成熟与衰亡都是由体育发展的内外环境动态调试的客观规律所决定的，不以人的主观意志为转移。[1]我国社会体制与体育体制改革的不断推进，打破了在计划经济体制下形成的“全能”型政府形象，通过从办向管转变、从微观管理向宏观管理转变、从管直属企事业单位向管社会投资主体转变、从封闭式的内向型管理向开放式的外向型管理转变，举国体制式的人才培养模式发展的内外环境发生了变化。这为温州市体育后备人才市场化培养模式的应运而生打下了基础。温州市体育后备人才市场化培养模式是在行政主管部门的统领下置身于市场经济发展的大环境运行的，由于体制的惯性与对路径的依赖，该模式在运行中带有较强的行政性与计划性。作为体育后备人才培养与梯队建设的一种制度设计与开发方式，它的使命在于满足我国体育事业发展对体育后备人才的需求，实现我国体育事业的健康可持续发展。温州市体育后备人才市场化培养模式是在现有的政治、经济、文化等背景下，紧追我国社会体制与体育体制改革步伐而开展的具体实践。温州市体育后备人才市场化培养模式脱胎于市场经济的土壤，将体育后备人才培养与梯队建设工作推向市场是其发展的客观需求。现阶段我国体育后备人才培养与梯队建设工作，在管理体制与运行机制上

---

〔1〕 鲍明晓．关于建立和完善新型举国体制的理论思考［J］．天津体育学院学报，2001，16（4）：48－51.

与温州市体育后备人才市场化培养模式存在着较大的差距。但是，温州市体育后备人才市场化培养模式与我国传统的体育后备人才培养与梯队建设之间不存在根本性的冲突与矛盾，而只有在探索发展时期的时间成本与制度的调整。因此，现阶段温州市体育后备人才市场化培养模式正处于探索与改革的初期，在发展过程中出现问题与发展瓶颈是不可避免的，只有通过对温州市体育后备人才市场化培养模式的路径进行适时优化与创新，才能实现温州市体育后备人才市场化培养模式的有序运行。

一、温州市体育后备人才市场化培养模式的发展形态分析

随着我国体育体制改革的深入，国家长期垄断体育市场的局面被打破，体育市场面向市场对全社会开放，国家积极鼓励与引导私有投资主体投资体育后备人才培养与梯队建设工作。温州市在体育后备人才培养与梯队建设工作中紧追我国体育体制改革的发展步伐，大胆地以市场需求为导向，不拘一格，在体育后备人才培养与梯队建设工作中引入私有投资主体，实现了行政主管部门与私有投资主体在体育后备人才培养与梯队建设工作中的战略合作，开创了独具地域特色的新型体育后备人才培养模式——温州市体育后备人才市场化培养模式。温州市体育后备人才市场化培养模式与传统的体育后备人才培养模式之间最显著区别在于，在体育后备人才培养与梯队建设工作中，传统的体育后备人才培养模式是以行政主管部门为主导；而温州市体育后备人才市场化培养模式是以私有投资主体为主导，形成了以社会化、市场化为导向的新型体育后备人才培养模式。温州市体育后备人才市场化培养模式为温州市体育事业的可持续发展作出了突出的贡献，温州市体育代表团在2013年浙江省第二届体育大会上共获得团体总分1884分，位列全省第二；总奖牌数156枚，位列全省最后；综合成绩位列全省第二，缔造了温州市近十年来参加省内综合性运动赛事的最佳战绩。温州市体育代表团在

2013 年举办的全国第十二届全运会共获得金牌 11 枚、银牌 8 枚、铜牌 17 枚的成绩，为浙江省体育代表团金牌、奖牌和总分均列全国第六作出了突出贡献，同时也创造了温州市运动员参加全国运动会的历史最佳战绩。值得一提的是温州市体育代表团参加全国第十二届全运会获得的 11 枚金牌中有 2 枚金牌是在市场化人才培养模式下以私有投资主体为主导的体育后备人才所取得的，足以说明以私有投资主体为主导的温州市体育后备人才市场化培养模式现已初见成效。

温州市体育后备人才市场化培养模式是行政主管部门与私有投资主体合作的产物，是以私有投资主体为主导的方式，是在行政主管部门与私有投资主体之间实现双赢的一种新模式。随着我国体育体制改革步伐的不断加快，温州市体育后备人才市场化培养模式呈现出新的发展态势，即公私联合（合作）培养模式、“委托订单式”培养模式、民营独资培养模式，且在三种人才培养模式中行政主管部门与私有投资主体之间的职能与作用又有着显著的区别。首先，公私联合（合作）培养模式是指以体育部门为代表的行政主管部门与企业、个人等为代表的私有投资主体在体育后备人才培养领域的合作。行政主管部门给予私有投资主体在体育后备人才培养方面的特权，并给予私有投资主体不同形式的财政补贴、土地补贴等，建立起公私双方以正式合约为基础的长期的、稳定的合作关系。其次，“委托订单式”培养模式是以体育部门为主导的行政主管部门与以私有投资主体为主导的体育运动学校、青少年体育俱乐部等有关社会机构签订“人才培养订单”。以私有投资主体为主导的体育运动学校、青少年体育俱乐部以提高体育后备人才综合竞技能力水平为出发点，以市场需求为导向，实现行政主管部门与私有投资主体的双赢。最后，民营独资培养模式是指以私有投资主体为主导的体育机构以市场为导向，独自出资承担体育后备人才培养过程中所需费用，并独自享有收益与承担风险。

二、温州市体育后备人才市场化培养模式的创新路径

温州市体育后备人才市场化培养模式是我国社会体制与体育体制改革的阶段产物，随着我国社会体制与体育体制改革的不断推进，温州市体育后备人才市场化培养模式必须通过创新路径来实现与时俱进的发展态势。而当前，温州市体育后备人才市场化培养模式的创新路径从宏观的角度分析，就是要建立一个使体育后备人才培养效率不断提高，与社会体制、体育体制改革步伐相协调的新模式，这是时代发展的需求，不能局限在传统体育后备人才培养模式的发展框架内。随着我国体育事业综合实力的不断增强，体育后备人才培养模式成为我国体育事业持续、健康发展的关键，体育事业社会化、商业化、市场化发展趋势越发明显。在前期《民间资本投资竞技体育的温州模式研究》（国家体育总局体育哲学社会科学研究项目）、《温州市民间资本投资竞技体育的调查研究》（温州市体育局课题）、《温州市民间资本投竞技体育发展研究》（浙江大学出版社已出版）等相关研究基础上，结合温州市体育后备人才培养的实际，我们归纳、总结、提炼这一新型体育后备人才培养模式，即形成以行政主管部门与私有投资主体在体育后备人才培养方面的有效融合。随着温州市体育后备人才市场化培养的进一步推进，我们对温州市体育后备人才市场化培养模式创新路径的构想，是结合行政主管部门与私有投资主体在体育后备人才培养方面的经验与教训来进行分析的。温州市体育后备人才市场化培养模式在运营过程中需要与我国社会体制与体育体制改革相接轨，并对其发展路径进行适时的优化与创新，只有这样才能使温州市体育后备人才市场化培养模式永葆生机与活力。温州市体育后备人才市场化培养模式的创新路径，需从以下层面进行构建。

（一）树立行政主管部门与私有投资主体正确的育人理念

温州市体育后备人才市场化培养模式创新路径的首要问题是行政主管部门与私有投资主体在体育后备人才培养与梯队建设工作中的价值追求不同，具体来说就是行政主管部门与私有投资主体在体育后备人才培养与梯队建设工作中的利益出发点不同，该因素直接关系到温州市体育后备人才市场化培养模式整体框架的建构。行政主管部门与私有投资主体在体育后备人才培养方面与梯队建设利益出发点的差异，违背了行政主管部门在体育后备人才培养与梯队建设工作中引入私有投资主体的初衷，这在一定程度上降低了体育后备人才培养与梯队建设工作的效率，不利于温州市体育后备人才市场化培养模式的长远发展。因此，在温州市体育后备人才市场化培养模式运行中行政主管部门与私有投资主体应树立正确的育人理念。

随着我国社会体制的转型和社会主义市场经济体制不断发展与完善，行政主管部门在体育后备人才培养方面的主导地位被打破，私有投资主体的投资朝着体育后备人才培养与梯队建设的方向发展，体育后备人才培养朝着市场化、社会化、商业化方向发展，符合国际与国内体育事业发展的历史潮流。习近平总书记在参观复兴之路展览时提出民族伟大复兴的“中国梦”，将“体育强国梦”纳入“中国梦”的体系范畴，从而将体育事业提高到更高的发展地位，同时也激发了越来越多的私有投资主体投资发展体育事业，尤其提高了他们对体育后备人才培养与梯队建设工作的关注度，大大提高了体育后备人才培养的效率。在温州市体育后备人才市场化培养模式创新路径中行政主管部门与私有投资主体应树立正确的育人理念，在此基础上依据行政主管部门与私有投资主体的共同利益需求和温州市体育后备人才市场发展的具体现状，寻求行政主管部门与私有投资主体的利益结合点，依据不同项目的发展特点与市场化运营程度逐步推向市场，使其能够在市场中获得更多的发展机会。

因此，行政主管部门与私有投资主体树立正确的育人理念，实现体育后备人才培养与市场相结合，能够提高体育后备人才培养的效率，不断加快温州市体育后备人才市场化培养模式的创新路径。

（二）构建行政主管部门与私有投资主体的多维度联合

构建行政主管部门与私有投资主体多维度联合需从以下两方面进行逐步完善。第一，行政主管部门与私有投资主体所处的社会环境构建。随着我国体育体制改革不断向社会化、市场化、商业化方向推进，多元主体参与成为体育事业发展的主要特征。多元主体参与的体育后备人才培养模式必将为我国体育后备人才培养模式开创新的发展局面。积极鼓励与引导私有投资主体投资体育后备人才培养与梯队建设工作，可以更好地保证体育资源的有效利用和保障体育后备人才培养资金的充裕。第二，体育后备人才综合素质提高。体育后备人才综合素质不仅包括高超的专项运动竞技能力，还包括运动员的文化教育素质方面。只有全面提高体育后备人才文化素质与专项运动技能同步提高的发展理念，才能打破传统体育后备人才培养中文化知识学习与专项运动技能发展失调的现象。在体育后备人才文化知识学习与专项运动技能训练方面不能简单、机械地规划文化知识学习与专项运动技能的具体时间，而应通过科学、合理的课程体系进行构建，针对体育后备人才不同个体的发展需求进行多维度的课程设置，进而满足体育后备人才提升综合素质的发展需求。只有这样才能不断提升体育后备人才综合素质，并为其未来发展提供有力“资本”。从体育后备人才培养的投融资主体来看，私有投资主体在体育后备人才培养中所占据的地位稳步提升，温州市体育后备人才市场化培养模式就是重要体现。这一现象打破了传统的行政主管部门长期主导体育后备人才培养的局面。体育后备人才培养主体呈现多元化发展趋势，尤其是近年来行政主管部门通过最大限度的简政放权，将体育后备人才培养市场逐步向私有投资主体开放，从而为温州市体育后备人才市场化培养模式的有序推进构建了良好的发展环境。因此，温州市体育后备人才市场化培养模式路径的创新应构建行政主管部门与私有投资主体多维度联合培养模式，从行政主管部门与私有投资主体所处的社会环境构建入手，并以体育后备人才综合素质提高为切入点，加大私有投资主体投资体育后备人才培养的引导与支持力度，使体育后备人才培养的投融资主体呈多元化发展态势，为体育后备人才培养工作的有序开展奠定坚实的物质基础，进而保障温州市体育后备人才市场化培养模式的有序运行。

（三）构建行政主管部门与私有投资主体联合的新常态

温州市体育后备人才市场化培养模式的新常态为行政主管部门与私有投资主体联合提供了创新路径的经验与教训。温州市体育行政主管部门为实现温州市体育后备人才培养与梯队建设工作的新突破，通过运用公私联合（合作）培养模式、“委托订单式”培养模式、民营独资培养模式多种体育后备人才培养模式，与私有投资主体在体育后备人才培养与梯队建设工作中达成共识。温州市体育行政主管部门把握了体育后备人才培养的新常态，为温州市体育后备人才市场化培养模式的重构提供了借鉴。行政主管部门与私有投资主体通过运用公私联合（合作）培养、“委托订单式”培养、民营独资培养等多种联合方式开展体育后备人才培养与梯队建设工作，为温州市体育后备人才市场化培养模式的创新路径提供了发展经验。随着我国体育体制改革的不断推进，温州市体育后备人才市场化培养模式的新常态发展遭遇瓶颈，制约了体育后备人才培养与梯队建设工作的有序推进。要实现温州市体育后备人才市场化培养模式的常态化发展需从以下两点入手。第一，组建介于行政主管部门与私有投资主体之间的第三方组织。第三方组织是独立于行政主管部门与私有投资主体以外的非政府性的公共服务组织，其主要目的是在行政主管部门与私有投资主体之间形成利益的连接，依据行政主管部门颁布实施的相关政策条例对私有投资主体进行解读与宣传，当私有投资主体在投资体育后备人才培养与梯队建设工作中遇到发展难题时能够及时向行政主管部门进行沟通与反馈，进而使行政主管部门与私有投资主体在体育后备人才培养与梯队建设工作中的资源优势得到最大限度的发挥，推进行政主管部门与私有投资主体之间新的联合，提高体育后备人才培养与梯队建设工作的效率。第二，构建合理的人才流动机制。行政主管部门与私有投资主体在体育后备人才培养过程中均需投入巨大的人力、物力、财力，进行体育后备人才资源的有效创收是行政主管部门与私有投资主体的共同利益点。随着我国体育体制的不断推进，要实现体育后备人才资源的有效创收则需构建合理的人才资源流动机制。构建合理的人才资源流动机制能够提高体育后备人才培养对私有投资主体的吸引力，为体育后备人才培养工作提供更为雄厚的资金支持，同时还能够在一定程度上制约行政主管部门对体育后备人才培养的过分干预，有利于体育后备人才市场化培养模式的有序运行。以上的建设与完善，能够促进行政主管部门与私有投资主体之间联合新常态的形成与发展，为体育后备人才培养的“公私结合”模式构建一个稳定且符合社会发展需求的新模式，在“公私结合”模式下为温州市体育后备人市场化培养模式提供一个全新的发展路径。

三、温州市体育后备人才市场化培养模式创新路径影响因素分析

温州市体育后备人才市场化培养模式是在我国体育体制改革背景下形成的一种社会化、市场化的人才培养模式，符合我国体育体制改革的发展方向，是一种节约政府财政投入成本、创新青少年体育后备人才培养主体多元化发展的新型人才培养模式，是深化体育体制改革的创举，更是一项青少年体育后备人才培养模式改革的探索。温州市行政主管部

门在国家有关政策背景下，从本市青少年体育后备人才培养的实际出发，大胆地对青少年体育后备人才培养体系进行探索与实践，为温州市青少年体育后备人才培养作出了突出的贡献。但是，受市场经济发展水平与体育体制改革滞后等因素的影响，温州市体育后备人才市场化培养模式的创新路径还存在一定的障碍。笔者通过对影响温州市体育后备人才市场化培养模式创新路径变革因素的深入探讨，揭示温州市体育后备人才市场化培养模式创新路径的有利与不利因素，为温州市体育后备人才市场化培养模式的创新路径提供一定的依据。

（一）温州市体育后备人才市场化培养模式创新路径的有利因素分析

温州市体育后备人才市场化培养模式是在一定的政治、经济、文化等领域的背景下的产物，在其发展的过程中受内外环境的制约，随着我国社会体制的转型与体育体制改革的不断推进，必须进行适时的调整与变革，才能实现机制的正常运行。随着我国体育管理体制深层次改革的不断推进，传统的体育后备人才培养模式所赖以生存的政治制度丧失了必要的社会基础，加之体育事业发展的社会化、市场化发展态势进一步明确，为温州市体育后备人才市场化培养模式路径的创新提供了有利条件。

1. 体育事业社会化、商业化发展趋势的不断加强

体育事业发展的国际化是世界体育事业发展的一种必然趋势，是不可抗拒的历史潮流，是世界各国体育事业发展相互影响、相互融合、相互渗透的过程。这不仅给温州市体育后备人才市场化培养模式的发展带来了新的发展机遇，也为温州市体育后备人才市场化培养模式带来了严峻的挑战。因此，温州市体育后备人才市场化培养模式只有顺应体育事业发展国际化的发展趋势，顺应体育事业发展的商业化、社会化、市场化的发展趋势，才能实现温州市体育事业的健康可持续发展。体育后备人才市场化培养模式是社会主义市场经济发展到一定阶段的产物，把体

育后备人才培养与梯队建设工作视为社会分工的一部分，是使社会中特定群体以此来获得资金回报的过程或结果。温州市体育后备人才市场化培养模式是指行政主管部门依据我国体育体制改革的政策法规，在体育后备人才培养与梯队建设工作中引入私有投资主体，实现行政主管部门与私有投资主体之间的融合，充分利用两大主体的优势，使私有投资主体成为体育后备人才培养与梯队建设工作的投资主体和管理主体，形成多方主体共同致力于体育后备人才培养与梯队建设工作的新格局。体育后备人才培养与梯队建设的社会化、商业化是市场经济发展的必然结果，没有市场经济的发展就没有体育后备人才培养与梯队建设的社会化、商业化。同时体育后备人才资源开发的社会化、商业化推动了体育后备人才培养与梯队建设工作的市场化，使体育后备人才成为一种“商品”，所以说，温州市体育后备人才市场化培养模式的出现是体育后备人才培养与梯队建设工作适应社会化、商业化发展的必然产物。

随着我国市场化改革力度的不断加大与改革开放政策的不断推进，1992 年 6 月，中国足协在北京西郊红山口举行工作会议，会议决定将足球项目作为我国体育体制改革的突破口，明确了我国足球项目走职业化改革的发展方向。这个会议成为专业足球时代向职业足球时代转变的重要会议，由此拉开了我国体育体制职业化改革的发展序幕。足球职业化、商业化运作模式向世人昭示了传统的“纯体育”发展观念受到社会化、商业化、职业化的冲击，体育事业发展不只是体育发展的需求，独立于社会主义市场经济发展之外，而必须实现体育事业发展与市场的不断融合。在现代社会主义市场经济发展过程中，体育后备人才是人才资源的一种“商品”。该“商品”如果要长久地保持生命力与繁荣发展，则必须不断摄取自身发展的“养分”，找寻适应自身发展的市场。体育后备人才培养与梯队建设工作的社会化、商业化实际上就是遵循市场经济发展基本规律与体育事业发展的基本规律，以体育后备人才资源“商品”的开发来平衡各方利益，达到互利互惠的目的，形成体育后备人才培养与梯队建设工作的社会化、商业化运作机制，实现体育后备人才培养与梯队建设工作市场化的良性循环。实践证明，体育后备人才培养与梯队建设工作的商业化、社会化是我国体育体制在社会主义市场经济体制背景下的产物，是按照市场经济发展的基本规律开发体育后备人才资源的必然结果，是体育后备人才培养与梯队建设工作与市场化经济发展相结合发挥最大效率，从而获得最大效益的必然选择，是世界竞技体育发展的必然趋势。社会主义市场经济的商品化运作模式，可以改变体育后备人才培养与梯队建设工作中行政主管部门与私有投资主体的投入方式与比例，充分发挥私有投资主体的优势，提高体育后备人才培养的效率，加快体育后备人才培养与梯队建设的进程。温州市体育后备人才市场化培养模式的优势，是在遵循社会主义市场经济体制的基本规律下，形成体育后备人才培养与梯队建设工作的自我调节能力，以及自我创造与自我发展的运行机制，从而促进体育后备人才培养与梯队建设工作的有序推进。由于我国正处于社会体制与体育体制改革的关键时期，温州市体育后备人才市场化培养模式所赖以生存的政治、经济等发展因素发生了显著变化，这就要求我们在体育后备人才培养与梯队建设工作中正确认识与利用体育事业发展的社会化、商业化发展趋势，适时对体育后备人才市场化培养模式进行合理创新与优化，科学规划体育后备人才培养与梯队建设的方式，以此来适应体育事业社会化、商业化发展潮流。因此，体育事业社会化、商业化的发展趋势，将对我国体育后备人才培养与梯队建设工作，特别是对温州市体育后备人才市场化培养模式的创新路径产生深远的影响。

2. 体育体制深层次改革的推进

体育体制改革是实现我国体育事业可持续发展与进行体育后备人才培养的必然要求，是我国社会体制全面改革的重要组成部分，必须伴随着我国社会体制改革发展进程深层次地推进。2002 年 7 月，中共中央、国务院颁布实施《关于进一步加强和改进新时期体育工作的意见》，文件指出，大力发展体育产业，积极培育体育市场，为扩大内需、促进就业、拉动经济增长、实现现代化建设发展目标作出应有的贡献。[1] 2005年2月，国务院颁布实施《关于鼓励支持和引导个体私营等非公有制经济发展的若干意见》，文件明确指出，让非公有制资本进入社会事业领域，支持、引导和规范非公有资本投资教育、科研、卫生、文化、体育等社会事业。[2] 这是我国政府首次明确指出鼓励与引导私有投资主体投资兴办体育事业的标志性文件。2010年5月，国务院颁布实施《关于鼓励和引导民间投资健康发展的若干意见》，文件的出台拓宽了民间资本投资的领域和范围，鼓励和引导民间资本进入法律法规未明确禁止准入的行业和领域，规范了民间资本投资准入门槛，为民间资本能够平等进入市场、创造公平竞争的市场环境提供了法律保障。2011年4月，国家体育总局下发了《体育事业发展"十二五"规划》，该规划指出，制定奥运项目竞技体育后备人才培养中长期发展规划，进行重点项目后备人才培养布局，完善业余训练评估奖励政策，建成符合体育人才成长规律和教育规律，以培养具有较高运动技术水平、全面发展的后备人才为主要任务，以政府主导的体教结合为资源整合机制，以基础教育阶段为重点，以国家高水平体育后备人才基地和公办体育运动学校为骨干，以少年儿童体校、青少年体育俱乐部、体育传统项目学校、体育特色学校和社会力量兴办的后备人才培养机构为基础，规模、布局、结构合理的后备人才培养体系，加强和巩固业余训练基础。[3] 2012年8月，国

---

[1] 中共中央 国务院关于进一步加强和改进新时期体育工作的意见[EB/OL].(2002-07-22)[2010-10-13]. http://www.scio.gov.cn/xwfbh/xwbfbh/wqfbh/2011/0722/xgzc/Document/963599/963599.htm.

[2] 国务院关于鼓励支持和引导个体私营等非公有制经济发展的若干意见[EB/OL].(2005-02-19)[2008-03-28]. http://www.gov.cn/zhengce/content/2008-03/28/content_1647.htm.

[3] 体育事业发展"十二五"规划[EB/OL].(2004-04-01)[2011-04-11]. http://www.sport.gov.cn/zfs/n4977/c660451/content.html.

家体育总局颁布实施《关于鼓励和引导民间资本投资体育产业的实施意见》，文件明确指出，支持民间资本进入体育用品生产及销售领域，鼓励和引导民间资本进入体育场馆建设运营领域，鼓励和引导民间资本进入体育健身休闲领域，鼓励和引导民间资本进入体育竞赛表演领域，加大对民间资本投资体育产业的支持力度。[1] 2014 年 10 月，国务院颁布实施《国务院关于加快发展体育产业促进体育消费的若干意见》，文件指出，鼓励社会资本进入体育产业领域，建设体育设施，开发体育产品，提供体育服务，推广和运用政府和社会资本合作等多种模式，吸引社会资本参与体育产业发展，政府引导，设立由社会资本筹资的体育产业投资基金。[2] 根据这一系列体育体制改革的意见与要求，我国体育体制改革紧紧围绕“政事分开、事企分开、管办分离”的基本原则，在体育后备人才培养与梯队建设工作中充分发挥行政主管部门的导向作用和私有投资主体的优势，把行政主管部门的权力适度交由私有投资主体，使行政主管部门从繁杂的事物中解脱，使其从“划桨者”向“掌舵者”的角色转换，充分发挥市场在资源配置中的基础性作用，调动私有投资主体在体育后备人才培养与梯队建设工作中的积极性。因此，我国体育体制深层次改革的推进，为我国私有投资主体进入体育后备人才培养与梯队建设工作提供了良好的政策环境，同时也为温州市体育后备人才市场化培养模式的创新路径提供了新的发展机遇。

（二）温州市体育后备人才市场化培养模式创新路径的不利因素分析

温州市体育后备人才市场化培养模式是我国体育体制改革的具体实践。随着我国体育体制改革的不断推进，市场化的人才培养模式面临着

[1] 关于鼓励和引导民间资本投资体育产业的实施意见的通知[EB/OL].(2012-05-31)[2017-01-11].http://www.sport.gov.cn/n315/n331/n403/n1957/c785122/content.html.

[2] 国务院关于加快发展体育产业促进体育消费的若干意见 [EB/OL].(2014-10-02)[2014-10-20].http://www.gov.cn/zhengce/content/2014-10/20/content_9152.htm.

诸多发展困境，需通过创新路径来实现青少年体育后备人才培养工作的有序推进。然而，受市场经济发展水平与体育体制改革滞后等因素的影响，温州市体育后备人才市场化培养模式的创新路径还存在一定的障碍。

1. 经济基础发展较为薄弱

经济基础是上层建筑赖以存在的根源，是最基础的；上层建筑是经济基础在政治上和思想上的表现，是派生的。经济基础决定上层建筑，上层建筑反作用于经济基础。经济基础是一切人类生产活动与社会发展的基础，自然也是体育事业发展的基础。体育的产生与发展以一定的社会生产资料为基础，体育体制作为体育事业发展的上层建筑，是一种建立在一定经济基础之上的人类文化活动形态，与经济发展有着密切的联系。经济是体育事业发展的基础，经济发展的程度对体育事业的发展起着至关重要的导向作用。体育事业发展的水平与规模取决于经济发展与社会发展等多重因素，但归根结底还是经济基础起着至关重要的作用，而随着体育事业朝着社会化、商业化方向发展，体育事业发展对经济基础的依赖性更强。传统的体育大国或体育强国无疑不是经济大国与经济强国，经济基础是影响国家体育事业发展的关键因素，在某种意义上可以说，世界体坛的竞争归根到底是各国综合经济实力的竞争。

温州市是我国社会主义市场经济体制改革的前沿阵地。在改革开放政策的指引下，温州人凭借顽强不屈的拼搏精神、强烈的致富欲望、务实的创业精神和一切从实际出发、实事求是、敢为人先的精神，大胆地以市场需求为主导，不拘一格，率先发展多种所有制经济，实现了温州民间资本的原始积累，开创了具有地域特色的经济发展新模式——“温州模式”，堪称我国市场经济发展的奇迹。民间资本总量位居全国前列，为温州市体育后备人才市场化培养模式的发展打下了坚实的物质基础，为我国体育事业的可持续发展奠定了强大的资金保障。然而，受全球金融危机的影响，温州市的市场化经济发展出现萧条与衰败的现象，致使温州市私有投资主体遭遇重创，制约了私有投资主体对体育后备人才培养与梯队建设工作的投入力度。虽然我国体育体制的改革一直朝着社会化、市场化趋势发展，但当前温州市社会主义市场经济发展水平制约了温州市体育后备人才市场化培养模式的创新路径。体育后备人才综合竞技能力水平的提高需要在高水平教练员团队的指导下进行专业化、系统化的专项技能训练，并通过实战来达到以赛代练的训练效果，体育后备人才培养与梯队建设工作需要强大的资金作保障。

2. 体育管理体制改革的滞后

体育管理体制是体育管理机构设置、权限划分、运行机制等方面体系和制度的总称，是实现体育目标的组织保证。[1] 新中国成立初期，面对历史遗留的科学技术落后、经济实力薄弱、人民体质较差等诸多问题，结合当时特殊的国际环境，为实现中华民族伟大复兴，党和政府必须找出一条能在短时间内振奋民心的途径。由此，我国选择通过动员全国有限的人力、物力、财力等相关力量，最大限度地调动各方力量的主观能动性，有效配置在全国范围内的相关资源，通过重视体育事业的发展来实现自身发展目标。这就要求在短时间内培养出全面发展、品质优良的体育后备人才与构建合理的后备人才梯队建设，提高我国在国际体坛上的地位和竞争力。在此历史背景下，我国通过学习与借鉴苏联体育事业发展经验，从我国具体的国情出发，创造性地提出了符合我国国情的体育后备人才培养模式——举国体制。举国体制式的体育后备人才培养模式是计划经济时期的产物，它最大的特点就是行政主管部门以行政命令的手段管理体育事务，以计划手段配置体育资源，在管理、训练、竞赛等各个方面形成统一整体，形成一个以各级体委为中心的管理体制，以专业运动队为中心的训练体制，和以全运会为中心的国内竞赛体

〔1〕 阎宝莹，张文健，宋立业．我国职业足球俱乐部名称变化频率及后果分析［J］．吉林体育学院学报，2009，25（3）：14－15＋111.

制三足鼎立的刚性结构。举国体制式的体育后备人才培养模式符合当时我国的具体国情与体育情况，对我国在较短时间内发展体育事业和提高我国体育的综合实力作出了突出贡献。随着我国社会体制转型与体育体制改革的不断推进，举国体制式的体育后备人才培养模式赖以生存的社会大环境发生了巨大的变化，在计划经济体制背景下形成的举国体制式的管理模式与运行机制已经不能适应新时期我国社会经济的发展和体育事业自身改革的需求。为使我国体育事业可持续发展，并在后奥运时期仍具有强劲的发展势头，依据我国社会经济发展水平和体育事业发展的阶段特征，我国开启了体育管理体制的变革，逐步调整行政主管部门在体育事业发展中的主导作用，采取最大尺度简政放权的方式，渐进式地将体育事业的发展面向社会力量开放，充分调动社会力量的主观能动性。然而受社会体制改革与传统体育体制的影响与制约，我国体育体制改革滞后于社会主义市场经济体制改革的步伐，致使我国在体育体制改革中存在种种障碍，主要表现在以下两方面。第一，行政主管部门与私有投资主体地位的不平等。我国体育体制改革是由行政主管部门主导的、自上而下逐步开展的，行政主管部门不仅是改革的策划者与组织者，更是改革实践的具体实施者。在计划经济体制背景下的体育体制是以国家为主导的高度集中的发展模式，而我国体育体制改革正是针对这种高度集中的权力结构，实现权力与利益主体的多元化发展。因此，要实现权力与利益主体多元化发展，必须对体育管理体制进行变革。在体育体制改革背景下，温州市体育行政主管部门抢占先机，针对以国家为主导并高度集中的人才培养模式进行变革，通过将体育后备人才培养工作推向市场，使私有投资主体主导体育后备人才培养工作，打破了国家长期主导体育后备人才培养的模式，推动了我国体育后备人才培养朝着市场化、商业化方向发展。然而，在体育事业发展中行政主管部门掌握着体育资源的分配，决定着体育专项资金的流向。在私有投资主体不触动行政主管部门的利益时，他们积极响应；而当私有投资主体触动到其既得利益时，他们利用手中权力进行干预。这使得行政主管部门与私有投资主体在体育后备人才培养资源共享方面存在着较大的差距。第二，对传统体育体制的路径依赖。新中国成立初期，我国在学习与借鉴苏联体育事业发展经验基础上，从我国具体的国情出发，创造性地提出了符合我国国情的体育后备人才培养模式——举国体制，该人才培养模式为我国体育后备人才的培养与梯队建设作出了巨大贡献，为我国体育事业的腾飞打下了坚实的人才资源基础。然而，随着我国社会体制与体育体制的改革，传统的体育体制已经不能适应新时期体育事业发展的需求，存在路径依赖加大了体育体制改革推行的难度。在我国体育体制改革中，行政主管部门与私有投资主体地位不平等与对传统体育体制的路径依赖，都是制约温州市体育后备人才市场化培养模式创新路径的重要因素。

四、温州市体育后备人才市场化培养模式创新路径保障

温州市体育后备人才市场化培养模式是我国社会体制与体育体制改革的必然结果，同时也是我国体育事业发展的必然需求。温州市体育后备人才市场化培养模式与体育体制社会化、商业化变革既有共性的一面，同时也存在着一定的差异性。因此，如何对温州市体育后备人才市场化培养模式的路径进行创新，提高体育后备人才培养的效率，实现行政主管部门与私有投资主体利益的最大化，还需通过政策、法律、观念等方面因素的革新作保障。

（一）政策体系的更新是创新路径的关键

体育政策是在一定的背景下以满足大众体育需求和解决体育发展中

的实际问题为指向的行动方略。[1] 体育政策的更新是为了改变体育资源分配与调整方式，以及构建新的权利与利益主体之间的关系。随着我国体育体制改革不断推进，我国体育体制政策体系的更新已经不能适应体育体制变革的步伐，主要表现为行政主管部门与私有投资主体之间关系与资源调整等的相关政策更新滞后。随着我国由计划经济体制向社会主义市场经济体制的转型，体育体制改革正朝着市场化、商业化方向发展。体育后备人才培养的主体已经逐步由行政主管部门为主导向行政主管部门与私有投资主体联合方向发展。私有投资主体成为体育后备人才培养的主体。而有关私有投资主体投资体育后备人才培养的政策体系更新较为缓慢，致使私有投资主体在体育后备人才培养中人力、财力、物力等资源占有不足，降低了体育后备人才培养效率。因而，应打破行政主管部门在体育后备人才培养中的主导地位，让市场发挥更大的资源调配作用，加快有关鼓励与引导私有投资主体投资体育后备人才培养政策体系的构建，为温州市体育后备人才市场化培养模式的创新路径提供政策支持。

（二）法律体系的完善是创新路径的保障

法律体系代表着一个国家的发展程度，随着我国社会体制的转型，我国法制化进程逐步加快，法律体系逐步完善，我国体育立法工作不断取得新的突破。但现行的法律法规与体育相关法律文件并无专门针对私有投资主体投资体育后备人才培养与梯队建设工作的内容。因此，加快体育立法建设，完善体育法律体系，特别是针对私有投资主体投资体育后备人才培养与梯队建设工作法律文件的制定，是温州市体育后备人才市场化培养模式创新路径的保障。

随着我国体育体制改革的不断推进，体育后备人才培养主体呈现出

---

[1] 鲍明晓．体坛热点解读［M］．北京：人民体育出版社，2003：70.

多元化发展趋势。然而《体育法》中关于体育后备人才培养方面的法律条文规定已经不能适应新时期体育后备人才培养主体多元化发展的需求。因而，我国必须对《体育法》中有关体育后备人才培养方面的法律条文进行适时的修订与完善，从社会主义市场经济发展的视角出发，坚持体育后备人才培养朝着社会化、市场化、商业化方向发展，构建与之相匹配的法律法规体系，制定体育后备人才培养市场准入与市场监管体系，鼓励与引导私有投资主体投资体育后备人才培养与梯队建设工作，促使私有投资主体与行政主管部门在体育后备人才培养方面形成特定领域的发展共识，为我国体育后备人才培养主体多元化发展提供保障。行政主管部门与私有投资主体在体育后备人才培养方面的联合是我国体育体制改革所坚持的基本原则。私有投资主体在投资体育后备人才培养与梯队建设中占据着重要地位，同时为我国由体育大国走向体育强国打下基础。私有投资主体投资体育后备人才培养与梯队建设工作亟须相关法律法规的出台，以保障私有投资主体的合法权益。只有加快体育立法建设，完善体育法律体系，才能实现温州市体育后备人才市场培养模式的有序运行。

（三）打破思维定式，更新观念是创新路径的基础

改革的实践无可辩驳地证明，观念的更新是改革能够深入下去的一个至关重要的因素。[1] 温州市体育后备人才市场化培养模式要获得进一步的发展与完善，则必须紧追我国社会体制与体育体制改革的发展步伐，从我国体育事业发展的具体实际出发，认真分析国内外体育后备人才培养的最新发展趋势，借鉴国内外体育后备人才培养的经验与教训；必须打破思维定式，解放思想更新观念，树立改革创新的发展观念，冲破体制障碍，勇于探索，敢于创新，包容失败，在探索中找出路，在应

〔1〕郑杭生．中国特色社会学理论的应用［M］．北京：中国人民大学出版社，2005：32.

变中求突破，在创新中促发展；必须用全新的发展观念指导温州市体育后备人才市场化培养模式的创新路径，实现温州市体育后备人才市场化培养模式健康有序的发展。

随着我国社会体制的转型，要实现体育事业的可持续发展，我国体育体制必须进一步契合社会体制转型的需要，体育体制的变革应紧追时代步伐并与国家体制和社会发展的大环境相适应。我国体育体制在变革过程中遇到了诸多新情况、新问题、新事物、新思想，进一步拓宽了体育行政主管部门的视野。为推进我国体育体制的变革，必须拓宽视野、转变思维方式、创新工作方法，这些成为我国体育体制变革的现实需求。行政主管部门站在时代发展的新高度，始终坚持与时俱进的精神状态，广泛借鉴吸收国外发展经验，颁布实施了一系列体育体制改革的意见与发展举措。特别是习近平总书记将体育强国建设的发展目标纳入“中国梦”的发展体系范畴，为我国体育事业的发展带来了空前的发展机遇。2014 年 10 月，国务院颁布实施《国务院关于加快发展体育产业促进体育消费的若干意见》，文件明确指出，鼓励社会资本进入体育产业领域，建设体育设施，开发体育产品，提供体育服务，推广和运用政府和社会资本合作等多种模式，吸引社会资本参与体育产业发展，加强政府引导，设立由社会资本筹资的体育产业投资基金。[1] 这促使我国体育事业朝着社会化、商业化、市场化方向发展，进一步激发了私有投资主体投资体育后备人才培养的关注度与主动参与其中的热情，掀起了一股私有投资主体投资体育后备人才培养与梯队建设工作的浪潮。在此背景下，只有更新温州市体育行政主管部门的发展观念与体育后备人才培养的理念，才能正确引导私有投资主体投资体育后备人才培养，实现温州市体育后备人才市场化培养模式的创新路径。

[1] 国务院关于加快发展体育产业促进体育消费的若干意见 [EB/OL].（2014－10－02）[2014－10－20]. http://www.gov.cn/zhengce/content/2014－10/20/content_9152.htm.

参考文献

[1]《当代中国体育》编辑委员会. 当代中国体育[M]. 北京:中国社会科学出版社,1984.

[2]国家体委政策研究室. 体育运动文件选编 1949—1981[G]. 北京:人民体育出版社,1982.

[3]国家体委,国务院科教组. 一九七二年全国青少年业余体育学校工作座谈会纪要[C]. 1972.

[4]国家体育总局. 2001—2010 年体育改革与发展纲要[J]. 体育科学,2001(3):1-6.

[5]孙岩,马襄城. 我国业余体育训练的历史发展及现状分析[J]. 体育学刊,2003,10(3):111-114.

[6]谷云峰,李鹏程. 我国30年高校"体教结合"的演进历程与发展构想[J]. 吉林体育学院学报,2011,27(1):21-22.

[7]陈宁. 高等体育院校办学特性和模式的研究[D]. 武汉:华中科技大学,2005.

[8]中华人民共和国体育运动委员会. 中华人民共和国体育法规汇编 1993—1996[G]. 北京:新华出版社,1997.

[9]国家体育总局. 中华人民共和国体育法规汇编 2000—2002[G]. 北京:中国法制出版社,2003.

[10]钟秉枢,左琼,张佳麟. 我国高等体育院校运动训练的历史回顾[J]. 北京体育大学学报,2001,24(2):205-207.

[11]王值彬. 现代人才素质概论[M]. 北京:中央编译出版社,1996.

[12]周爱光. 试论"竞技体育"的本质属性:从游戏论的观点出发[J]. 体育科学,1996,16(5):4-12.

[13]王智慧. 体育强国的评价体系与实现路径研究[D]. 北京:北京体育大学,2014.

[14]李艳翎. 经济体制转轨时期中国竞技体育运行的研究[D]. 北京:北京体育大学,2000.

[15]李卫. 中国竞技体育区域发展的理论与实证研究[D]. 北京:北京体育大学,2001.

[16]田麦久. 运动训练学[M]. 北京:人民体育出版社,2000.

[17]杨文轩,杨霆. 体育概论[M]. 北京:高等教育出版社,2005.

[18]卢文云. 我国奥运争光类竞技体育服务产品的有效供给研究[J]. 体育科学,2006(12):77－84.

[19]王向宏. 我国竞技体育人才培养体系优化整合研究[D]. 长春:东北师范大学,2011.

[20]周建梅. 区域经济发展与体育人才培养[M]. 北京:北京体育大学出版社,2007.

[21]宋全征. 中国竞技体育人才开发[D]. 上海:上海体育学院,2002.

[22]唐炎,朱维娜. 体育人才学[M]. 重庆:西南师范大学出版社,2006.

[23]刘亚云. 社会转型期中国竞技体育人才培养模式研究[D]. 长沙:湖南师范大学,2011.

[24]田忠诚. 天津工业大学高校竞技体育人才培养模式的案例研究[D]. 长春:东北师范大学,2012.

[25]张丹丹. 我国竞技体育人才多元化培养体制研究[D]. 宁波:宁波大学,2013.

[26]李朝晖. 体育产品新论[J]. 中国体育科技,2004,40(1):15－19.

[27]王晓东. 体育产品属性及体育产业若干理论问题的思考[J]. 体育科学,2005,25(5):69－72.

[28]陈晓辉. 体育产品有效提供的机制研究[D]. 北京:北京体育大学,2005.

[29]胡丽君,史红军. 体育产品特征的经济学分析[J]. 体育科学,1999,19(6):1－4.

[30]朱敏. 海外人才回流与 FDI 技术溢出[D]. 济南:山东大学,2013.

[31]肖雷. 中国高尔夫管理人才培养之研究[D]. 北京:北京体育大学,2013.

[32]罗铁洪. 再论人才定义的实质问题[J]. 中国人才,2002(3):24.

[33]郭世田. 当代中国创新型人才发展问题研究[D]. 济南:山东大学,2012.

[34]刘晓峰. 加快体育人才资源开发 推动我省竞技体育持续发展[J]. 成都体育学院学报,2004,30(1):1－6.

[35]董静,董国永,郭敏. 对我国当前形势下"体教结合"现状与发展的思考[J]. 安徽

体育科技,2006,27(4):83-85.

[36]吴波社.社会发展的规律性和人的目的性[J].江南大学学报(社会科学版),2010,12(5):1-6.

[37]马克思,恩格斯.马克思恩格斯选集[M].北京:人民出版社,1995.

[38]池朝敏.温州民营企业的融资困境和对策[D].杭州:浙江工业大学,2013.

[39]张新萍.对2008北京奥运会后中国体育改革走向的研究[D].广州:华南师范大学,2006.

[40]伍绍祖.中华人民共和国体育史(综合卷)(1949—1998)[M].北京:中国书籍出版社,1999.

[41]鲍明晓.体育产业:新的经济增长点[M].北京:人民体育出版社,2000.

[42]胡孝安.我国竞技体育体制改革若干问题的探讨[J].西安体育学院学报,2002,19(3):20-21.

[43]杨斌武,杨基成,蒋文举.试论通过PPP模式处理我国城市垃圾[J].中国人口·资源与环境,2003,13(2):104-108.

[44]贾康,孙洁.公私伙伴关系(PPP)的概念、起源、特征与功能[J].财政研究,2009(10):2-10.

[45]郑志强,陶长琪,冷毅.大型体育设施供给PPP模式的合作博弈分析[J].体育科学,2011,31(5):27-32.

[46]叶晓甦,徐春梅.我国公共项目公私合作(PPP)模式研究述评[J].软科学,2013,27(6):6-9.

[47]杨松,王晶.地方院校"订单式"人才培养模式的探索[J].衡水学院学报,2014,16(6):123-126.

[48]陈玉华,于春霞,李峰.高职院校"订单式"人才培养模式实施过程中存在的问题及对策研究[J].兰州教育学院学报,2015,31(7):93-94.

[49]裴锐,张国志.地方高校国际化定单式人才培养模式的探索与实践[J].辽宁科技学院学报,2014,16(4):80-81.

[50]周雪瑛.高职会计与审计专业"订单式"人才培养模式探索与实践[J].甘肃科技,2014,30(19):69-70.

[51]周慧.中职烹饪专业"订单式"人才培养模式的理论与实践研究:以杭州市中策职业学校为例[D].杭州:浙江工业大学,2013.

[52]夏征农,陈至立.辞海 缩印本[M].6版.上海:上海辞书出版社,2010.
[53]赵坤.中国特色社会主义经济理论体系对马克思主义政治经济学的发展与创新[J].学理论,2013(9):116-117.
[54]冯业辉.企业人力资源成本控制研究[D].济南:山东财经大学,2013.
[55]于天宝.基于激励理论的数字化教育游戏设计[D].济南:山东师范大学,2013.
[56]关玉松.社会主义核心价值观引领社会治理研究[D].北京:北方工业大学,2021.
[57]刘昕欢.马克思人的全面发展理论及其中国化问题的研究[D].锦州:辽宁工业大学,2014.
[58]鲍明晓.关于建立和完善新型举国体制的理论思考[J].天津体育学院学报,2001,16(4):48-51.
[59]阎宝莹,张文健,宋立业.我国职业足球俱乐部名称变化频率及后果分析[J].吉林体育学院学报,2009,25(3):14-15.
[60]鲍明晓.体坛热点解读[M].北京:人民体育出版社,2003.
[61]郑杭生.中国特色社会学理论的应用[M].北京:中国人民大学出版社,2005.